교사교육의 딜레마

The Trouble with Ed Schools

David F. Labaree 저
유성상 · 김민조 · 정바울 · 이정민 역

박영story

헌 사

교육대학(Ed School)이 어떤 학교일 수 있는지 내게 가르쳐 준
미시간주립대학교 교육대학(College of Education,
Michigan State University)의 Carloe Ames, Steve Koziol,
이전 동료 교수 및 학생들에게 이 책을 바친다.

차 례

감사의 글

헌사에서 밝히고 있듯, 이 책은 미시간주립대학교(Michigan State University) 교육대학(College of Education)에서 18년간 교수로 일하며 연구한 노력의 결과이다. 그곳에서 함께 가르치고 일했던 동료 교수 및 학생들에게 감사의 마음을 전한다. 그들에게서 교육대학에 관해 내가 안다고 할 수 있는 많은 것을 배웠다. 교육의 다른 많은 성공적인 형식들처럼, 그곳에서의 배움과 경험은 정말 오랜 시간에 걸쳐 정말 많은 사람이 관련된 집단 가르침의 노력이 맺어낸 결과였다. MSU의 교육대학은 정말 훌륭한 학교로, 실천이냐 이론이냐, 단과대학이냐 대학 전체냐, 예비교사교육이냐 교육 연구냐와 같이 미국의 교육대학을 가르고 효과적인 교육을 허무는 다양한 극단적 입장을 연결, 중재하려는 방식의 학풍을 만들어 왔다. 특히, 동료 교수이자 오랜 친구로 놀랍도록 잘 지원해주었던 Carole Ames 학장과 Steve Koziol 학과장에게 감사의 마음을 전한다.

Yale University Press에서 출간될 이 책의 원고를 읽어 준 Tom Popkewitz와 Beatty에게도 감사의 마음을 전한다. 이들은 원고의 내용에 대해 깊은 공감과 함께 냉철하고 통찰력 있는 비판을 담아 피드백을 전해주었다. 이 책의 원고로 발전하게 되는 초기 논문들을 읽고 책의 쟁점을 보다 분명하게 다듬어 나갈 수 있도록 논평을 아끼지 않았던 다른 학교의 동료 교수들(Tom Bird, Lynn Fendler, Bill Firestone, Andrew Gitlin, Ivor Goodson, Andy Hargreaves, E.D. Hirsch, Jeff Mirel, Aaron Pallas, Penelope Peterson, Diane Ravitch 등)도 있다. 이 책에 담긴 원고들은 정말 여러 학술모임(the American Educational Research Association, the History of Education 및 the International Standing Conference for the History of Education의 연례 학술대회, 그리고 PACT[Professional Actions and Cultures of Teaching] group, the Brookings Institution, the Social Science Research Council, the National Research Council 등에서 조직, 운영했던 학술대회 및 각종 세미나 등)에서 발표되었는데, 그 모임에 참석했던 참가자들에게서도 정말 큰 도움이 되는 논평을 얻을 수 있

었다. 그리고 두 개의 학술저널 <Educational Researcher>, <American Educational Research Journal>에서 내 글을 심사한 익명의 심사자들로부터 말할 수 없이 귀하고 건설적인 논평과 조언을 받았다. Yale University Press에서 내 원고를 출판하기 위해 함께 일했던 세 명(Susan Arellano, Erin Carter, Marie Blanchard)의 편집부 직원들에게도 감사 인사를 전한다. 무엇보다 끊임없는 지지와 자극을 제공해 준 많은 친구와 동료 교수(Cleo Cherryholmes, Mary Conn, Bob Floden, Suan Melnick, Michael Sedlak, Steve Weiland, Susan Wilson 등)에게도 감사 인사를 전한다. 이러한 지지와 자극이 없었다면 이 책은 세상의 빛을 보지 못 했을 게 틀림없다. 마지막으로, 내 부모인 Benjamin Labaree와 Jean Ridgley Labaree에게 감사의 마음을 전한다. 이들은 내게 훌륭한 교육을 받을 수 있도록 해주었고 배움의 가치를 가르쳐 주었다. 그리고 언제나 나를 위해 한 곳에 머물러서, 내가 정말 중요한 일에 정신을 집중할 수 있도록 해주는 내 아내 Diane Churchill에게 감사의 마음을 전한다.

역자 서문
우리는 교사교육에 대해 얼마나 아는가?

한국의 교사는 어디서 어떻게 양성되는가? 교사다운 교사를 만드는 데 가장 중요한 영향을 끼치는 집단은 누구인가? 교사다운 교사를 위해 어떤 목표를 내세우고, 그 목표를 어떤 방식으로 실현하고 있는가? 그런데 한국 사람치고 교사가 어떻게 길러지고 있는지 모른다고 생각하는 사람이 있을까? 대체로 중등학교 교사는 종합대학교의 사범대학에서, 초등학교 교사는 교육대학교 및 종합대학의 초등교육과에서 양성된다. 그래서 사범대학과 교육대학교를 설립 및 운영 목적이 분명하다고 해서, '목적대학'이라고 부르기도 한다. 이렇게 이야기하면 한국의 교사가 어떻게 양성되고 있는지에 대해 마치 다 알고 있다고 여기게 된다.

전 세계에서 한국의 교사들은 다른 국가의 교사들에 비해 지적으로 우수하고 잘 준비된 교사로 양성된다고 생각한다. 무엇보다 고교에서의 성적 수준이 상위권에 있어야 교사양성기관인 교육대학교와 사범대학에 진학할 엄두를 내는 대학 진학 현실이 반영되었기 때문이다. 그래서인지 한국의 교사를 길러내는 사범대학과 교육대학교에 대한 인식 또한 그리 낮지 않아 보인다. 그런데 과연 우리는 교사가 어떻게 길러지고 있는지 알고 있는 것일까?

"교사교육의 딜레마"라는 제목으로 번역된 이 책(원서명 'The Trouble with Ed Schools')은 미국교사교육기관에 대한 역사사회학적 비평으로, 교사를 길러내는 일이 얼마나 어려운지, 이 어려운 일을 교사교육기관인 '교육대학(Ed Schools)'이 어떻게 감당하고 있는지 보여주고 있다. 교사교육기관에서 교사가 어떻게 길러지는지의 문제를 이야기하기 위해 상식적인 교사 이미지까지 끌어들이기는 싫지만, 이 책은 '세금 축내는 인간'이라거나 '스스로 혁신하지 못하는 사람들'이라는 사회(미국) 보편적으로 교사의 이미지가 교사교육기관에서 고스란히 재생산되고 있다는 점을 신랄하게 지적하면서 시작한다. 무엇보다 별로 듣고 싶지 않은 교사교육기관을 손가락질하는 현실적 뒷담화를 자세히 거론하며 교사교육기관의 입장과 실천의 딜레마 상황을 직시하도록 한다.

우선 이 책에서 기술하고 있는 교육대학의 문제는 다음과 같다. "교사교육기관인 교육대학은 고등교육의 학문 서열에서 아주 낮으며, 교사교육기관에서 가르치는 교수들 또한 학문분야에서 낮은 수준에 머무르고 있다. 연구분야와 연구자로서 교수진의 지적 자질의 문제일 수밖에 없는 이 상황에서, 교육대학은 어떻게든 이를 만회해보겠다고 연구대학의 지위를 얻으려고 노력하고 있고, 종합대학 내에 머무르기를 바라고, 더욱이 교사교육기관으로서 교육대학의 교수진들은 연구 실적으로 교사교육기관의 낮은 사회적 지위와 학문적 지위를 넘어서고자 한다." 교육대학을 바라보는 저자의 이런 관점은 좀 더 신랄한 용어들로 교육대학과 그 곳에서 교사교육자로 일하는 교육대학 교수진들을 거론한다. "교사교육기관은 조롱의 대상이 된 지 오래며, 교사교육의 딜레마 상황을 타개해 나갈만한 변화없이 쏟아지는 비판을 확대 재생산하고 있다. 교육대학의 교수에 대한 경멸은 가히 보편적이다. 연구실적의 생산성에 집착하고, 교사교육에 도움이 안되는 순수하고 엄밀한 지식 추구에 목을 매며, 교환가치를 생성해 내려 애쓴다는 것이다. 전문성을 갖춘 직업으로 교직을 두둔하려 다른 학문분야의 엘리트 학생과 엘리트 전문직과의 유대를 강화하려 하지만 쉽지 않다. 그러다보니 종합대학 내에서 교사교육을 담당하는 교수와 연구를 수행하는 교수의 위계가 점차 두드러지고, 교사교육을 담당하는 교수진 사이에서의 분화와 계층화도 점차 뚜렷해지는 경향이 나타난다." 안타깝게도 이러한 조롱과 경멸이 어제, 오늘의 문제가 아니라는 것이다.

그런데 이러한 교직과 교육대학에 대한 조롱섞인 저자의 비평은 미국의 맥락에서 이해될 필요가 있다. 연구목적이자 연구결과이기도 한 본서의 두 가지 주요 내용은 "첫째, 교육대학의 낮은 지위의 원인과 결과, 둘째, 교육대학이 수행하게 된 교육적이고 지성적인 과업의 특이한 속성을 새롭게 보게 재구성한 것"이다. 무엇보다 사회학적 연구가 갖는 틀로서, 본서의 비평적 기술은 미국 교육대학 전체를 관통하는 규칙성을 밝히는 데 주목한다. 미국 교육대학은 오랜 시간을 거쳐 일련의 독특한 형태와 기능을 가지게 되었고, 특이하게 '우호적이지 못한 페르소나'를 갖는 독특한 제도로 발전해 왔다. 저자가 관심을 두고 있는 구조의 규칙성을 살펴보면, 범주화가 지금의 결과를 야기했는데, 범주화의 시작은 교사와 교직에 대한 낮은 사회적 처우와 낙인에 있었다. 교육대학은 애초 낮은 지위의 기관으로 시작되어 학생, 교수진, 연구, 지식, 대중 인식, 공립학교에 대한 대응 및 영향, 자신의 운명을 결정하는 능력이 낮았다. 즉, 시장의 힘에 따라 변화하면서 자신의 교육적 비전을 제시하고 이를 사회에 반영하지 못해 왔다. 따라서 지난 한 세기 동안의 미국 교육대학의 내부 상황들을 보면, "개인 교육 수요자들에 의한 합리적 시장기반 선택이 축적되면서 졸업장의 과잉생산, 자격증 인플레이, 경쟁의 심화와 같은 도착적이고 비합리적인 결과가 동시다발적으로 초래되어 왔다."

이 책처럼 교사교육기관에 대한 현실적 문제를 신랄하게 꼬집고 그 속에서 양성된 교사와 직업으로서의 교직에 대해, 혹은 산적한 문제를 해결해야 하는 상황에 놓인 개혁과제에 찬물을 끼얹는 비평이 있을까 싶다. 그러나 이 책의 가치라면, 사회학자로서 교사교육의 내용과 과정, 방법, 주체의 문제를 다양한 학문 분야와 비교하여 제시하고 있다는 점이다. 누구나 교사가 전문가이어야 하고, 교직은 전문성에 토대한 이론실천이어야 한다고 주장하지만, 왜 그것이 쉽게 되지 않는지, 정말 가능한 일이기는 한지에 대해 설명이 부족하고, 전문직으로서의 교직에 대한 이해를 얻지 못하고 있다. 따라서 무엇이 문제인지, 왜 그런지 설명하고 변화로 연결하려는 수많은 이야기는 이 책, '교사교육의 딜레마'가 꼬집고 있는 '딜레마'를 제대로 이해하고 또 넘어서기 위한 준비를 해야 한다.

이렇게 미국 교사교육기관에 대한 비평을 접하고 나니, 한국의 교육문제, 특히 교사와 교직, 교사교육기관에게 눈이 안 갈 수 없다. 우리는 어떠한가? 한국의 교사는 어디서 어떻게 길러지고 있는가? 저자가 꼬집고 있는 미국 교사교육기관의 딜레마 상황이 한국에서는 어떻게 나타나고 있는가?

사실 한국 교사들이 받는 사회적 지위는 미국 교사들의 사회적 지위와 다르다. 교사교육기관에 대한 비판에서 첫 번째로 거론된 낮은 사회적 지위 또한 한국 상황에서는 잘 들어맞는 이야기같아 보이지 않는다. 물론 그렇게 보인다는 것이지 그러한지는 정확하게 모르겠다. 그런 점에서 한국의 교사양성, 즉 교사교육이 어디에서 어떻게 일어나고 있고 어떤 문제의식으로 접근해야 하는지 간단하게 이야기해보는 것이 좋을 것이다.

누구나 전제하고 있듯, 한국의 교사는 유능하고, 이들은 전국의 수준 높은 교육대학교와 사범대학에서 교사교육과정을 이수하고 있다. 그런데 반드시 이수해야 하는 교직과목의 종류, 각 전공별로 이수해야 하는 학점 수 정도만으로 한국의 교사가 길러지고, 학교에서 수행할 능력들이 키워지는 내용들을 이해하게 되었다고 할 수 있을까? 사범대학과 교육대학교에서 가르치고 있는 교수진, 교사교육자들은 정말 교사를 길러내기에 적절한 능력들을 지니고 있을까? 다른 학문분야의 단과대학 학과들과 비교하여 볼 때, 사범대학과 교육대학교는 교사를 길러내는 목적에 충실한가? 이 목적에 충실하다는 말의 의미는 무엇인가? 초 · 중등 교사양성과정을 대학 4년 동안 이수하고 나면 교사로 교직에 발을 들여놓도록 의도하듯, 교사대 졸업생들은 교사가 되고 있는가?

사실 위에서 질문한 내용에 대해 뭐하나 뾰죽하게 명확히 답변할 수 있는지 모르겠다. 우리 공역자들은 교육대학교와 사범대학의 교사교육자로, 또 교사교육을 받고 교사경력을 거친 연구자이다. 우리는 한국의 교사가 만들어지고 교사다운 교사로서의 능력을 발휘하는데 교사교육기관인 사범대학과 교육대학교의 조직, 교육과정, 교수진, 교사교육정책, 교사수급방식 등 전반적인 교사교육체제에 큰 변화가 있어야 한다고 생각한다. 간단하게 우리가 가진 문제의식을 나열해보자. 사실 교대와 사대는 상황이 좀 달라 동일선상에서 논의하기가 어려운 점이 있다. 따라서 여기서의 논의는 한국교사교육에 대한 '대략적인' 맥락 속에서 이루어진 논의라는 점을 밝히고 독자들의 양해를 구한다.

우선 교사가 되는 과정에서 교사대가 제공하는 것은 공식적인 자격증 정도이다. 실제 교사가 되기 위해 치러야 하는 경쟁률 높은 임용시험에 합격하기 위해서는 '노량진 교육학 학원', '인터넷 강의'를 거쳐야 한다. 고시라고 불러야 할 정도로 교사가 되기 위한 치열한 경쟁 속에서 교사대의 교육과정만으로는 임용시험에 합격하기 어렵기 때문이다. 즉, 교사교육과정을 훌륭하게 이수한 사람들을 교사로 선발해 학교에 임용하는 것이 순서겠지만, 임용을 위한 시험 때문에 교사교육과정은 시험준비과정으로 바뀌고 이마저도 도움이 안 돼 학원에서 제공하는 집중 시험준비 강좌를 이수해야 한다. 따라서 교사대에서 교사교육을 잘 받은 예비교사들이 정말 학교에서 필요한 교사가 되는지는 알 수 없다. 그냥 그렇다고 믿고 있을 뿐이다. 매년 교사임용을 위한 시험이 치러지고 여러 단계의 교사 선발 과정이 끝나면 각 학교마다 몇 명의 교사를 배출했는지 통계내는 것 정도로 교사교육기관의 교사교육의 질이 평가받는 상황이다. 여기에는 어떤 인과적 관련성을 입증할 설명이 충분히 제공되지 않는다. 그냥 결과로서 받아들여지고 인정될 뿐이다.

둘째, 교사교육을 위한 여러 모델들이 있지만 한국은 지난 40~50년을 이어온 교사교육의 교육적 관행을 크게 벗어나지 않고 있다. 필수적으로 교육학개론을 수강해야 하고, 몇몇 교직강좌를 선택해 듣는다. 2009, 2013년 두 차례에 걸쳐 반드시 이수해야 하는 필수강좌가 늘기는 했다. 특수교육, 학교폭력 대책 및 예방 등. 큰 변화가 있는 듯 보이는 교육과정이라고 할 수 있을지 모르지만, 교사로 길러지기 위해 4년 동안 수강해야 하는 강좌의 종류가 약간 바뀐 정도일 뿐, 교사교육을 위한 이론적 접근이 강하다는 점, 따라서 강단 교육학적 소양이 강조되고 있다는 점은 표면적으로 거의 바뀌지 않았다. 심지어 교직실무, 교재연구 및 개발, 논리/논술, 교육봉사 등 학교교육 현장에 대한 이해를 강조하고 교육실습을 강조하기 위한 강좌가 등장했지만, 이런 강좌가 정작 학교교육 현장에 대한 이해를 높이는지, 이론이 아닌 현장에 기반한 실습을 강화하고 있는지는 아무런 정보를 전해주지 못하고 있다. 특히 중등의 경우 다양한 현장에 대한 이해를 담은 내용을 강단에서 이론 수업하듯 가르치고 있는 상황이 연출되고 있다.

셋째, 교사교육을 담당하는 교사대 교수진은 교사교육에 가장 적합한 능력을 지니고 있는가? 이 질문에 대해서는 그 어떤 대답도 정확히 할 수 없다. 교사교육을 담당하는 데 가장 적합한 능력을 지니고 있는지에 대답하려면, 교사교육을 통해 기르고자 하는 교사역량이 분명하게 정해져 있어야 하고, 이를 어떤 교육적 개입과 과정을 통해 길러낼 수 있는지 잘 알고 있어야 한다. 안타깝게 우리는 이 문제에 대해 합의된 답변을 갖고 있지 못하다. 교사에게 필요한 능력이 무엇인지 나열하라고 하면 추상적인 수준의 단어들을 나열할 수 있을지 모르지만, 이를 명확하게 합의할 수 있는 수준의 개념과 설명으로 서술하고 이에 합의할 수 있는지 모르겠다. 더욱이, 추상적으로 나열된 '역량'이 어떤 교육적 개입과 과정을 통해 명확하게 길러질 수 있는지에 대해 역시 합의가 이루어져 있지 않다. 이는 단지 교사대에서 어떻게 교사를 길러내야 하는가에 관한 문제를 넘어 모든 학문분야에서 학문후속세대 혹은 실천가이자 전문가를 길러내야 하는 교육의 과정이 당면하고 있는 문제이기도 하다. 어쨌든, 우리는 교사를 길러내는 최적의 방법과 그 방법에 요구되는 기술을 갖고 있다고 믿을 뿐, 그것이 정말 효과적인지 알 수 없다. 어쩌면 이런 상황에서 경쟁을 야기하는 시험을 통해 시험에 강한 교사를 뽑는 지금 방식에 불만을 표하지만 이를 넘어서 어떻게 교사를 선발해야 하느냐에 대해 합의가 이루어지지 않는 이유와 같다고나 할까? 여전히 이론을 통한 교사의 지적 능력을 진작하는 것이 필요하다는 의견과 실습을 강화해 학교교육에 대한 실제 문제를 경험하게 해야 한다는 의견이 대립하면서도 쉽게 해결되지 않는다. 각 교사가 가르쳐야 할 교과영역이 보다 강조되는 교육과정이어야 하는지, 교사로서 공통적으로 갖추어야 할 교육학 일반 영역이 강조되어야 하는 교육과정이어야 하는지 논쟁은 시끄럽지만 누구 하나 나서서 합의를 이끌어 낼 수 있는 상황이 만들어지지 않는다. 이런 상황을 답답해하는 사람들은 우리 공역자들만은 아닐 것이다.

넷째, 교사교육기관은 종합대학 내에 있어야 하는가? 교육대학교는 다른 단과대학 없이 초등교사교육만을 담당하는 고등교육기관으로 기능하고 있다. 이와 달리 사범대학은 대체로 종합대학 내 하나의 단과대학으로 중등교사교육을 담당한다. 교육대학교 졸업생들의 교사임용률이 (학교마다 좀 다르기는 하겠지만) 당해 졸업생의 대략 60~90%에 이르는 것과 달리, 사범대학 졸업생들의 교사임용률은 (물론 학교와 학과마다 다르다는 점을 상기하더라도) 5~10% 정도에 그친다. 교육대학교 내에서 '목적대학'으로서의 기관 정체성을 문제삼을 리 없다. 그러나 사범대학은 '목적대학'으로서의 기관 정체성에 강한 의문이 제기되는 것이 사실이다. 당연히 단과대학의 사명과 교육적, 행정적 지원은 '교사양성'에 맞춰져 있지만, 정작 교사가 되는 학생들의 비중은 너무, 너무, 너무 낮다. 요즘처럼 대학입시에서 수시선발전형 비중이 높은 상황에서 교사대에 입학하는 학생은 예외 없이 교사가 되겠다는 '야무진 꿈'을 꾼다. 물론 대학 4년 과정에서 이 꿈이 좌절되거나 변화할 수는 있겠지만, 이 '야무진 꿈'을 실현하게 되는 학생들은 다시 한 번 이야기하지만 너무, 너무, 너무 적다. 더욱이 교사대의 교육과정은 국가에서 인정하는 자격증을 취득하도록 하기 위한 경직된 교과과정으로 만들어져 있어 교사교육 과정이 (이상적이겠지만) 정말 잘 실현되면 졸업하고 교사가 아닌 다른 직장을 택해야 하는 학생들은 다른 선택지를 고르기가 어려워진다. 즉, 훌륭한 교사교육과정으로 인해 최악의 상황에는 다른 일을 할 수 없는 실업자를, 차악의 상황에서는 교사 능력을 갖추었지만 교사가 아닌 교사 능력을 필요로 하는 다른 직업에 종사하게 된다. 그런데 이것은 개별 졸업생의 진로에 관한 문제를 넘어 교사교육이란 정체성을 종합대학 내에 두는 것이 좋은지에 관한 논쟁으로 이어진다. 교사교육기관으로서의 사범대학은 종합대학 안에 있는 것이 당연해 보일지 모르지만, 사범대학 이외의 다른 학문 분야에 있는 고등교육 지도자들은 이 당연함을 결코 당연하다고 생각하지 않는다. 교사교육을 목적으로 하지만 정작 교사 배출 비중은 낮고, 교사교육을 위한 전문화된 교육과정을 갖추었다고 하지만, 외부의 눈으로 보면 교사대의 교과교육 전공 학과들의 교육과정은 다른 학과의 학문분야와 내용 및 방법에서 다양하게 중복된다. 결국 종합대학 내에서 교사교육기관은 '교사교육'을 빼고 보면 각 학문분야의 2류성을 벗어나지 못하는 듯 보인다. 종합대학 내에서 1류 학문과 2류 학문을 굳이 동시에 갖고 있으려 하지 않고, 2류 학문으로서의 교사교육과정은 독립된 교육기관으로 내보내려 한다. 이 점에 있어 교사교육기관의 통폐합을 통해 초등교사를 양성하는 교육대학교도 종합대학으로 편입하려는 정책적 시도가 있기는 하지만, 이는 종합대학 내 다른 학문분야의 시각과는 사뭇 다르다.

여기에 또 다른 쟁점과 문제가 얼마든지 더해질 수 있을 것이다. 교사교육이 훌륭한 교사를 길러내는 데 정말 중요한 과정이자 지원이라면 쟁점과 문제를 제기하는 것을 넘어 해결할 수 있는 방안이 함께 제시되어야 하지만, 그것이 쉽지 않다. 어쩌면 한국 사회에서 교사교육이 갖는 딜레마라면 이런 문제와 논쟁만으로 가득한 교사교육의 상황이 아닌가 싶다.

우리 공역자 대부분은 교사교육을 담당하는 교육대학교와 사범대학의 교수로 수년을 일하고 있다. 모든 교사교육기관의 교육학 교수들이 그렇듯, 교사가 되기 위해 반드시 수강해야 하는 교직과목의 일부를 강의해 왔다. 개론적인 강의에서 부터 특정한 영역의 강의까지 교사가 되려면 반드시 수강해야 하는 강의를 맡아 왔다. 우리의 교사교육경험은 강좌별로, 학교별로 다른 측면이 많지만 중복되는 것들이 많고, 더욱이 이 책에서 강조해 비판하고 있는 교사교육의 문제에 공감하는 것들이 많았다. 교사가 되기에 적절한 지식은 어떤 지식이어야 하는가? 우리가 가르치고 있는 지식은 가르칠 만한 것인가? 우리는 교육자인가, 아니면 연구자인가? 우리는 다른 학문분야에 대해 어떤 감정적 태도를 갖는가? 아니, 우리는 같은 교사교육자들의 서로 다른 학문적 태도에 대해 어떤 태도를 취하는가? 본서에서 지적한 진보주의의 두 흐름, 행정적 진보주의와 교수학적 진보주의에서 어떤 것에 경도되어 있는가? 미국의 사례와 함께 한국의 사례를 다시 작성한다면 무엇이 같고 다를까? 안타깝게도 이런 질문을 나열하는 것이 우리가 이 서문에서 할 수 있는 유일한 표현이다.

본서, '교사교육의 딜레마'를 통해 다양한 이해관계자의 의견이 소통될 수 있는 기회가 생기고, 우리 공역자들이 고민하고 던졌던 위의 질문들에 대한 대답이 풍부하게 만들어지기를 기대한다. 질문은 적어도 그 자체만으로 논의를 진전시키는 의미를 갖는다고 우리는 믿는다. 어쩌면 이 책의 번역을 계기로 이런 질문을 함께 고민할 수 있는 배움의 동역자를 만나고, 교사교육의 딜레마를 함께 해결할 교육 동지들을 만나게 될지 누가 아는가? 그래서 한국의 교사의 질적 우수성을 새롭게 발견하고 함께 만들어갈 수 있는 길을 만들 수 있다면 좋겠다.

어려운 시기에 상업성과는 거리가 먼 이 책의 번역, 출간을 기꺼이 허락하고 지원해준 박영스토리 출판사에 감사한다. 특히 처음부터 책의 내용에 대해 관심을 기울이고 번역서가 가질 의미에 공감해 준 이선경 차장님과 꼼꼼한 편집과 교정을 통해 책다운 책으로 탈바꿈해준 배근하 과장님께 감사인사를 드린다. 혹시 발견될 어색한 표현, 오역은 오로지 우리 공역자들이 감당해야 할 부담으로, 교육적 이슈를 통해 함께 소통하고픈 마음이 앞선 나머지 표현의 진선미를 제대로 실현하지 못한 탓이리라. 부디 너그러운 마음으로 이해해주시기를 바란다.

2020년 6월
공역자를 대표하여
유성상 쓰다

교육대학, 곤경에 처하다

교육대학*, 곤경에 처하다

2003년 2월 16일 일요일자 <디트로이트 뉴스지(Detroit News)>는 1면에 "디트로이트를 위한 3억불 기부: 디트로이트 교육체제 재건을 위한 밥 톰슨(Bob Thompson)의 전 재산을 건 도전"이라는 제목의 긴 기사를 실었다. 신문 기사는 아스팔트 포장 사업을 통해 큰 재산을 모으고, 그 사업을 정리하고 은퇴한 한 남성의 이야기를 다룬다. "톰슨은 자신의 전 재산이나 다름없는 3억불을 디트로이트 교육자들을 향한 야심찬 도전을 하려는 데 쓸 계획이다. 디트로이트 차터 고등학교를 개교하여 재학생의 90%를 졸업시키고 대학교 또는 전문대학에 진학시키는 것이 그의 계획이다. 그리고 일 년에 단돈 1달러에 새 학교 건물을 임대해주려 한다."[1]

기사는 톰슨이 자신의 학창시절 경험을 통해 근래 디트로이트 교육청 관내 대부분의 재학생이 그러하듯 학교에서 힘들어하는 아이들을 어떻게 공감하게 되었는지를 잘 설명해 준다.

"형편없는 고교생이었던 톰슨은 어머니가 대학진학을 고집하기 전까지만 해도 힐데일 카운티의 가족 농장에 눌러앉을 계획이었다. 그러다 얼떨결에 톨리도(Toledo) 남부의 볼링 그린 주립대(Bowling Green State University)에 입학했

---

* (역자주) 교육대학은 'Education School'을 번역한 것으로, 미국 교사교육기관을 모두 통칭하는 용어임.

다. 그에게 이것은 세상이 열린 듯한 경험이었다. 그는 학군단에 가입하였고, 뉴욕시 출신의 세 친구와 기숙사를 썼으며, 훗날 톰슨의 아내가 될 클리브랜드(Cleveland) 출신의 엘렌(Ellen)이라는 여학생을 그곳에서 만나게 되었다. 그런데 수업은 따라가기가 너무 벅찼다. 톰슨은 비록 훗날 작가 미쉐너(Michener), 「아웃 오브 아프리카(Out of Africa)」, 두꺼운 전기를 탐독하게 되었지만, 대학시절 문학개론 수업을 세 차례나 재수강했다. 농장에서의 생존 본능에 기대 새벽 네 시에 일어나 공부하였고, 또 그것도 부족하여 졸업하기 가장 쉬운 루트인 교육학 전공을 선택했다. "내가 할 수 있는 유일한 것이 바로 교육학이었죠. 나는 경영대학을 마칠 만큼 영리하지 못했거든요." 훗날 42억불의 재산을 벌어들인 갑부는 이렇게 회고했다. 졸업 후 그는 얼마 되지 않아 가르치는 일이 힘든 일이라는 것을 알게 되었다. 밥과 엘렌은 결혼하여 디트로이트(Detroit)에서 교직 생활을 했다. 톰슨은 아주 힘든 중학교 교직을 6주 만에 그만두었다. 학생은 라디에이터에 소변을 보았고, 기마경찰들은 수업이 끝나면 학생을 내쫓았다. 그는 "마치 내가 화성에 있는 느낌이었죠. 나는 완벽한 실패자였어요."라고 회고했다."

미국 문화에 익숙한 이라면 누구나 이 이야기의 많은 부분이 친숙할 것이다. 이 이야기는 역경을 무릅쓰고 성공을 이룬 감동을 주는 성공 이야기이다. 학창 시절의 좌절을 극복하고 성공적인 기업을 일군, 농장 소년이 갑부 경영자가 된 이야기! 또한, 큰 재산을 벌어 자신의 고장에 환원한 멋진 기업인의 감동 이야기이기도 하다.[2]

하지만 이 이야기 가운데 파고들어 있는 것은 미국적인 것의 단면이라고 할 수 있는 교육대학에 대한 일상화된 공격이다. 초반에 학업에서 실패한 후 "나는 경영대학에 갈 만큼 똑똑하지 못하다"는 판단 하에, 톰슨은 '가장 손쉬운 졸업 루트인 교육학'을 전공하기로 결정했다. 주목할 부분은 톰슨이나 기자 어느 누구도 이러한 주장에 대해 설명할 필요를 느끼지 않았다는 지점이다. 왜냐면 종합대 내에서 교육대학이 학문적 위계상에서 가장 낮은 수준이라는 것쯤은 누구나 다 알고 있다고 가정했기 때문이다. 또 한 가지 주목할 점은 비록 교육대학은 쉽다고 해도, 교육은 매우 어렵다는 것이다. 교사로서 그는 '완벽한 실패자'였다. 그렇다면, 약한 교육대학의 교육내용과 공립학교에서 필요로 하는 고난도의 요구 사이에는 명백한 불일치가 존재한다. 이 점이 바로 기업인이자 교육계의 아웃사이더라고 할 수 있는 톰슨이 차터 스쿨 설립을 통해 교육자들에게 혹독하게 도전할 필요가 있다고 느낀 까닭이다. 교육은 너무나 중요해서 마치 교육학자의 부정확하고 오류가 있는 이론과 이를 받아쓰는 교육대학 교사교육자들, 이들로부터 서툴게 훈련받은 교사들의 손에 맡겨서는 안 될 것처럼 보인다.

이 책은 미국 교육의 기이함에 대한 나의 해석적 설명을 담은 에세이다. 제도적으로, 미국의 교육대학은 고등교육의 로드니 데인져필드(Rodney Dangerfield) * 다. 미국 대학에서 교육대학은 지적인 황무지라고 폄하되는 농담거리이다. 또한, 일선 학교로부터는 실용적이지도 못하고 요령부득한 연구로 인해 비난의 대상이다. 그리고 교육정책의 세계에서 교육대학은 정책결정자들이 나쁜 수업과 미흡한 학습문제의 모든 근본적인 원인으로 삼아 책임을 떠넘기기 좋은 아주 편리한 '희생양'이다. 심지어 교육대학의 교수와 학생조차 자신이 같이 엮이는 것에 대해 당혹스럽게 느낄 지경이다. 학자와 대중에게 교육대학 때리기는 국민적 오락거리가 된 지 오래다. 마치 날씨 이야기처럼 이 화제는 절대 다른 사람의 심기를 건드릴 걱정일랑 할 필요가 없는 일상적인 대화의 소재가 되었다.

물론, 대부분의 미국인에게 대체로 교육은 만성적인 걱정, 그리고 지속적인 비판의 원천이다. 교육에 대한 연례 갤럽 조사결과에서 보듯이, 미국인들은 공립학교에게는 대체로 후한 학점을 주는 반면, 동시에 미국 공교육의 질에 대해서는 강한 우려를 표한다.[3] 이것은 아직 자녀가 다니는 공립학교에까지는 미치지 않았지만 조만간 닥치게 될 교육을 둘러싼 대중적 우려를 반영

---

* (역자주) "아무도 날 제대로 대접해 주지 않아!"라는 유행어를 유행시킨 미국의 유명한 희극 배우.

하는 것이다. 이러한 대중적 우려의 또 다른 사례들은 다문화 교육과정에서부터, 가족의 쇠퇴, 텔레비전의 영향, 만성적 빈곤의 결과 등이다.

이러한 우려 가운데 하나가 바로 기구한 운명을 지닌 교육대학이다. 교육대학의 무능함과 방향을 잘못 잡은 연구로 인해 제대로 준비되지 않은 교사의 양성과 비뚤어진 교육과정의 양산이 초래된다는 것이다. 일반적 대중에게 교육대학은 공립학교와 달리 용의자로 삼기에는 충분히 멀고 동시에 신비에 둘러싸인 대학과 달리 조롱하기에는 충분히 가깝다. 대학교수에게도 교육대학은 이상적인 희생양이다. 공교육의 문제를 고등교육의 문제가 아닌 교사교육의 문제로 한정시킬 수 있기 때문이다. 또한, 공교육의 비평가에게 교육대학의 낮은 지위와 진보적 교육 수사에 대한 집착은 쉽게 비난할 만한 목표물이 되어 왔다.

이러한 교육대학의 부정적 영향에 대한 탄탄한 합의를 더욱 공고히 하는 수많은 선행 연구가 존재한다. 그 중 한 사례는 리타 크레이머(Rita Kramer)가 1991년에 쓴 「교육대학의 어이없음: 미국의 잘못된 교사교육(Ed School Follies: The Miseducation of America's Teachers)」이라는 신랄한 비평이다. 이 책은 제임스 커너(James Koerner)가 1963년에 쓴 이 분야의 고전격인 「미국의 잘못된 교사교육(The Miseducation of America's Teachers)」으로부터 그 정신과 부제를 차용했다. 또 다른 예로 토마스 소웰(Thomas Sowell)이 1993년에 쓴 「미국교육의 내막: 쇠퇴, 기만, 도그마(Inside American Education: The Decline, the Deception, the Dogmas)」라는 책이 있는데, 교육대학에 대한 장의 제목이 "제 기능을 못하는 교수(Impaired Faculties)"이다. 또한 허쉬(E. D. Hirsch. Jr.)의 1996년작 「우리가 필요한 학교는 왜 존재하지 않는가(The Schools We Need and Why We Don't Have Them)」도 같은 부류에 속하는 책이다. 이 책에 실린 교육대학의 진보적 이상을 다룬 부분은 "당대의 비평"으로 추앙되기도 했다. 이 같은 방대한 비판적 문헌들에 묘사된 교육대학의 이미지를 좀 더 살펴보자.

교육대학의 낮은 지위

아마도 교육대학에 대한 비판적인 문헌들의 가장 두드러진 특징이라고 한다면 그 문헌들의 경멸적인 어조라고 할 것이다. 이 글들의 특징이라면 교사교육을 거의 경멸할 가치조차 없다고 여기는 것이다. 「미국의 잘못된 교사교육」에서 제임스 커너는 교육 위계에서 낮은 지위를 차지하는 교사교육을 강조하는 언어들로 이 주제를 다뤘다. 교사, 학생, 교육과정 모두 그의 언어적 채찍을 면치 못했다. 불평, 불만의 리스트를 늘어놓는 중에, 그는 다음과 같은 고발장을 제출했다.

(5) 다수의 교육자들을 향해 명백히 모욕적인 발언을 하는 것이 무례하긴 하지만, 교육대학의 교육학, 교과교육 교수의 열등한 자질이 이 분야의 근본적인 한계라는 것, 그리고 앞으로도 당분간 변하지 않으리라는 것이 나의 판단이고, 이것은 언급되어야만 할 진실이다. 교육 분야에서 이 같은 교육대학 교수의 준비도와 지적 자질에 대한 본격적 문제 제기가 없는 한 기본적인 개혁의 전망도 어둡다.

(6) 마찬가지로, 교육대학 학생의 역량 역시 언제나처럼 여전히 문제로 남아있다. 교육대학 학생은 입학성적이 저조할 뿐만 아니라 대학교수에게 가장 역량이 낮은 학생이라는 인상을 준다.

(7) 교육대학의 교육과정도 문제의 소지가 다분하다. 교육과정은 치기 어리고, 반복적이며, 지루하고, 모호하기 그지없다. 교수자의 한계와 교과 자체의 한계로 인해 교과는 분절적이고, 지나치게 세분화되었으며, 부풀려져 있다. 교과과정의 지적 빈곤함은 이 분야의 주요한 특징이라고 할 수 있다.[4]

사람들은 흔히 교직이 아닌 다른 광범위한 분야의 전문직 교육에 대해 종종 불평하곤 한다. 하지만 의사나 변호사에 관해서는 좀처럼 이러한 어조를 띠지 않는다. 교육대학의 지위를 둘러싼 무엇인가가 교육대학으로 하여금 고등교육 영역의 자유 사격지대 내 손쉬운 목표물로 만든다. 전 미국 국가교육위원회 의장인 스털링 맥머린(Sterling McMurrin)은 앞서 언급한 커너의 책 서문에서 "모두 잘 알다시피 지난 몇 년간 다른 전문대학원, 과학, 예술대학의 교수 사이에서 교육대학을 비판하는 것이 마치 인기 스포츠 종목처럼 되었다"라고 이를 꼬집었다.[5] 비록 맥머린이 커너에 비해 보다 신중한 입장을 취하기는 했지만 맥머린은 여전히 커너의 핵심 주장에 동의했다.

"비록 여러 개인과 기관들이 훌륭하게 제안한 교사교육의 새로운 방향 모색 노력을 인정한다고 해도, 나는 여전히 교육대학이 우리 교육체제 전반에 걸쳐 가장 취약한 요소이고 가장 심각한 피해를 초래하고 있다는 점에 있어서 커너의 입장을 지지할 수밖에 없다."[6]

역사학자 도날드 워렌(Donald Warren)은 1980년대에 등장한 교사교육을 둘러싼 보다 원색적인 비난을 다음과 같이 묘사했다.

한 보고서에서 "교직에 들어가는 자원들의 자질이 역사 이래 지금보다 더 낮았던 때가 없다"고 지적했다(Feistrizer, 1983, p. 112). 콜로라도 주지사 리차드 램(Richard Lamm)은 "대학에서 가장 졸린 강좌 열 개를 뽑는다면, 그중 아홉 개가 교직 과목일 것이다."라고 논평했다. 이러한 논평도 게리 사익스(Gary Sikes)가 교사교육을 "고등교육의 차마 입에 담지 못할 숨겨진 비밀"이라고 묘사한 말 앞에서는 무색할 지경이다. 텍사스 기업가 로스 페로(Ross Perot)는 교사교육을 소방 훈련에 비유하며, 주의 교육개혁 법안을 지지했다. … 이와 같은 과장 섞인 표현들은 조롱의 경계선에 근접하며, 역사가들에게 입방아 찧을 거리를 제공했다.[7]

심지어 비판의 목소리가 잦아들고 그 시선이 보다 호의적인 양상을 띨 때조차 이 같은 주제는 계속해서 출현했다. 교사교육이 '열등함'이라는 기본적 조건으로부터 탈피하지 못하고 있다는 근본적인 문제의식은 그대로 남아있었다. 영향력 있는 비평인 "교사교육에 관한 연구"를 쓴 주디스 레이니어(Judith

Lanier)는 분명 호의적이라고 할 만했다.[8] 교육대학의 학장이자 홈즈 그룹(Holmes Group)의 의장으로서 그녀는 교직과 교사교육을 개선하려는 차원에서 이 비평을 수행했다. 그러나 그녀가 지적한 문제들은 비록 커너의 비판과 그 논조는 비록 다를지언정 내용상으로는 유사했다. 그와 유사하게, 그녀는 교사교육이 열등한 지위라는 저주로 고통 받고 있고, 그 근본적인 원인은 부분적으로 교수, 학생, 그리고 교육과정에서 찾을 수 있다고 지적했다.

우선, 교수에 대해서 그녀는 "교사교육에 참여하는 정도와 교수의 위신 사이에 부적인 관계가 있다"고 주장했다.[9] 교육대학 교수의 특징에 대해 그녀는 그 연구에서 교육대학 교수는 다른 분야의 교수와는 달리 덜 학문적인 논문을 생산하는 점, 그리고 대체로 더 낮은 사회적 계층 출신이라는 점을 지적했다.[10] 교육대학 교수는 순응적인 성향과 지식에 대한 기능주의적 관점을 띠는 경향이 있는데, 이것은 그들이 학문 세계에서 기대하는 규범과 기대에 자신을 적응시키면서 겪게 되는 어려움을 이해하는 데 도움을 준다.[11] 다음으로 학생에 대해 이 연구는 보다 명백한 입장을 견지한다. 교사교육자는 보통 수준의 입학 성적을 보이는 많은 수의 학생과 마주하게 되지만 대부분 교육대학 학생집단은 낮은 학업성취수준에 있는 학생이 다수를 차지하기 때문에 평균적인 대학생의 성적 수준을 밑돌기 마련이다.[12] 마지막으로, 교육과정과 관련하여, "이 연구는 교육대학의 교육과정은 기껏해야 무난하고 체계적이지 못하게 착상된 초기 직전 교육 차원의 여러 스펙트럼과 분절적 교과 내용의 파편의 콜라주일 뿐이라는 것을 분명하게 지적한다. 공식적인 교육과정은 직전, 현직교육 차원에서 교육과정 정교화가 빈약하고, 또한 학문적 깊이가 일관되고 두드러지게 부재하다고 꼬집었다."[13]

이와 같은 교육대학에 대한 불평들은 다반사였다. 그런데 이와 같이 포위된 기관을 향한 비방 담론의 양상이 변화하기 시작했다. 그것은 그러한 공격이 교육대학 내부에서, 그것도 교육대학의 지도자들로부터 나오기 시작한 것이다. 유수 교육대학의 학장들은 1995년에 교육을 둘러싼 교육대학의 범죄를 기소하는 백서를 발행하여, 교육대학을 위한 급진적인 재활 처방을 내리고 이에 저항하는 대학에 대해서는 사형 선고를 내렸다.

이 연구는 십여 년 전 주요대학의 백여개의 연구중심 교육대학 학장들이 모여 홈즈 그룹이라는 교육개혁을 위한 연구 모임을 형성하여 추진한 과정의 마지막 연구보고서라고 할 수 있다. 홈즈 그룹의 짧은 존속 기간 중(1996년에 이 기관은 학교 네트워크, 대학, 그 밖의 기관들과 함께 Holmes Partnership을 재구축함)[14] 홈즈 그룹은 미국 교육의 세 가지 주요 영역에 대한 변화를 촉구하는 보고서를 발행했다. 홈즈 그룹은 「내일의 교사(Tomorrow's Teachers)」(1986)라는 보고서를 통해 교직의 전문화를 촉구하였고, 「내일의 학교(Tomorrow's Schools)」(1990)라는 보고서를 통해 학교 ─ 대학 파트너십 개발('전문적 개발 학교'로 불림)의 필요성을 주장하였으며, 「내일의 교육대학(Tomorrow's Schools of Education)」(1995)이라는 보고서를 통해서 교육대학의 혁신을 촉구했다. 이 마지막 보고서에서 홈즈 그룹 자신의 회원 대학이자 교육 연구와 교육 관련 박사 학위를 양산하는 미국의 대학 기반 교육대학에 대한 가혹한 비판을 쏟아냈다.

이 보고서에서 학장들은 소위 "자기비판을 위한 고행용 스웨터"를 입고(p. 5), 교육대학은 "과거에 머물러 있고"(p. 7), "공교육의 문제를 악화시키기만 할 뿐이며, 용인될 수 없는 보잘 것 없는" 실천을 계속할 뿐이라고 비난했다(p. 6) "부정적 태도", "의지 부재", "심각한 관성"으로 점철된(p. 88) 교육대학의 교수는 종종 "전문성 신장 없이는 도움받기에도 부적합할" 뿐만 아니라 "교육개혁의 노력을 수포로 만들어 버릴 수 있는 잠재력을 보유한", "여간해서 포기하지 않는 완고한 집단(diehards)"으로 묘사되었다(p. 92).

이러한 상황은 점점 더 악화 일로에 있다. 왜냐면 이 상황은 역량이나 의지의 문제가 아니라 이 기관들을 둘러싼 근본적 에토스 문제로 확대되었기 때문이다. 보고서에 따르면, 교육대학은 미국 학교의 교사와 학생의 요구에는 등 돌리기로 작정한 채 대학 내에서 그저 학문적 신뢰만을 얻으려는 부질없는 노력에 집착하고 있다.

교육대학 교수는 이 "낮은" 곳의 경계를 넘어 공립학교와 연결해 보려는 일말의 시도조차 하지 않은 채 그저 가르치고 연구한다. 이러한 태도는 확실한 메시지를 전달한다. 그것은 교육대학 교수는 초등학교와 중등학교 일선 현장에서 학생을 가르치는 사람, 즉 교사에 대한 존중이 없다는 메시지인 것이다. 교육대학 교수에게 마땅히 연구와 관심의 초점이 되어야 할 교사와 어린 학생은 저만치 거리를 둔 채 떨어져 있을 뿐이다. 그들은 어수선하고 야단법석인 일선학교 현장으로부터 단절되었고, 또 학문적으로 뛰어난 교수의 진지한 연구의 중앙무대에서도 벗어난 부차적인 존재일 뿐이다.(p. 17)

이런 상황에서 위 보고서에서 교육대학이 변화해야 하고 또는 "그들의 독점 사업권을 포기해야 한다"고 주장한 것은 그리 놀랍지 않다(p. 6). 따라서 교육대학은 단지 전형적인 비판의 요지이기도 한 취약한 교수, 학생, 교육과정뿐만 아니라 교사와 학생의 요구에도 무관심하고, 또한 미국의 당면 교육문제에도 등 돌린 곳으로 규정되었다. 과거와 다른 점이라면 이러한 교육대학에 대한 비판이 확대 재생산되었다는 것을 넘어서서 이러한 비판이 교육대학 내부 학장들에 의해 제기되었다는 점이다. 이런 친구들이라면 누가 과연 적을 필요로 할까? 이 보고서에 대한 한 가지 해석은 교육대학은 너무나 오랜 기간 조소의 대상이 되었고, 이제 그 기관의 지도자들조차 동참했다는 것이다. 즉, 방어할 수 없는 것을 방어하느라 애쓰느니 차라리 공격에 앞장서는 편이 낫다는 가정 하에서 말이다.

어쩌다 상황이 이 지경까지 이르게 되었을까? 어쩌다가 교육대학은 정작 피해자이면서 스스로 가해자를 자임하는 지경에 도달하게 된 것인가? 교육대학의 문제는 과연 무엇인가? 그리고 이러한 문제의 근본 원인은 도대체 무엇인가? 여타 어떠한 직군이나 하위 그룹도 이같이 부정적이고 깊숙이 파고든 낙인을 좀처럼 수용하지 않을 것이다. 오래된 지위 박탈의 역사가 있지 않고서야 자신의 지도자들까지 이 같은 낙인에 동조할 정도가 되지는 않을 것이다. 만성적 지위 문제는 분명 미국 교육대학의 아주 오래된 규범이었다. 그런데 이 문제에 대해서 좀처럼 교육대학 내부 또는 외부에 의해 면밀한 검토가 이루어지지 않았다. 너무나 자명한 문제를 위해 왜 굳이 애쓸 필요가 있냐는 사고에 근거한 것이었다. 교육대학은 취약하고 또 중요치도 않다. 왜냐면 그와 관련된 당사자 집단이나 관련된 모든 것이 열등하기 때문이다. 그런데 뭘 더 살펴보자는 것인가?

이 진부한 주장은 사실 더 흥미 있는 이야기를 은폐한다. 그것은 비록 교육대학을 돋보이게 하는 것은 아닐지라도 적어도 더 호의적이고, 교육대학에 대한 비평가에 대해서도 보다 덜 편향적인 입장을 견지하는 이야기라고 할 수 있다. 이 이야기의 일부는 역사적인 것으로, 미국의 정책결정자, 납세자, 학생, 대학이, 당시 그들이 원했던, 지금 모습의 교육대학을 함께 만들어내게 된 과정을 조명한다. 이 이야기의 또 다른 일부는 구조적인 것이기도 하다. 여기서는 교육대학이 직면했던 현실, 요구되었던 기능들(교사양성, 교육 연구 수행, 교육 연구자 양성)을 담당하게 된 과정에 주목한다.

미국 교육대학을 둘러싼 이 이야기 속에는 아이러니들로 넘쳐난다. 부분적으로, 교육대학은 역설적이게도 그들에게 맡겨진 요구와 소임을 충실히 수행하도록 스스로 적응함으로써 보편적인 악평과 오명을 쓰게 되었다. 또한, 부분적으로 이러한 오명은 교육대학이 미국인들이 끔찍이도 소중하게 생각하는 공교육 문제에서 긍정적 효과를 내 보겠다는 부질없는 숱한 시도의 부산물이기도 하다. 이와 대비하여, 교육대학과 달리 다른 대학에서는 사회적인 문제의 해결에 관여하는 것과 그로 인해 자신의 위상이 시험대에 오르는 상황을 애써 회피함으로써 오히려 높은 사회적 지위를 유지할 수 있었다.

미국 교육대학의 근본적 문제를 조명함으로써 우리는 미국 교육 전반에 걸쳐 있는 문제에 대한 통찰을 얻을 수 있을 것이다. 다음에서는 우선 이 이야기를 규정하는 기본적 요소를 살펴본 후, 이로부터 얻을 수 있는 교훈들에 대해 논의해 보겠다.

논의를 위한 분석틀

교육대학(종합대학과 단과대학, 학과, 사범대학 등을 통칭하여)의 낮은 지위는 이 책의 출발점을 규정하는 주제이다. 왜 교육대학은 존경을 잃게 된 것일까? 이 질문에 대한 답을 찾기 위해 나는 우선 역사적 발달 과정을 살펴볼 것이다. 이를 통해, 먼저, 교육대학이 어떻게 현재와 같은 학문 위계상에 낮은 지위를 차지하는 형태로 전개되어 왔는지 살펴본다. 다음으로, 다양한 사회적 약자들을 담당하는 것을 포함하여 교육대학의 낮은 지위를 강화하는 데 기여하는 것으로 보이는 최근의 요인에 대해 살펴볼 것이다. 이러한 논의를 토대로, 나는 교육대학의 주요 기능인 교사양성, 교육이론의 생산, 연구자 훈련 등에 대해서 살펴보고, 이러한 기능이 교육대학에 던지는 독특한 문제에 대해 살펴볼 것이다. 마지막으로, 교육적 진보주의에 대한 낭만적인 집착의 역사를 살펴보고, 이러한 집착이 미국 학교에 초래한 결과에 대해 살펴볼 것이다. 책 전체에 걸쳐, 나는 그간 누적되어 온 교육대학의 특성에 대해 원칙에 입각한 양가적인 입장을 견지할 것이다. 즉, 한편으로 다른 대학은 애써 외면하려고 한 교육적, 지성적 목적을 비현실적이게도 끈질기게 추구한 교육대학에 대해 감탄에 마지않는 입장과, 다른 한편으로는 교육대학의 평범성, 낭만적 수사, 교육대학의 품위를 깎아내릴 뿐만 아니라 종종 역기능적인 요구에 대한 비굴한 순응에 대해서는 비판적 입장을 취할 것이다.

이것이 이 책이 다루려는 범위라고 한다면, 다음은 이 책이 '다루지 않는' 내용이다. 이 책은 미국 교육대학의 역사 전반에 대해 다루려는 것이 아니다. 이 책은 또한 미국 교육대학이 어떻게 발전해 왔고 현재의 기능을 담당하게 되었는지에 대해 실증적으로 살펴보려는 보고서와도 거리가 멀다. 이 책은 교육대학을 지금과 같은 애석한 상태로부터 구출하기 위한 취지의 개혁 문건도 아니다. 이 책은 교육대학에 감행된 공격을 방어하거나 혹은 제기된 문제에 대한 처방을 모색하는 것과는 거리가 멀다. 오히려, 이 책은 더도 덜도 아닌 하나의 제도로서의 미국 교육대학에 대한 해석적 설명이라고 할 수 있다. 이 책의 목적은 교육대학의 지위와 기능상의 문제의 근원과 함의를 탐색해보는 것이지, 이 문제를 치료하려는 것이 아니다. 이 책의 핵심 논점을 발전시키는 과정에서 나는 교육사, 교육사회학, 교육철학, 교육정책, 그리고 교사교육 관련 선행 연구를 널리 참고했다. 그리고 이 책의 목적이 선행 연구를 아우르려 하거나 요약하려는 것이 아니라 오히려 이러한 문헌들에 내재되어 있는 해석들을 독특한 방식으로 재구성하는 것이므로, 분석 과정에서 선택적으로 문헌 분석을 추구했다. 즉, 해석이 핵심이며 해석의 원재료들은 선행 문헌으로부터 발췌하여 이러한 해석의 사례 또는 이를 입증하기 위한 차원에서 활용되었다. 그 결과, 교육대학 관련 문헌에 익숙한 독자라면 이 책의 논증과 그 요소가 친숙하게 느껴질 수 있을 것이다. 이 책이 기존의 논의와 차별화되는 새로운 지점이라면 이 책에서 기존의 논의와 긴밀하게 연결된 두 가지의 주제인 1) 교육대학의 낮은 지위의 원인과 그 결과, 2) 교육대학이 수행하게 된 교육적이고 지성적인 과업의 특이한 속성을 새롭게 재구성한 것이다. 이를 중심으로 교육대학을 하나의 총체적인 제도라는 측면에서 이해할 수 있도록 일관성 있고 균형적으로 책의 내용을 구성한 것이 특징이다.

이 책에서 나는 미국 교육대학에 대한 이해를 발전시키기 위해 역사사회학적 접근을 활용했다. 이 책의 목적은 용어의 사회학적 의미 그대로 사회적 제도로서 교육대학을 규정하는 가장 두드러진 특징들의 출현을 추적하고, 설명하는 것이다. 다시 말해, 나는 교육대학을 특징짓는 일반적 유형, 보다 구체적으로, 교육대학이라는 이름하에 작동하는 개별 교육기관들의 규범과 구조를 규정하는 사회적 유형을 규명하려고 한다. 이런 관점에서 나는 개별 교육대학을 구별 짓는 독특한 특성이나 개별 사례보다 교육대학 전체를 관통하는 규칙성에 주목하려고 한다. 이 분석틀에 입각하여, 추가적으로 나는 특별히 대학 체제 내에서 교육대학이라는 기능적 역할을 수행하게 되는 그 어떤 기관이라도 직면하게 될 가능성과 한계를 형성하는 제도적 원형에 내장되어 있는 구조적 한계와 유인가에 주목할 것이다. 이는 내가 구성할 이야기가 개별 행위자의 목적이나 실제 또는 개별 교육대학의 문화적 규범이나 사회적 유형에 천착하지 않을 것이라는 점을 의미한다. 이와 비슷한 의미에서, 이 책에서는 교육대학이 서로 다른 모습으로 교사를 양성하고, 연구자를 훈련하고, 학자를 육성하는지에 대한 구체적인 세부 사항에 대한 이야기를 들려주지 않을 것이다. 물론 이러한 주제들은 면밀한 검토가 필요한 주제들이지만, 이 주제들을 살펴보는 것은 이 책의 의도와 거리가 있다. 이 같은 교육대학의 범주적 특성에 대한 면밀한 천착은 개별적이고 개인적 차원의 연구를 강조하는 최근의 교육 연구 담론에 비추어 볼 때 언뜻 절망적이라고 할 만큼 추상적으로 보일 수 있을 것이다. 하지만 이 책을 통해 내가 전개할 논증에 따르면 미국 교육대학은 오랜 시간을 거쳐 형성된 일련의 독특한 형태와 기능을 가지게 되었고, 특이하게도 우호적이지 못한 인간형(persona)을 갖는 독특한 제도로 발전해 왔다는 것을 알게 될 것이다. 그리고 이러한 구조적 요소는 개별 교육대학 내 특정 프로그램, 실천, 행위자에게 중요한 영향을 계속 끼침으로써 결과적으로 그들의 고객인 학생, 교사, 공립학교에게도 현저한 영향을 준다고 할 수 있다. 사회학자로서, 나는 일말의 주저함이나 후회 없이 구조가 중요하다는 것, 범주는 결과를 가져온다는 것, 그리고 꼬리표는 상처를 야기할 수 있다는 것을 강조한다. 그리고 이 책은 바로 이에 딱 들어맞는 사례로서 교육대학을 조명한다.

이 책의 방법론은 역사사회학적 접근법에 기반을 두어 하나의 제도로서 교육대학의 구조적 특성이 출현하게 된 측면에 주목했다. 그러나 이러한 접근이 갖는 방법론적 한계를 인정하면서, 나는 두 가지의 상호 결합된 주제를 중심으로 전개되는 해석을 제안했다. 그 하나는 교육대학 제도의 전문적 지위의 형성적 특성이고, 또 다른 하나는 교육대학 제도가 갖는 사회적 역할의 독특성이다.

첫째, 교육대학의 형성, 발전이 이루어져 온 과정에서 이 기관의 지위가 오랫동안 낮게 유지되어 왔다는 사실이다. 이러한 낮은 지위로 인한 결과는 실로 엄청 났다. 이는 교육대학 프로그램의 질과 지속 기간을 형성했고, 교육대학이 선발할 수 있는 학생과 교수진의 유형을 규정했을 뿐만 아니라, 교육대학이 생산하는 지식과 대학과 대중이 이에 대응하는 방식, 공립학교에 대한 영향력, 그리고 자신의 운명을 결정하는 능력에도 현저한 영향을 미쳤다. 예를 들어, 후자에 대해 생각해 보자. 높은 지위의 대학은 외부 간섭과 무관하게 자신의 교육적 비전을 설정하고 자신의 비전을 사회에 반영할 수 있었을 것이다. 교육대학과 같이 낮은 지위의 기관들은 이러한 사치를 누리지 못한다. 오히려, 가장 중요한 조직 및 프로그램 차원의 특성들이 학문적 서열상 가장 낮은 자리를 차지하고 있는 교육대학의 권위에 굴복할 필요를 느끼지 않는 주변의 여러 이해 당사자 집단에 의해 종종 결정되어 버리곤 한다. 교육대학의 낮은 지위를 둘러싼 원인과 결과를 명확히 이해하는 것은 교육대학과 교육대학으로부터 영향을 받는 이해 당사자들 모두를 위해서 매우 중요하다.

　　교육대학의 지위를 이해하려는 관점은 사회 계층 이론의 오랜 연구 전통에서 착안했다. 이 연구는 다양한 형태의 지위 관련 문제, 예를 들어 사회적 위계 체계가 발전한 방식, 이러한 위계들의 형태와 기능, 사회적 이동 및 지위 존속에 영향을 미치는 요인, 지위 경쟁에서 성공한 집단과 실패한 집단, 그리고 이 모든 것이 초래하는 사회적 결과 등에 대한 이해를 추구한다. 이 문헌들 가운데 일련의 연구는 지위 획득 과정과 이 과정에서 교육이 담당하는 역할에 주목한다. 이 책의 핵심 주장은 막스 베버(Max Weber)가 지적하기도 한 경쟁적 지위 추구 과정은 교육을 가치 있는 문화적 재화로 탈바꿈시킨다는 분석에서 착안한 지위 관련 선행 연구로부터 결정적인 영감을 얻었다. 이런 관점에서 지위 경쟁 속에서 개인적 차원의 교육의 용도는 종종 보다 광범위한 교육의 사회적 기능(사회화, 인적 자원의 제공)을 압도하는데, 결과적으로 종종 학교와 사회의 조직과 구성을 왜곡해 버리곤 한다. 자격증 취득이 학습의 추구를 꺾고, 자격증 그 자체가 마치 다른 재화들과 마찬가지로 시장의 수요와 공급에 종속되어 버린다. 결과적으로 개인 교육 수요자들에 의한 합리적 시장 기반 선택이 축적되면서 졸업장의 과잉 생산, 자격증

인플레, 경쟁의 심화와 같은 도착적이고 비합리적인 결과가 동시다발적으로 초래된다.[15]

이 책의 주장을 특징짓는 두 번째 주제는 교육대학이 감당하게 된 과업의 본질이 매우 독특한 사회적 역할이라는 점이다. 교육대학의 대표적인 기능은 두말할 것도 없이 교사양성이다. 이는 매우 특별한 교육적 문제를 야기하는데, 그것은 바로 가르치는 일이 매우 복잡할 뿐만 아니라 매우 어려운 형태의 전문적 실천이기 때문이다. 즉 가르치는 일이란 기본적으로 원치 않고 심지어 종종 반항하는 고객들을 인지적, 도덕적, 행동적으로 변화하도록 동기부여해야 하는 일이라는 것이다. 이는 교사로 하여금 효율적이고 진정성 있는 '가공적 교사상(teaching persona)'을 구성하는 능력과 이를 활용하여 교육적 목적을 위해 학생과의 복잡하고 정서적인 관계를 관리하는 능력에 전적으로 달려있다. 그런데 이에 필요한 타당하고 신뢰할 만한 교수 기술, 수용할 만한 전문적 실제를 규정하는 규범, 명확한 수업 목적, 교수 효과를 명료하게 측정할 방법이 부재할 뿐만 아니라 심지어 봉사해야 할 고객에 대한 명확한 정의조차 없는 실정이다. 결과적으로, 이러한 교사교육자들이 직면하는 문제보다 더 도전적인 문제에 직면하는 전문적 영역은 그 어디에도 찾아볼 수 없다고 할 수 있을 것이다.

교사양성에 더해 교육대학은 교육 연구의 생산을 담당한다. 교육이론의 핵심적인 특징은 다른 학문 영역의 연구자와는 다른 방식으로 교육 연구자를 속박하기도 하고 조장하기도 한다. 교육지식은 견고하기보다는 유연하고, 순수학문이라기보다는 응용학문에 속하며, 교환가치보다는 사용가치를 현저히 더 많이 제공한다는 점에서 독특성이 있다. 이로 인해 교육의 지식 생성은 사회적으로 평등하게, 내용적으로는 다양한 방식으로 조직되는 특성을 띤다. 이와 같은 지적 작업의 조건들은 사범대학의 세 번째 기능인 학문후속세대를 양성하는 데에도 부담을 초래한다. 이 세 번째 역할을 더 복잡하게 하는 것은 교육대학의 박사과정생 대부분이 초, 중, 고의 현직교사라는 점이다. 이는 종종 문화적 갈등을 초래하곤 하는데, 현직교사 박사과정생들은 연구 실천을 규제하는 규범과 일선 현장의 수업 실천을 규정하는 규범 간의 확연한 차이에 직면하게 되기 때문이다. 그들은 자신의 기본적인 성향을 근본적으로 바꿔야 한다고 느끼기도 한다. 즉, 그들은 규범적인 성격이기보다는 분석적이기를, 개인적이기보다는 지적일 것을, 특수하기보다는 보편적이기를, 그리고 경험적이기보다는 이론적일 것을 요구받는다고 느낀다.[16]

비록 내가 교육대학을 구별 짓는 특성으로 지위와 역할의 요소를 강조하기는 하지만, 나는 이것이 교육대학만의 고유의 특성이라고 주장하고 싶지 않다. 오히려 나는 교육대학은 하나의 사례로서 미국 고등교육과 전문직의 역사의 중요한 부분을 조명해 준다고 생각한다. 전문직으로 인정받기를 열망한 다른 많은 직업군들처럼, 교사도 종합대학 내 단과대학으로 소속되어 그들만의 전유물이라고 할 수 있는 전문성 체계를 구축하고, 비록 그들 교직의 접근성을 다소 용이하게 타협하더라도 통제 확보를 통해 자신의 전문적 지위를 확립하려고 했다. 이와 같은 교사의 시도는 결국 실패했고, 이들이 실패했다고 해서 그리 놀라울 것도 없다. 간호사와 사회복지사들도 유사한 시도를 해왔고 비슷한 실패를 겪었다.[17] 따라서, 여러분은 이 책에서 교육대학의 이야기를 듣지만, 이것은 비단 교육대학의 문제만이 아니라 많은 전문 교육 영역도 같이 겪는 보다 광범위한 문제라는 점을 알길 바란다. 이와 비슷한 이야기가 간호대학과 사회복지대학에서도 반복된다는 것을 유의할 필요가 있다. 시장의 압력에 휘둘리고 이론의 유용한 실천 여부에 대한 우려에 대응해야 하는 것은 비단 교육대학만이 겪는 도전이라고 할 수 없다. 이러한 요구는 미국 고등교육의 방향을 차별화하기 위한 방향을 규정하는 핵심적인 특성들이라고 할 수 있다. 초기 이래로 미국의 종합대학과 단과대학은 학비에 의존하고 상대적으로 주정부로부터는 자율을 선택했는데, 이로 인해 대학은 자신의 지위를 강화하고 실질적 문제 해결을 도모하는 데 긴요한 교육 형식의 결정에 있어서 자율적이 되기보다는 수요자들의 요구에 취약해졌다.[18] 따라서 이 책을 읽을 때 여러분들은 교육대학의 이야기는 결국 미국 고등교육의 역사로부터 출현한 것이면서 동시에 미국 고등교육에 대한 이야기라는 점을 유념할 필요가 있다.

마지막으로, 이 책은 특히 연구중심대학 내의 교육대학에 주목했다. 독자는 그 까닭이 궁금할 수 있다. 대부분 미국 교사는 초기 사범학교로부터 발전되어 온 그다지 학문적 특성이 강하지 않은 지역의 주립대에서 양성되기 때문이다. 그럼에도 이 책에서 연구중심 종합대학의 교육대학에 주목한 까닭은 이 대학이 특별히 다방면에서 막강한 영향력을 행사하기 때문이다. 이 대학에서 미국 교사양성 프로그램을 담당할 교수진이 양성된다. 또한 대부분 교육 연구도 이 대학에서 산출된다. 이 같은 역할을 담당하는 까닭에, 연구중심 교육대학은 교사교육 실천, 배움과 가르침, 교육개혁과 교육정책 전반에 대한 우리의 사고방식에 막대한 영향을 끼친다.

이 책의 구성

교사교육은 교육대학이 직면한 곤경/문제의 핵심이라고 할 수 있다. 이런 측면에서, 2장에서는 교사교육의 낮은 지위의 역사적 기원에 대해 살펴보는 것으로 시작할 것이다. 우선, 사범학교의 형성과 사범학교에서의 교사교육 프로그램은 시장의 압력에 어떻게 영향을 받았는지가 2장의 초점이다. 이 압력의 원천은 교육대학에게 사회적 효율성 요구에 부응할 것을 강조한 고용주와 학생의 사회적 이동 요구에 부응할 것을 강조한 수요자들이었다. 이로 인한 결과는 교육대학이 부분적으로는 교사양성소가, 또 부분적으로 인민대학이 되는 것이었다. 게다가, 단순히 교사양성만이 아닌 보다 일반적인 교육기회를 제공해 달라는 사범학교에 대한 수요자의 요구는 결국 사범대학의 형성을 견인했고 더 나아가 지역 주립대학교의 생성을 이끌어내게 되었다. 이러한 일련의 과정에서 대학 내 교육대학의 입지는 점점 더 좁아져 갔다. 교사양성소의 탄생, 인민대학, 다목적대학이라는 세 가지의 전개과정은 교사교육과 교육대학의 형식, 내용, 평판 모두에 심각한 정도의 부정적 결과를 초래했다.

3장에서는 교육 실천을 특별히 어렵게 하는 특징들에 주목하여 현재의 교사교육이 직면한 도전들에 대해 조명해 본다. 교직은 쉽게 보이지만 사실 매우 복잡한 일이다. 이러한 교직의 특성으로 인해 교사와 교사교육에 대한 대중의 인식에 문제가 초래된다. 이와 같은 교직의 역설의 많은 요소가 교직의 독특한 특성에서 나타난다. 교직은 잘 드러나고 친숙한 형태의 전문적 실제이다(예비교사의 '관찰식 도제'). 교직은 그저 평범한 기술이 요구된다(교사는 성인들이라면 다 알고 있는 것을 가르치는데 뭐가 어렵나?). 교사는 자기의 전문 지식을 좀처럼 나누지 않고, 필요한 경우 비용을 받고 대여하는 다른 대부분 전문직 종사자들과는 달리 자신의 전문 지식을 거저 내준다(이로 인해 이것이 필수적이지 않은 것으로 만듦). 가르치는 데에는 교육대학이 아닌 곳에서 습득한 일반 교과지식이 요구된다. 이러한 요인으로 인해 교사교육의 실제는 놀라울 정도로 힘들다.

4장에서는 교육 연구 생산을 둘러싼 문제를 살펴본다. 이 장에서 나는 교육은 매우 유연하면서 동시에 응용학문의 성격을 띤 지식 영역을 점유함으로 인해 신뢰성이 높은 연구를 수행하기가 대단히 어렵다는 것을 제시한다. 교육지식이 견고하기보다 유연하여 지식의 탑을 높이 쌓아 올리는 것은 매우 어렵다. 이로 인해 결과적으로 계속 기초 토대만 쌓게 되곤 한다. 교육의 응용학문적 성격으로 인해 연구자는 자신의 전문성이 뛰어난 부분이 아닌 공교육에서 유발된 문제를 해결하는 데 더 큰 노력을 기울이게 된다.

5장에서는 교육 연구자의 양성을 둘러싼 문제를 살펴본다. 교육 연구를 수행하는 것은 매우 정교한 일련의 지식과 기술을 요하는데, 이로 인해 교육대학 박사과정은 철저한 프로그램이 요구된다. 그런데 대부분 초등과 중등학교 현직교사인 박사과정생들은 이러한 지식을 획득하는 데 독특한 어려움에 직면하게 된다. 이들의 학부, 석사과정 프로그램들은 박사과정의 연구에 요구되는 학문적 특성과 이에 부합한 요구와 능력을 키우는 데에 종종 잘 부합하지 않는 경우가 많다. 게다가 교육 연구에 요구되는 연구자의 성향(분석적, 지적, 보편적, 이론적)은 박사과정생들의 원래 직업인 교사의 성향(규범적,

개인적, 독특한, 경험 중심)과 종종 충돌하곤 한다.

6장에서는 교육대학의 교수가 직면하는 지위 문제의 원인과 결과에 대해 살펴본다. 교육학자(교수)에 대한 경멸은 가히 보편적이다. 이에 대한 연구는 꽤 신랄한 그림을 그린다. 학문 세계의 지위 질서를 규정하는 기준에 비춰 본다면 교육학자는 볼품이 없다(생산적인 연구실적, 순수하고 엄밀한 지식 추구, 교환가치의 생성, 그리고 엘리트 학생과 엘리트 전문직과의 유대/제휴 등등). 이에 대응하는 한 가지 전략은 교육학 교수를 계층화하는 것으로, 연구를 수행하고 박사과정을 가르치는 교수가 자신을 과거 사범학교에서 교사 양성을 주업으로 담당한 교수와 거리를 두는 것이다. 하지만 그 결과는 보잘 것 없었다.

7장에서는 교육대학의 교육적 진보주의와의 오래된 로망에 대해 살펴본다. 그리고 이 둘 사이의 접점을 교육대학의 낮은 지위와 진보주의의 역사라는 두 가지 요인으로부터 추적해 보았다. 교육적 진보주의는 초기부터 사회적 효율성과 선택적(수준별) 교육과정을 강조하는 행정적 진보주의와 학생중심 학습과 탐구 기반 학습을 강조한 교수학적 진보주의로 갈라졌다. 행정적 진보주의자들은 공교육의 형태와 기능에 강력한 영향을 행사하며 실천 측면에서 우위를 보인 반면, 교수학적 진보주의자들은 교육담론을 장악하고 교육대학이라는 제도적 가장자리에서 자신의 이념적 고향을 찾으면서 이론적 우위를 점하게 되었다.

8장에서는 교육대학의 영향에 대해 분석해 본다. 비평가는 미국 교육을 둘러싼 비난의 책임이 상당 부분 교육대학에 있다고 주장한다. 특히, 그들은 교육대학의 진보주의가 학생의 학업성취를 저해하였고 지식에 대한 사회적 접근성도 계층화했다고 비난한다. 하지만 이 책의 분석에 따르면, 비록 교육적 진보주의가 이 같은 문제를 양산하는 데 다소 기여했지만 이 교육 병리의 주범은 실제로 학교 운영 방식을 이끈 행정적 진보주의(와 교육 수요자 접근)라고 할 수 있다. 교육대학이 교수학적 진보주의 담론을 표방하기는 했지만, 그들은 이러한 접근을 학교에서의 실제적인 실천으로 강제할 힘이 없었다. 심지어, 자신이 운영하는 교사양성 프로그램에서조차 이 접근을 실천하지 않았다. 교육대학은 미국 교육에 해를 끼칠 만한 위치에 있지 못했다. 그런데 이와 마찬가지로 교육대학은 미국 교육에 특별히 기여할 만한 위치도 못 되었다. 기여할 수 있는 가능성들은 교육대학의 낮은 지위와 수사적 상투성으로 인해 시작도 해 보기 전에 평가절하 되어 버리곤 했다. 이는 애석하기 그지없는 일이다. 비록 언제나 잘 한 것은 아니더라도 교육대학은 중요하고 어려운 일을 담당해 왔고, 또한 비록 어느 누구도 귀 기울이지 않는다고 해도 교육대학은 오늘날의 주요 교육문제에 대해 적어도 발언할 권리가 있기 때문이다.

미국의 교육대학이 직면한 이 모든 곤경(문제)을 고려한다면, 밥 톰슨과 같은 평범한 일반인이 하등의 거리낌 없이 교육대학을 패싱하고 그 안에 살고 있는 교육학 교수의 전문성을 무시한 채 교육 문제에 대한 기업가로서의 자신의 정답을 자신 있게 제안하는 것은 전혀 놀랄 것이 아니다.

CHAPTER 2

교사교육의 낮은 지위, 언제, 어떻게 시작되었나

교사교육의 낮은 지위, 언제, 어떻게 시작되었나

미국 교육대학은 교사교육에 뿌리를 두고 있다.[1] 교육대학의 본래적 기능은 교사양성이었고, 대중이 보기에 교사양성 기능은 교육대학의 주된 초점이자 정체성으로 현재까지 이어져오고 있다. 이 장에서는 교사교육이 낮은 지위를 갖게 된 역사적 기원을 검토할 것이다. 이미 교사교육의 역사에 대한 훌륭하고 종합적인 문헌들이 많이 존재한다.[2] 그래서 이 책에서는 그런 역사에 대해 반복해서 설명할 생각이 없다. 대신, 최근 교육대학이 겪고 있는 지위상의 많은 문제가 이러한 역사에 의해 야기되고 있다는 점에 주목할 것이다. 교육대학이 겪고 있는 문제의 중심에 교사교육이 자리 잡고 있다는 점을 논의한다.

비평가들은 흔히 미국 교사교육의 낮은 지위가 교사교육이 제공하는 전문가 양성 프로그램의 질적 수준이 낮기 때문이라고 주장하지만, 그것은 그렇게 단순하지가 않다. 교사교육의 낮은 지위는 교사교육 실패의 자연적 결과이기보다는 오히려 교사교육이 여러 해에 걸쳐 겪고 있는 실패의 주된 원인이다. 증거자료들은 시장이 교사교육의 위신과 영향력을 보잘 것 없게 만들고 흔히 교육적 역효과를 초래하는 실천을 채택하게 하면서 과거 150년 넘게 교사교육에 부정적인 영향을 미쳐왔음을 보여준다. 요컨대, 시장 압력이 대체로 교사교육을 낮은 지위로 이끌고 교사교육이 효과적으로 기능하지 못하도록 하는 데 중요한 역할을 해 왔다는 것이다.

이 책에서는 시장을 개인적·조직적 행위자가 물자의 교환(상품과 서비스의 구매와 판매)을 통해 사적 이익을 경쟁적으로 추구하는 사회적 영역으로 규정한다. 상품의 가치, 즉 생산자와 소비자가 누리는 이익은 상품이나 서비스 자체의 내적인 질보다는 오히려 공급과 수요 관계에 의해 결정된다. 이것은 개인과 조직의 행위를 형성하고 상품과 서비스의 경제적 가치를 결정하는 기제로서 분석적으로 시장을 다루는 것이다. 막스 베버(Marx weber)가 「경제와 사회(Economy and Society)」에서, 랜달 콜린스(Randall Collins)가 「학력주의 사회(The Credential Society)」에서, 그리고 칼 막스(Karl Marx) 「자본론(Capital)」의 "상품의 물신성과 그것의 치료(The Fetishism of Commodities and the Treatment Thereof "에서 시장을 규정하는 방식이다.3) 시장에 대한 분석적 용법은 근래 비판이론에서 사용되는 이념적 용법과는 매우 다르다. 비판 이론에서 시장은 신자유주의적 경제 정책들에 의해 초래된 사회적 착취에 대한 도덕적 반감을 담고 있다.4)

교사교육의 사회적 역할보다는 지위 측면에 초점을 둘 것이기 때문에, 교사교육에 대한 광범위한 쟁점들은 다루지 않고 그냥 넘어간다. 예를 들어, 지위 관점에서 전문가 교육으로서 교사교육의 질보다는 당연히 사회적·교육적 위계에서 차지하는 교사교육의 지위에 보다 집중하고, 내용보다는 형식에 보다 초점을 둔다. 따라서 교사양성 프로그램의 교육과정 내용보다는 위신과 계층화된 교육적 선택지 내에서 교사양성 프로그램이 자리 잡게 된 방식에 대해 보다 많이 다룬다. 이것은 교육과정의 중요성을 부인해서가 아니라 교사교육과 관련된 여러 당사자들의 지위 문제에 의해 흔히 교육과정상의 문제가 상당히 형성되어 왔다는 점을 주장하려는 것이다.

지위 관점은 교사교육을 사회화 과정으로 보기보다는 시판용 상품으로 보는 경향이 있다. 사회화 관점은 교사교육을 예비교사에게 유용한 기술을 전수하는 것이라고 본다. 이에 반해 시판용 상품 관점은 교사교육을 교육 소비자의 지위 욕구를 충족시키는 것이라고 본다. 이러한 관점에서 교사교육의 가치를 측정하는 핵심 척도는 교육 자격증 시장의 수요와 공급에 의해 결정되는 교환가치이다. 교환가치는 시장 상황에 따라 달라질 수 있고 프로그램의 사용가치와는 굉장히 독립적일 수 있다. 이때 프로그램의 사용가치는 프로그램에서 습득하고 가르치는 일에 적용할 수 있는 사용가능한 실천적 지식에 대한 척도이다. 다시 언급하지만, 여기서 핵심은 교사교육 프로그램에서 습득한 유용한 지식은 가르치는 일과 무관하다는 것이 아니라 교사 혹은 교사교육자의 사회적 지위와 관계가 없을 수도 있다는 점이다. 사실, 미국 교사교육이 높은 수준의 인문교양 학문보다 실천적 지식에 초점을 두고 있는 것이 교사교육 프로그램 졸업생의 자격증이 갖는 교환가치에 부정적 영향을 미쳐왔다는 점을 제안한다. 더 나아가 교환가치에 대한 관심으로 공식적인 교사교육 기관이 사범학교에서 종합대학교로 바뀌고 교육과정의 전문적 내용이 약화되었다는 점을 주장한다.

시장 요인을 보다 면밀하게 살펴봄으로써, 우리는 미국과 다른 국가의 교사교육 프로그램이 가지는 차별적인 특성들에 대한 통찰을 얻을 수 있다. 선진국 중에서 미국은 가장 시장지향적인 국가로, 19세기 중반부터 계속 이러한 특성을 유지해왔다. 다른 국가들은 자유방임적 이념을 오랜 기간 아주 열렬하게 수용해왔다. 미국 이외에 그렇게 지속적으로 사기업을 공적 개입으로부터 보호하고, 아주 효과적으로 국가를 분할하고 국가의 권력을 제한하고, 아주 분명하게 시장경쟁 이념을 핵심적인 이념적 원리로 내세운 국가는 없었다.

이런 시장 중심 미국 사회에서, 교육 역시 광범위하고 지속적인 시장 압력에 영향을 받아왔다는 점이 그리 놀랄 만한 일은 아니다. 그 사례로 고등학교를 들어보자. 늘 주장해 왔듯이, 미국 역사 초기 일부 소비자들에게 고등학교는 그들의 사회적 지위를 향상시키거나 강화시키는 수단을 제공하는 귀중한 상품으로 부상하였다.[5] 이런 시장 압력의 결과, 고등학교는 개별 프로그램 또는 학교가 제공하는 자격증의 교환가치에 따라 개별 학교 내에서 그리고 지역사회의 다양한 학교들 간에 계층화되었다. 마틴 트로우(Martin Trow) 등은 대학의 공급 과잉, 대학에 대한 중앙집권적 정부 통제의 미흡,

대학의 학생 선호에 대한 의존성을 고려할 때 미국 고등교육은 특히 시장의 힘에 민감했다고 주장한다.[6]

시장의 영향이 큰 환경을 고려한다면, 역사를 통틀어 미국 교사교육은 다른 사회의 교사교육이 경험한 것보다 훨씬 더 시장의 영향을 받아왔다. 결과적으로, 아마도 시장의 영향에 초점을 맞추는 것이 비교 관점에서 미국 교사교육의 독특한 특징을 보다 잘 이해하도록 도울 수 있을 것이다. 이러한 미국 교사교육의 역사에서 세 가지 문제에 주목할 필요가 있다. 한 가지는 공립학교 체제의 팽창에 따라 교사에 대한 수요가 계속 이어지면서 제기된 문제이다. 또 다른 것은 사범학교에 입학한 사람들의 사회적 열망과 교사 자격증 이수 요건을 충족시키는 방법과 관련된 문제이다. 세 번째는 이들 문제가 사범학교에서 교육대학으로, 그리고 마침내 종합대학으로 교사교육 기관이 변화하는 데 미친 영향과 이러한 변화가 사람, 프로그램, 지위에 미친 영향이다. 현재의 맥락에서, 시장 상황이 얼마나 많이 변화되었는지, 오늘날의 교사교육에 주는 함의는 무엇인지에 대한 질문이 제기된다.

시장(Market)이 교사교육에 미친 영향에 관한 대략적 역사

시장 압력은 교육대학이 교사양성소가 되도록 강요하고, 교육대학이 인민대학으로 발전하도록 고무하고, 교육대학을 종합대학 수준으로 격상시키는 등의 세 가지 방식으로 교사교육에 영향을 미쳐왔다. 이제 하나씩 살펴보자.

◆ 교사양성소(factory): 빈 교실 채우기

19세기와 21세기 초 미국 학교 관리자들이 당면한 가장 큰 문제는 교육과정이나 교수학과 관련된 것이 아니었다. 그보다, 계속되는 난제는 교육받기를 원하는 모든 학생을 위해 교실을 충분히 짓고 이들 교실에 교사를 배치할 방법을 찾는 것이었다. 독립전쟁 이전에 뉴잉글랜드와 미국 전역을 휩쓴 보통학교 운동은 지역사회가 공적 재정지원으로 운영되는 초등학교 교육 체제를 구축하는 것이 목적이었다. 이 학교체제는 지역사회의 모든 젊은이에게 공통된 교육적 경험을 제공하는 것이었다. 중앙집권화된 국가 권력에 대해 미국인들이 계속 회의를 품으면서, 지방정부가 초등학교 체제 확대에 따른 신설학교에 대한 비용 지원과 신규 교사 채용의 책임을 맡게 되었다.

연방 정부가 학교에 대한 자료를 수집하기 시작한 1870년까지, 미국 공립학교의 교사는 이미 200,000명에 이르렀고, 1900년까지 교사 수가 2배가 되었다. 초등학교 교육의 공급이 마침내 수요를 따라잡기 시작하자 고등학교가 급성장하면서 또 한차례 교육팽창의 소용돌이를 겪게 되었다. 1930년까지 공립학교 교사의 규모가 다시 두 배로 확대되면서 그해 전체 교사 수가 거의 850,000명에 이르게 되었다.[7]

19세기 중반에, 지속적인 교사에 대한 수요는 학교에 대한 급진적이고 분권화된 통제와 자격 인증을 위한 일관된 표준의 부재와 결합되었고, 이로써 자격을 갖춘 전문가 양성보다는 단지 교실을 채울 사람을 찾는 데 집중하게 되었다. 1860년대 뉴잉글랜드 마을에서 행해진 교사 후보자에 대한 다음과 같은 검증 방식이 일반적이었다.

> 의장: 나이가 몇 살인가요 ?
> 후보자: 지난 5월 27일에 18살이 되었습니다.
> 의장: 마지막으로 다닌 학교는 어디인가요?
> 후보자: S 아카데미입니다.
> 의장: 우리 젊은이들을 지성인으로 만들 수 있습니까?
> 후보자: 물론, 할 수 있습니다.
> 의장: 그러면 되었습니다. 나는 당신이 우리 학교를 위해 잘 할 것이라고 생각합니다. 내일 아이들 편에 증명서를 보내겠습니다.[8]

세드락(Sedlak)이 이 시기 교사채용 실태를 검토하고 결론을 내린 것처럼, "일반교사의 부족현상은 굉장히 가변적이고 일관성 없는 교사 자격 요건과 결합되면서, 사실상 거의 모든 예비교사에게 일자리가 보장되었고 교사가 필요한 많은 지역사회를 위해 누구라도 교사가 될 수 있었다."9)

교사 시장의 역사에서 이와 같이 한창 힘겨운 시기에 미국 사범학교가 등장하였다. 여러 자료에 의하면, 최초의 사범학교는 1839년 사이러스 펄스(Cyrus Peirce)의 지도아래 메사추세츠 렉싱턴(Lexington, Massachusetts)에서 개교하였다.10) 12년 뒤 이러한 경험을 회고하면서, 펄스는 헨리 버나드(Henry Barnard)에게 보내는 편지에 전체 사범학교 운동의 핵심 관심 주제를 밝히면서 사범학교의 목적을 상세히 기술했다.

저는 보다 좋은 교사를 기르는 것, 특히 보통학교를 위해 보다 좋은 교사를 기르는 것이 저의 목표였고 다시 한번 제 목표가 될 것이라고 짧게 답합니다. 그래서 아주 많은 사람이 자신들의 교육을 위해 의지해 온 초급수준 신학교들은 자신들의 종말을 고할지도 모릅니다. 그렇습니다. 더 좋은 교사를 기르기 위해서입니다. 자신의 일을 더 잘 이해하고 수행할 수 있는 교사입니다. 아동과 청소년의 발달 특성을 보다 더 잘 알고, 가르칠 교과를 보다 더 잘 알고, 교수방법을 보다 잘 알고 있는 교사입니다. 지식의 다양한 범주들이 보다 성공적으로 제시되는 순서와 관계를 보다 진지하게 고려하고 아동 마음의 자연적 발달과 조화를 이루면서 보다 더 철학적으로 가르칠 교사입니다.11)

이것은 실제로 아주 어려운 일이었다. 그리고 비록 "미국 교사교육과 전문직화의 공식적 역사는 전통적으로 일종의 전승 행진에 관한 이야기지만,"12) 현실은 양측의 반대파에게 공격을 받으면서 충직한 사범학교 옹호자들의 엄호를 받아야 했다. 남북전쟁 시기까지, 전국적으로 주립 사범학교는 단 12개 뿐이었다.13) 그래서 사범학교의 높은 이상에도 불구하고, 이 기관들의 실제 영향력은 아주 미약했다. 19세기 대부분에 걸쳐, 대다수의 교사가 사범학교 졸업장 없이도 교사가 되었다. 교사가 되려는 사람이 훈련을 받고 일자리를 얻는 방법은 다양하였다. 대도시들은 종종 지역 초등학교에 교사를 공급하기 위해 사범학교를 설립하였다. 종종 고등학교가 동일한 목적으로 교수학 단기 과정을 제공했다. 훨씬 더 초보적인 수준에서, 지역 학교구들은 문법학교 (grammar school)에서 그 학교 졸업생을 대상으로 간단한 양성교육을 제공하였다. 광범위한 교사 학회 네트워크가 여름 동안 신규교사와 현직교사를 위한 훈련을 제공했다. 그러나 "성숙한 젊은이 정신"을 계발하는 능력 이외에 공식적 훈련과 자격요건을 전혀 갖추지 않은 채 고용되거나 현직에 있는 교사 역시도 많았다.

이러한 상황이 사범학교의 지위에 영향을 미친 문제들을 생각해보자. 전문가 교육이 교육시장에서 높은 지위를 획득하기 위해서는 두 가지 기본적 전제 조건을 충족하여야 한다. 그것은 독점과 선별이다. 법학대학과 의과대학의 최근 상황을 그 사례로 들 수 있다. 이들 학교는 어떤 사람이 해당 전문직에 입문할 수 있는 유일한 통로로 설립되었다. 그리고 이 기관들은 제한적 입학과 엄격한 교육 프로그램을 제도화함으로써 그 관문의 통과를 어렵게 만들었다. 사이러스 펄스, 호러스만(Horace Mann) 등이 처음 사범학교를 설립할 때, 이들은 시장 상황을 고려하지 않고 미래 교사를 위한 전문가 양성이라는 건전한 프로그램을 개발하는 데 집중하기로 했다. 하지만, 문제는 그들이 설립하고 운영한 전문직 학교들이 교사 취업시장 현실과 완전히 동떨어지게 될 위기에 처하게 되었다는 점이다. 가르치기 위해 사범학교에 꼭 다닐 필요가 없고 교사가 되는데 필요한 대안적인 방법이 더 쉽고 비용도 저렴했기 때문에, 사범학교 지도자들은 그들 앞에서 교사를 훈련하고 고용하는 실제 업무가 전개되고 있는 동안 옆으로 비켜나 방관자가 된 자신을 발견하였다.

요컨대, 사범학교 지도자들은 선별과 독점 중 선택해야 했다. 이들은 펄스의 표현에 의하면 "잘 이해하고 보다 잘 가르치는 교사"인 열망을 가진 소수의 교사를 위한 전문가 양성이라는 이상화된 형태의 엘리트 기관으로서 남을 수 있었다. 그리고 교사가 되는 대안적 경로가 우세하도록 할 수 있었다. 아니면 그 과정에서 사범대학 이상의 약화라는 위험을 감수하는 한편, 직업 접근 기회에 대한 궁극적인 독점을 확립하면서, 교사 수요를 충족시키기 위해 체제를 확대할 수 있었다. 결국 사범학교 지도자들은 팽창을 선택했다.

1865년과 1890년 사이에, 주립 사범학교 수는 15개에서 103개로 증가하였다.[14] 이러한 팽창에서 중요한 점은 지역구가 채용할 수 있는 교사 후보자를 제한하기 위한 기제로서 자격증을 활용하고 교사교육을 이러한 자격증 교부의 기준으로 활용하는 주정부가 증가하였다는 점이다. 이러한 사안에 대한 주요 분석가들에 따르면, 1873년까지 정책 심의는 사범학교 자격증을 '전문가 면허증'으로 인정하기 시작했고, 몇몇 주들은 자격인증을 위한 기준으로 사범학교에 의존하고 있었다. 1897년까지 28개 주가 사범학교 졸업장을 인정하였고 1921년까지 1개 주를 제외한 모든 주가 "인증을 위한 자격의 증빙서류로서 사범학교와 대학의 졸업장을 인정하였다." 따라서, 1차 세계대전까지 미국 전역에서 자격증 획득의 기본요건에 기반하여 면허증을 주는 자격인증 정책이 규칙이 되었다.[15] 사범학교의 팽창과 교직 접근 기회에 대한 사범학교의 독점은 전문가 양성 프로그램 졸업자가 주교육부에서 지도자 역할을 수행하게 되면서 더욱 가속화되었다.[16]

일단 사범학교가 교직 접근 기회에 대한 독점을 확고히 해 나가자, 사범학교 역시 교사에 대한 시장의 수요를 충족시키는 것에 대한 책임을 지게 되었다. 교사교육은 많은 교사를 가능한 한 빠르고 저렴한 비용으로 배출하라는 강한 압력을 받게 되었는데, 이것은 당연한 결과이다. 두 가지 요인이 이러한 압력을 더욱 심화시키는 역할을 했다. 하나는 교직의 여성화와 이러한 변화와 함께 나타난 직업적 특성이다. 19세기 후반과 20세기 초 젊은 여성들의 경우 6년 정도 교직을 수행하는 것이 일반적인 패턴이었다. 즉, 10대 후반에 시작하여 결혼하면서 그만두는 방식이다. 평균적인 교사의 짧은 근무기간은 학교를 그만두는 젊은 교사의 자리를 계속 채울 수 있도록 사범학교가 많은 졸업자를 배출해야 한다는 뜻이었다. 또 하나는 재정 문제다. 교사훈련이 대량 생산 방식을 취한다면, 그리고 어쨌든 교사의 장기간 근무를 기대할 수 없다면, 그러면 지속적인 양성을 위해 생산단가를 절감해야 했다. 이러한 상황 속에서, 집중적이고 장기간의 전문가 교육은 입법자들과 세금납부자들에게 정당화되기 어려웠다.

빈 교실을 단지 사람으로 채우라는 압력은 19세기와 20세기 초에 걸쳐 계속되었고, 교사교육의 내용과 지위에 엄청난 영향을 미쳤다. 제임스 커너(James Koerner)와 주디스 레이니어(Judith Lanier)가 1장에서 교사교육의 세 가지 문제 영역으로 교수, 학생, 교육과정을 규정하였다. 이들 문제는 교사 수요를 충족시키라는 압력에서 상당한 정도로 비롯되고 있다. 사범학교 체제의 확장으로 사범학교에 배치할 교수를 특별히 선별하거나 교사를 가르칠 사람을 양성하는데 특별히 엄격함이라는 호사는 누려보지 못한 채, 교실에 배치할 교사를 대량 배출해야만 했다. 학생의 경우, 19세기 후반 사범학교의 빠른 팽창은 필연적으로 사범학교가 교사 수요를 충족하기 위해 다수의 교사후보자를 받아들일 수 있도록 학교 문을 활짝 개방해야 한다는 것을 의미했다. 허브스트(Herbst)가 언급하였듯이, 사범학교는 과거 문법학교 교육에서 제한적으로 제공해 온 심화된 교육기회를 여러 사람에게 제공하는 진정한 인민대학이 되는 것이다.17) 그리고 교육과정 역시 시장 압력의 영향을 받았다. 빠르게 교사를 대량으로 배출하라는 요구는 사범학교가 광범위하고 엄격한 전문가 교육을 강력하게 주장할 수 없다는 것을 의미했다. 사범학교는 교사가 되는 대안적인 경로의 지속적인 위협 아래 운영되었다. 사범학교가 교사교육에 대한 접근이나 졸업을 매우 어렵게 만든다면, 졸업생은 줄어들고 학교구들은 다른 교사 자원을 찾아야 할 것이다. 교실들은 어떤 방법으로든 채워질 것이었다. 그래서 사범학교 지도자들은 어떠한 대가를 치르더라도 자신의 졸업생으로 교실을 채우려고 했다.

나는 그 대가가 컸다고 생각한다. 사범학교는 계속되는 교사 수요에 대처하려고 노력했고, 그 결과 철저하게 교육받지 못한 교수, 학문적으로 미약한 학생, 축약되고 도전적이지 못한 교육과정을 갖게 되었다. 결론적으로, 사범학교는 시장이 요구하는 대로 교사를 대량 배출하는 일종의 교사양성소가 되었다. 하지만 시장은 사범학교로 하여금 질보다 양을 선택하게 함으로써 사범학교의 교육내용뿐만 아니라 사범학교의 지위에도 영향을 미쳤다. 선별성은 교육기관의 지위에 결정적 요소다. 최근 미국 고등교육은 최상위의 고도로 선별적인 아이비리그 학교에서부터 입학이 자유로운 최하위의 지역사회 대학까지 광범위하게 지위가 위계화 되어 있다. 이것은 학생이 대학 졸업장에 대한 접근 과정에서 경험하는 어려움과 밀접하게 관련되어 있다. 사범학교는 19세기 후반에 지역사회 대학으로, 접근이 쉬웠고 탁월함이 없었다. 사범학교는 시장의 교사 수요에 대응하는 것을 선택하였고, 이로써 한때 가질 수 있었을지도 모를 엘리트 기관으로서의 그 어떠한 권리도 포기하였다. 사회적 유용성이 커지면서 사회적 존경은 잃게 되었다. 이것은 여러 해에 걸친 교사교육을 향한 경멸은 사회에서 필요로 하는 교사를 열심히 공급하려고 노력해 온 단순한 사실에서 비롯되었다는 점을 시사한다.[18]

• 인민대학: 소비자의 요구 충족

학교구는 많은 교사가 필요했고 사범학교는 교사교육의 내용과 지위에 미치는 부정적인 영향에도 불구하고 필요한 교사를 공급하기로 하였다. 이처럼 미국 교사교육에 대한 시장의 영향은 '고용주'에서 비롯되었다는 점을 이미 알고 있다. 그러나 또 다른 시장의 영향은 '교육소비자'에서 비롯되었는데, 학생은 특별한 교육적 산출이 필요하였고 사범학교는 학생에게 그것을 제공하기로 하였다. 전자는 사범학교의 '사회적 효율성' 기능이다. 이것이 사범학교가 증가하는 교사의 사회적 수요보다 그들 기관의 지위와 효과적인 전문가 교육에 대한 관심을 부차적인 것으로 여기게 하였다. 이에 반해 후자는 '사회적 계층 이동' 기능이었다.[19] 이것이 희망하는 사회적 지위를 위해 경쟁하는 학생들의 요구를 가장 잘 충족시킬 수 있는 교육적 선택지를 제공하도록 사범학교에 요구하였다.

개인적 선택의 자유에 대한 존중은 미국 문화와 역사에 깊게 뿌리박혀 있다. 이것은 정치적 선택과 소비자 선택 모두를 포함한다. 루이스 할츠(Louis Hartz)는 「미국의 자유주의 전통(The Liberal Tradition in America)」이라는 그의 고전에서, 이 문제를 다음과 같이 규정하였다. "그러니까, 여기 미국 정치사상의 주된 가정이고 이 글에서 논의되는, 모든 미국인의 태도의 원천이 되는 가정이 있다. 그것은 원자론적 사회적 자유 실재론이다. 폴리스 개념이 플라톤의 아테네에 원초적이고, 혹은 교회 개념이 중세시대 정신에 원초적인 것처럼 미국인에게 원초적인 정신이다.[20] 이러한 가정이 사회적 제도로서 시장의 중심에 자리한다. 시장체제에서, 소비자는 그들 개인의 욕망을 표현함으로써 개인적 선택의 자유를 누리고 기업가는 이러한 소비자의 욕망을 보다 효율적으로 충족시켜 줌으로써 번영한다.

마틴 트로우가 아주 축약적으로 표현하였듯이, 미국에서 "시장은 사회보다 우선시된다." 그 결과 소비자는 오랫동안 왕으로 존재해왔다.[21] 이런 미국 사회의 중심적 특징이 다른 국가의 교육제도에 비해 훨씬 더 소비자주의에 의해 형성되어 온 미국 교육기관의 독특성을 형성하는 데 강력한 영향을 미쳐왔다. 트로우는 다음과 같이 설명한다. "명백히 전 세계적으로 가장 대중적인 사회인 미국에서, 우리는 대학에서 가르쳐야 할 교과와 가르치는 방법 등 문화적 행태에 미치는 소비자 선호의 영향력이 [유럽인들이 받아들이는 것보다] 더 크다는 점을 인정한다. 유럽인들은 다양한 방식으로 소비자 선호도의 영향을 줄이려고 한다. 가장 중요하게, 유럽인들은 고등교육기관 재정을 학교 등록금과 분리시키려고 한다. 이와 대조적으로, 미국에서 거의 모든 기관(사립이든 공립이든)이 등록에 기반한 예산형태이고, 이것이 대부분의 기관이 학생 선호에 굉장히 민감하도록 만든다."[22] 교육 소비자가 상당히 영향력을 발휘하는 상황에서, 교육기관이 계속 생존하려면, 교육 지도자들은 철저하게 기업가적인 방식으로 반응해야 한다. 학교가 소비자의 요구를 충족시키지 못한다면, 소비자는 최선을 다해 자신의 요구를 충족시켜 줄 다른 학교에 등록하는 방식으로 직접적인 권리를 행사할 것이다.

이것이 19세기 후반 사범학교 지도자들이 당면한 상황이었다.[23] 보다 구체적으로 그들은 이 시기 동안 교육시장의 두 가지 상황을 대면해야 했다. 첫 번째는, 교사가 되고자 한다면 사범학교에 입학하지 않고도 교사가 될 수 있었다. 비록 교사교육은 제한적인 자격요건을 조금씩 늘리는 방식으로 교직

접근에 대한 독점권을 가졌지만 이렇게 되기까지 오랜 시간이 걸렸다. 두 번째는 학생의 등록금을 두고 경쟁을 벌이는 후기 중등학교 교육기관이 과잉 공급되고 있었다. 예를 들어, 1880년대에 인구 백만 명에 16개 이상의 대학이 있었는데, 미국 교육 역사상 가장 높은 비율이었다.[24] 이러한 시장 상황의 결과, 잠재적인 사범학교 입학 학생들은 교사가 되고 심화교육을 받을 수 있는 다양한 선택지가 있었고, 사범학교를 완전히 우회할 수 있는 선택지가 있었다. 따라서 사범학교는 교육프로그램이 잠재적 학생에게 매력적으로 다가갈 수 있는 방법을 모색해야 했고, 이것은 학생의 교육적 선호에 굉장히 열렬히 귀 기울여야 한다는 뜻이었다.

학생들의 요구는 분명했다. 학생들은 협소한 직업교육을 제공하고 단일한 직업 경로로 내보내는 단일 목적의 학교에 묶이는 것을 원하지 않았다. 대신 학생들은 전통적인 미국 방식으로, 개인의 프로그램 선택권을 최대한으로 제공하고 아주 광범위하고 매력적인 다양한 직업에 대한 접근 기회를 제공하는 심화된 교육 환경을 원했다. 요컨대, 이들은 사회적 계층 이동을 추구하였고 이러한 욕구 추구를 교육기관이 촉진하기를 원했다. 그러나 이것은 사범학교의 다양한 비전들과 딱 맞는 비전은 아니었다. 예를 들어, 사범학교 설립자들은 건전하고 전문적인 기술을 가르치는 장소로 사범학교를 바라보았다. 학교구는 사범학교를 빈 교실을 사람으로 채우도록 해 주는 여러 자원 중 하나로 보았다. 학생은 향후 그들의 지위를 향상시킬 자격증을 획득할 수 있는 여러 장소 중의 하나로 보았다. 이처럼 다양한 경쟁적 압력을 받으면서, 사범학교는 학교의 목적을 둘러싸고 높은 수준의 갈등 가능성에 놓이게 되었다.

사범학교는 교사 전문직화나 사회적 효율성 서비스를 제공하려고 노력하였다. 그럼에도 불구하고 소비자 선택권을 행사하려는 학생들에 의해 사회계층의 이동이 사범학교의 중심 기능으로 급부상하였다. 시러스 펄스는 최초의 사범학교를 렉싱턴에서 개교한 직후 이러한 문제에 봉착하였다. "펄스의 실망감은 시간이 지남에 따라 커져갔다. 그는 일부 학생은 교사가 되는 것을 원하지 않았고, 일부 학생은 필요한 역량을 제대로 갖추고 있지 않다는 점에 분통을 터트렸다."[25] 허브스트는 플래트빌(Platteville)에 설립된 위스콘신의 첫 번째 주립 사범학교의 기록을 살펴보면서 1866년과 1880년 사이에 교직과정에 등록한 학생은 평균 출석학생의 45% 미만이었다는 점을 알게 되었다.[26] 포괄적이고 직업적 성격이 적은 교육과정에 대한 학생들의 요구를 수용하면서 사범학교는 인문교양강좌를 늘리기 시작하였다. 알텐바프(Altenbaugh)와 언더우드(Underwood)는 이러한 상황을 다음과 같이 묘사하였다.

"많은 학생, 특히 대학 부근에 사는 학생들, 이 기관의 본래 사명인 교사훈련 교육과정보다는 교양강좌를 위해 이 학교에 왔습니다. 일부 학생은 이 프로그램을 주립대학을 입학하기 위한 단계로서 이수하면서 사범대학을 "전문대학"처럼 활용하였습니다. 사범대학에 입학한 학생이 실제 가르칠 것이라는 점을 명확히 하기 위해, 일리노이 사범학교는 졸업 후 3년 동안 학생이 가르치도록 선언하고 무엇을 하든지 공교육담당 주교육감에게 그들의 고용상태를 보고하도록 요구하였습니다. 그러나 가르칠 것이라고 서명하는 것과 학교구와의 계약에 서명하는 것은 서로 다른 문제였습니다. 일리노이의 기록들은 1960년대에 동문의 단지 30%만이 가르치는 일에 시간을 보냈다는 것을 보여줍니다.[27]

사실 이러한 상황이 없었다면 미국의 많은 가정들은 자녀에게 심화교육의 기회를 제공할 수 없었을 것이다. 심화교육은 과거 자녀를 대학에 보낼 수 있었던 보다 특권적인 사회 구성원이 제한적으로 누렸던 기회였기 때문이다. 사범학교가 이러한 사회적 이점을 얻을 기회를 미국 가정에 제공한 것이었다. 사범학교는 이들 가정에게 교사를 훈련시키는 곳 이상의 의미였다. 즉, 일종의 인민대학이 되었다. 허브스트는 다음과 같이 표현했다. "학교 부지를 무상 불하받은 대학교보다 사범학교가 인민을 위한 고등교육의 선구자였다. 사범학교는 대초원이 펼쳐진 작은 시골에 흩어져 있었던 반면 대부분의 주립대학, 농업계열, 기계계열 대학은 중심 도시 혹은 주(州)도에서 발전하였다."[28] 사범학교는 주로 사람이 살고 일하는 곳에서 고등교육을 제공하였다.[29]

일부 사범학교는 본래의 전문적 사명에 계속 초점을 두려고 했지만, 대부분은 일반 학문 교육과 사회적 기회 확대에 대한 지속적인 요구를 충족시키기 위해 직업 교육과정을 넓히라는 압력에 점점 굴복하게 되었다. 특히 미국 대학의 재정이 등록금에 기반하고 있다는 점에서, 증가하는 등록에 사범학교가 저항하기는 어려웠다. 게다가 입법가들은 인민대학을 촉진하는 것이 좋은 정치라는 점을 알게 되었고 교사훈련보다는 지역사회 봉사로 사범학교의 기능이 변화되는 것에 지지를 보냈다.

사범학교에 대한 소비자의 압력은 어떠한 결과를 가져왔는가? 근본적으로, 소비자의 압력으로 사범학교 설립 초기 목적인 교사 전문화와 전문성 지향 교육과정은 무시되고 주변화되고 분산되었다. 사범학교는 단일 목적의 직업학교에서 심화된 교육기회를 제공하는 다목적 학교로 변화되었다. 이러한 맥락에서 교사교육은 단지 하나의 프로그램일 뿐이었고, 명백하게 가장 대중적이거나 인기있는 프로그램이라고 할 수는 없었다. 그 결과 사범학교의 정체성에 대한 혼란은 가중되었다. 즉, 사범학교는 교사훈련 학교인가, 인민대학인가? 또 다른 결과는 전문적 교육과정의 약화였다. 많은 학생들이 다양한 교육과정을 요구하였고 예비교사조차도 짧은 기간 동안만 교직을 수행한 후에 경영과 전문직 경로로 전환하였다. 이에 사범학교는 교사양성이라는 엄격하고 초점이 명확한 프로그램을 유지하기가 어려웠다.[30] 사회적 효율성 압력은 교육과정의 확장을 가속화하였고, 졸업생을 대량으로 배출하도록 사범학교를 부추겼다.

이러한 환경에서, 사범학교는 가능한 한 교사교육을 어렵지 않게 만들라는 상당한 수준의 시장 압력을 받았다. 교사양성소와 인민대학이라는 사범학교의 이중적 역할 속에서, 사범학교는 교사양성 프로그램을 쉽고, 유연하고, 저렴한 프로그램으로 만들 수밖에 없었다. 쉬움, 그래서 학생은 잠재적으로 매력적이지만 보다 어려운 다른 대안들보다는 이들 프로그램에 등록하도록 고무되었다. 유연함, 그래서 사범학교는 학생들에게 교직 이외의 기회를 보장하는 광범위한 학문분야에 맞춰 교사양성 프로그램을 변화시킬 수 있었다.

저렴함, 그래서 주정부는 교사의 짧은 재직기간에 상응하는 단위비용으로 교사를 배출할 수 있었고, 학생들은 교직에 대한 보통 정도의 헌신 수준을 감안하면 투자할 만한 프로그램으로 고려되었다.31)

전반적으로, 시장이 미국 교사교육에 미치는 영향력은 거의 커지지 않고 있다. 일자리 시장과 자격증 시장, 고용자와 소비자의 압력이 예비교사의 양성 과정을 주변화시키고, 약화시키고, 또 대수롭지 않은 것으로 만드는 경향이 있다. 그리고 우리가 향후 탐색하겠지만, 이런 잘못된 역사적 유산은 교사교육이 그 과업을 수행하는 방식에 계속 영향을 미치고 있다. 그러나 우선, 이들 시장 요인이 교사교육의 지위에 미친 영향을 검토하는 것이 필요하다.

◆ 사범학교에서 종합대학으로: 지위에 미친 영향

1890년대에서 1970년대 동안, 시장 요인으로 사범학교는 결국 다목적 대학으로 변화하는 제도적 변화과정을 겪게 되었다. 이런 변화가 교사교육의 지위에 대해 미친 영향은 심오하고 아주 다양한 측면이 혼재되어 있다. 간단히 말하면, 제도 내에서 교사교육의 지위는 극적으로 추락한 반면, 이 기간 동안 사범학교의 지위는 극적으로 상승하였다. 이러한 변화의 원인과 결과를 살펴보자.

이러한 진화적 발전의 대강은 분명하다. 사범학교는 제도적 차원의 이동에 있어 괄목할 만하게 선형적 과정을 경험하였다. 윌리엄 존슨(William Johnson)의 말에 따르면, "20세기 교사양성의 역사는 사범학교가 주립 교육대학으로, 그 다음 다목적 학부중심대학으로, 그리고 지금은 많은 경우에 지역 주립종합대학으로 변화하는 일련의 제도적 변위로 생각될 수 있다."32) 그러나, 알테르바프와 언더우드가 언급한 것처럼, "사범학교는 실제적으로 세기 전환기 이전부터 이러한 이행을 시작하였다." 사범학교가 일반학문 강좌의 제공을 늘리고 기관의 매력도가 커짐에 따라, 사범학교는 고등학교 졸업장을 요구하면서 입학기준을 강화하고, 학과프로그램을 늘리기 시작하였다." 19세기 동안, 대체적으로 사범학교는 문법학교 졸업생 중에서 학생을 선발하고, 그들에게 고등학교 졸업장과 유사한 것을 제공하여 배출하는 등 고등학교와 동일한 수준에서 운영되었다. 그러나 1900년까지 사범학교는 전문대학(junior college)과 아주 유사해지기 시작하였다. 그리고 "1912년 이후에는 2년제, 3년제 사범학교가 4년제 교육대학으로 발전하였다." 이러한 빠른 변화의 한 가지 지표는 1920년대와 1933년 사이에 주와 시의 사범학교가 170개에서 66개로 줄어들었고 주립 교육대학의 수는 46개에서 146개로 늘어났다는 점이다.[33] "1940년에 '사범학교'라는 용어는 이제 한물간 것이 되었다. 1960년대까지 주립교육대학이 교육학뿐만 아니라 인문교양과 다른 분야의 학위를 승인하는 다목적주립대학 또는 주립종합대학으로 발전하기 시작하였기 때문에 주립교육대학도 비슷하게 짧은 생을 마감했다."[34] 사범학교가 종합대학으로 변화됨과 동시에, 기존의 종합대학은 적어도 대학의 프로그램 내에 약화된 교사교육의 형태를 통합하고 있었다.

시장 요인이 이런 괄목할 만한 미국 교사교육의 제도적 변화 과정을 촉진하였고 그 결과 교사교육은 미국 고등교육의 낮은 지위에서 이동하여 종합대학 내에서 확고하게 자리 잡게 되었다.[35] 이후 재정적 비용과 변화의 사회적 비효율성이 명확해지게 되었다(이 주제에 대해 나중에 좀 더 다룰 것이다). 그러나 사범학교의 지위와 기능의 격상은 모든 측면에서 발전한, 사범학교에 대한 압도적인 수요 때문에 주로 일어났다. 이것은 관련 당사자 모두에게 이익인 것처럼 보였다. 시민은 사범학교 확장과 지위 상승으로 주립종합대학과 학교부지 무상불하 주립대학교를 통해 접근할 수 있었던 것 이상으로 고등교육에 대한 접근기회를 가지게 되었다. 입법가들은 세금 사용에 대해 선거권자들이 환영할 만한 정치적으로 대중적인 프로그램을 얻게 되었다. 학생의 경우 사범학교의 지위 격상 운동으로 그들은 사범학교 교육(접근성, 낮은 비용, 그리고 교사 자격증)과 대학교육(학사학위, 제도적 위신, 그리고 교직을 넘어 광범위한 사무직에 대한 접근성)이라는 이점을 모두 가질 수 있었다. 교사의 경우, 대학졸업장이 교직에 입문하기 위한 최소한의 교육적 요건을 대변하게 됨에 따라 변화는 상징적 차원의 지위 격상을 뜻하였다. 교사교육자는 위풍당당한 직업지위상의 격상으로 직업학교 강사에서 대학교수로 발전한 자신을 발견하였다. 그리고 대학은 교사교육이 많은 학생을 끌어오는 돈벌이가 되는 돈줄이고, 주 입법가들에게 대학교육의 실제적 이점을 설명하기에 좋은 정치적 축복이라는 것을 알게 되었다.[36]

사범학교의 발전에 대한 시장적 관점과 교육기관에 의해 뒷받침되어 온 이런 변화에 대한 전통적 관점을 비교해 보자. 멜레 바로우만(Merle Borrowman)은 이런 관점의 본질을 포착한다. "미국 교사교육과 전문직화의 공식적 역사는 관례적으로 1823년의 새무엘 홀(Samuel R. Hall)의 벌몬트주 콩코드(Concord, Vt.) 사범학교에서부터 현대 전미교육협회(National Education Association)와 명문 교육대학원으로 이어지는 하나의 전승행진 이야기이다. 그러나 이러한 역사관은 오해의 소지가 있다."[37] 교사교육의 역사에 대해 오해의 소지가 있는 것은 교사교육의 제도적 격상은 진보, 즉 교사교육과 (결과적으로) 교직의 질의 지속적이고 필연적인 개선을 의미한다는 가정이다. 그보다, 사범학교 지위의 상승과 종합대학 내 교사교육 통합은 교사의 전문적 교육의 질보다는 고등교육에 대한 소비자의 수요와 그러한 수요를 충족시키도록 교육기관을 고무하는 시장상황과 관계가 있다는 점을 제안한다. 따라서 교육대학의 형태가 교사교육의 내용보다 더 중요하고 학생에게 대학졸업자의 지위를 제공하는 것이 교사를 효과적으로 준비시키는 것보다 더 중요하였다.

교사교육의 지위와 초점의 변화는 광범위한 결과들을 초래하였다. 이들 프로그램의 사회적 효율성을 감소시키고, 전문가 양성 기능을 약화시키고, 전문가 양성 방식을 위계화하고 종합대학 내에서 교사교육을 주변화시켰다. 이러한 점들 각각에 대해 생각해보자.

첫째, 사범학교의 지위 상승과 다목적 대학으로의 변화는 사범학교의 사회적 효율성 목적이 일반적으로 미국 고등교육을 지배해 온 사회 계층 이동이라는 목적보다 부차적이라는 점을 나타낸다. 많은 미국인에게 심화된 교육과 사회적 기회를 제공한 데 반하여, 이러한 변화는 교사양성에 있어 상당한 정도의 사회적 비효율성을 초래하였다. 개인에게 교육대학의 확장된 체제를 통해 고등교육에 대한 개방된 접근기회를 제공하는 것은 교육으로부터 혜택을 받은 사람에게는 아주 매력적일 수 있고 정치적으로는 교육을 민주화하려는 노력으로서 정당화될 수도 있다. 하지만 사회적 자원의 효율적 투자라고 보기는 어렵다. 이러한 교육 팽창은 개인적 지위 상승을 향한 개인의 열망에 기반한 것으로, 대학교육을 통해서만 제공받을 수 있는 기술에 대한 사회적 수요에 기반한 것이 아니었다. 그리고 자격을 갖춘 교사를 학교에 배치하려는 요구를 충족시키는 데는 아무런 도움이 되지 않았다. 학교에 교사를 배치하기 위해 설립된 사범학교는 시장에 의해 굴절되었고, 증가하는 소비자 요구에 대한 대응으로 다목적 교육기관으로 변화되었다. 요컨대, 교사교육은 교사양성이라는 기능을 잃어가면서 결국 개인적 열망과 사회적 기회를 보조하게 되었다.

둘째, 사범학교가 사회적 효율성에서 사회적 계층 이동으로 방향을 전환한 것이 전문가 교육의 약화라는 결과를 초래하였다. 초기에, 사범학교 설립자들과 학생은 사범학교를 효과적인 교사가 되는데 필요한 지식과 기술의 실천적 교육을 제공하는 곳으로 인식하였다. 즉, 사범학교의 기능은 중요한 사용가치가 있는 교육을 제공하는 것이었다. 하지만, 이러한 기능은 소비자가 실질적인 교환가치를 지닌 교육 자격증을 제공하는 기관에 대한 강력한 선호를 나타내면서 변화했다. 점점 학생들이 학교에서 획득할 수 있는 사용가능한 지식보다는 학교들을 다님으로써 얻을 수 있는 사회적 이익을 위해 사범학교를 다녔기 때문에 사범학교의 초점이 교육의 내용에서 교육의 형태로 불가피하게 변화되었다.

이와 같이 지위획득이 학습보다 학생의 중심 목표가 되고, 대학이 이런 변화하는 소비자의 요구에 빠르게 적응했던 것처럼 20세기 동안 미국 고등교육 상품화에서 사범학교의 변화는 핵심 단계였다.[38] 이런 상품화된 맥락에서, 교사교육으로 대변되는 실천적 학습은 호소력을 잃었다. 학생은 교육의 적용가능성보다 교육의 시장성에 관심을 기울였기 때문이다. 소비자의 관점에서, 졸업장이 학생들에게 좋은 직업에 접근할 기회를 제공하는 한 학생들이 대학에서 무엇을 배웠는지 누가 신경을 쓰겠는가? 이런 상황에서, 주립대학과 주립종합대학으로 변화된 이전 사범학교는 엄격한 전문적 교사양성 프로그램에 집중하게 할 시장적 유인 기제를 갖지 않았다. 결과적으로, 동정적인 관찰자들조차도 교사양성 프로그램들이 빈약하고 힘들지 않다는 점을 종종 발견했다는 것은 놀라운 일이 아니다.[39] 미국 고등교육의 시장 중심 환경은 교사양성 프로그램을 다른 방향으로 가게 할 만한 유인기제를 거의 제공하지 않았다.

셋째, 사범학교의 발전 역시 다양한 전문가 교육 기능의 계층화를 강화하는 경향이 있었다. 시장환경에서, 기업가적 교육자들은 교육자격증의 교환가치를 유지하는 것이 필요했고, 최고의 명예와 영향력을 가져다 줄 교육적 과업에 기관이 주의를 집중할 만한 강력한 유인기제가 있었다.

허브스트가 상세하게 지적하였듯이, 이것은 초등교사를 준비시키는 낮은 수준의 과업은 되도록 외면하고 교육시장의 보다 위신있는 과업에 초점을 맞추게 했다는 것을 의미했다.[40] 매사추세츠주에 있는 초기 사범학교 지도자들조차도 이러한 전략을 채택하려고 하였다. "교육자들은 단기 양성소에 초등교사 양성을 맡기는 경향이 있었다. 교육자의 대부분은 주립 사범학교를 교육전문가뿐만 아니라 중등교사와 행정가를 양성하는데 활용하기를 보다 선호하였다."[41]

하지만 20세기 초까지, 다양한 전문가 훈련 기능이 다양한 기관들에 의해 수행되면서, 교사교육의 구조는 상당한 정도로 훨씬 더 복잡해지고 위계화 되었다. 교사교육의 위계 사다리에서 가장 낮은 단계인 사범학교가 아무도 원하지 않았던 초등학교 교사의 교육을 책임지게 되었다.

대학과 종합대학이 중등교사양성 시장을 차지하였다. 그리고 명문대학의 새로운 교육대학원은 학교행정가와 비교원 교육전문가의 양성에 대한 책임이 커져갔다.[42] 하지만, 사범학교가 다목적 대학과 종합대학으로 발전하자, 교사교육 위계 사다리에서 하위 두 단계 간의 차이가 불명확해지게 되었다. 이전 교사대학이 모든 유형의 교사교육을 담당했다는 점을 주요 특징으로 하면서, 초등학교와 중등학교 교사 양성 모두 대체적으로 4년제 대학이 책임을 지게 되었다.

이것이 사범학교의 지위 상승이라는 네 번째 결과로 이끌었다. 종합대학 내부로 교사교육을 통합하는 것은 교사교육 기능의 위계화 경향이 이제 대학 내 단과대학 간의 관계를 규정하는 내부 문제가 된다는 것을 뜻하였다. 그 결과 교사교육은 종합대학 내 학문적 위계에서 주변적 지위를 차지하게 되었다. 굿래드(Goodlad)가 언급하였듯이, 이것은 한때 교육대학(teachers colleges)이었던 종합대학 내에서 진실이다.[43] 이렇게 주변적 지위를 갖게 된 한 가지 이유는 교사교육 프로그램이 학생에게 교수활동에 대해 사용할 수 있는 지식을 제공하는 데 집중하였다는 점이다. 상품화된 미국 교육 환경에서, 사용가능성을 가진 지식은 지식의 위계에서 낮은 지위에 있다. 일상적인 관심에서 멀어질수록, 고급문화와 보다 밀접하게 관련될수록, 그 지식은 보다 명성을 얻는다. 고등학교에서 높은 수준의 영어 수업은 엘리자베스의 시에 초점둔다. 이처럼, 낮은 수준의 수업은 단지 직업 지원서를 읽는 데 초점을 두는 것처럼, 예술과 과학 단과대는 더 난이도가 높은 어려운 지식을 추구하는 한편, 종합대학에서 교사교육은 실천적 교수라는 낮은 수준의 지식을 추구하는 것으로 간주된다.[44]

종합대학에서 교사교육이 주변적 지위를 갖게 된 또 다른 이유는 교사교육이 학생을 교사라는 주변적 직업을 준비하도록 설계되었다는 점이다. 의과대학과 법학대학 모두 그들의 학생에게 열심히 실천 교육을 제공한다. 그러나 이들 대학이 학생을 준비시키는 직업의 지위가 높기 때문에 이것이 이들 대학의 높은 위상에 부정적 영향을 미치지는 않는다. 이런 의미에서, 의사 혹은 법학 학위의 교환가치(이들 학위가 높은 직업 수준에 접근할 수 있는 정도에 의해 측정된)가 높다는 것은 어느 누구도 이들 프로그램을 자동차 수리, 헤어, 혹은 보다 중간 지위의 간호사 혹은 교사교육 프로그램에 적용되는 경멸적인 의미에서의 "전문적"인 직업으로 생각하지 않는다는 것을 뜻한다. 이처럼 부분적으로 종합대학 내에서 교사교육의 지위는 미국 사회에서 교직이 차지하는 지위와 분리될 수 없다.

따라서 낮은 수준의 실천적 지식과의 결합, 준전문직으로서 간주되는 직업과의 결합 때문에, 교사교육자는 종합대학 내에서 이중적으로 오명을 쓰게 되었다. 이로써 교사교육자 역시 학문적 위계의 가장 낮은 단계에 자리잡게 되었다. "미술과 과학분야 교수가 교사교육에 명확한 관심을 가지거나 책임을 진다면, 이들은 승진과 정년보장을 포함하여 학문적 존경을 잃을 수 있는 위험에 처하게 된다는 것이 기본 상식이다. 교육분야 교수는 교사교육과 관련성을 가질 가능성이 보다 높기 때문에 종합대학 내 동료 교수의 존경을 잃을 수 있는 보다 큰 위험에 처해 있다. 그리고 최종적으로, (실질적으로 초등과 중등학교에 있는 예비교사 혹은 실습 교사를 감독하는) 이들 교육분야 교수는 위계 사다리에서 실제 하위층에 존재한다.[45]

유산 다루기: 변화하는 조건

시장이 미국 교사교육의 역사를 형성하는 데 미친 영향을 고려한다면, 핵심 문제는 이러한 유산이 미국 교사교육에 어느 정도나 여전히 영향을 미치고 있는지를 분명히 밝히는 것이다. 이들 유산들은 본질적으로 변화해왔는가? 혹은 동일한 시장 요인이 여전히 이들 프로그램에 압력을 행사하고 있는가?

사회적 효율성: 19세기와 20세기 초에 교사교육에 대한 초기 사회적 효율성 압력을 조장한 많은 요인들이 사실 변화되고 있다. (21세기 초 한차례를 포함하여) 간헐적으로 교사 부족현상이 있지만, 더 이상 만성적인 교사 부족 상황은 아니다. 학생 수가 급증하면서 교사에 대한 수요 또한 높았지만 인구학적 상황이 안정화되면서 이 또한 변화되었다. 비록 이직률이 여전히 상대적으로 높고 일에 대한 헌신이 상대적으로 낮지만 교직은 이제 더 이상 한때 임시로 한번 해 보는 직업이 아니다. 제2차 세계대전 이래, 교직은 점점 많은 여성과 남성이 은퇴할 때까지 계속할 수 있는 직업으로 변화되었는데, 이것

은 대체로 교사노동조합이 이 시기 동안 성취한 보수 인상, 직업 안정성, 부가수당 때문이었다.

이러한 변화 속에 비록 사회적 효율성 압력의 강도가 줄고 형태가 달라지기는 하였지만, 교사교육에 대한 사회적 효율성 압력은 여전히 존재한다. 1993년 미국 초·중등교사가 280만 명이었고 중간에 그만두거나 퇴직한 사람의 자리를 채우기 위해 매년 대학 졸업자의 약 15%가 필요하였다.[46] 교사교육은, 늘 그랬던 것처럼, 이런 계속적인 수요에 대응해야 한다는 압력을 받았다. 교사교육은 사범학교 시기보다 교직에 대한 접근기회에 있어 보다 강력한 독점권을 가졌고, 이로써 동일한 비율로 교사가 필요한 것은 아닐지라도 매년 필요한 교사를 배출하라는 압력이 심화되었다. 그리고 이러한 압력을 강화한 것은 최근에 되살아난 과거의 위협으로, 교사교육을 거치지 않고 교사가 될 수 있다는 위협이다. 많은 주 입법가들이 "대안적 자격증"을 위한 계획을 수립하거나 제안해오고 있다. 말하자면, 전통적인 교사교육 없이 업무 경험 혹은 학문적 전공에 기반하여 교사를 자격 인증하는 방식이다. 시장 수사학은 교육대학의 독점으로 아주 오랜 기간 제약을 받아 온 교사 직업 시장에 대한 선택과 접근기회를 되살리는 방법으로 이러한 계획들을 지지해오고 있다. 초·중등교육에서 학교선택과 차터스쿨과 같은 기제를 통해 시장의 힘을 동원하고 있는 것이 이러한 경향을 강화하고 있다. 이로써 자유학교는 자격인증 규칙에 의한 통상적 제약없이 교사를 고용할 수 있었다. 이것은 교사교육이 교사를 양성하는데 보다 효율적이지 않다면, 주 정부 혹은 시장은 교실을 채우기 위한 다른 방법을 찾을 것이라는 점을 시사한다.

주 정부의 대학재정 지출이 줄어들거나 심지어 삭감됨에 따라, 주립 종합대학에 대한 재정 압박이 지난 몇 년에 걸쳐 점점 심화되었다. 이에 대학은 어느 때보다도 재정수입의 원천으로 등록금에 더 의존하게 되었다. 이러한 상황에서 종합대학은 높은 등록률과 저렴한 비용은 유지하면서, 교사교육 프로그램의 전통적 수익성을 떨어뜨리는 어떠한 것도 하지 않을 것이다. 그 결과는 익숙한 패턴이다. 교사교육은 많은 교사를 가능한 한 효율적이고 저렴한 비용으로 배출하도록 요청받고 있고 그렇지 않으면 이 교사는 다른 곳에서 고용될 것이다. 교사교육이 쉽고, 유연하고, 저렴한 비용으로 프로그램을 유지해 온 역사에서 벗어나도록 고무하는 것이 이러한 시장 환경에는 거의 없다.

사회적 계층 이동 : 교사교육은 더 이상 미국인의 사회적 열망을 위한 통로로 역할하라는 요청을 받지 않고 있다. 1,000개의 지역사회대학과 비선별적 4년제 대학과 (이전 사범학교에서 발전한) 주립 종합대학을 포함하여 수많은 인민대학이 있고, 사람들은 이들 대학을 통해 사회적 계층 이동의 기회를 얻을 수 있다. 그러나 사범학교와 교육대학(teachers college)에 대한 장기간의 소비자 압력(좋은 직업을 얻기 위해 교환가능한 상품성을 지닌 자격증을 학생에게 제공하라는 압력)은 교사교육에 경멸의 눈초리를 보냈던 종합대학 내에 교사교육 기능을 두게 하였다. 현재 미국 고등교육의 계층에서, 교사교육은 모순된 위치에 있다. 교사교육은 명문대학의 학생에게 낮은 지위의 선택지이고, 확고한 학문적 분위기에서 실천적 교육을 제공하고, 교환가치에 터하여 교육적 산출에 등급 매기는 시장에서 직업적 사용가치의 공급자로서 교사교육을 판매한다.

소비자 수요가 창출되도록 돕는 이런 상품화된 교육 세계에서, 교사교육은 그 자체로 철저하게 주변화되어 있음을 발견할 수 있다. 교사양성은 더 이상 통제 하에 있지 않고 종합대학 내 다양한 단과대학에 퍼져있는데, 하나의 대규모 사업에 대해 의구심을 가지고 바라보는 대학 내 사람들에 의해 형성되었다. 결과적으로, 교사교육의 목적은 분산되고 교사교육자는 교사교육 프로그램 내에서조차 주변화 된 자신을 발견한다. 따라서 종합대학 내에 질을 향상시키고 초점을 명확히 하고, 현장 경험을 강화하거나 교사교육 기준을 높이려는 유인기제가 없다는 점을 발견한 것이 놀라운 일은 아니다.

♦ 사회적 약자들을 뒷받침하기

이러한 역사적 분석은 시장 압력이 교사교육의 지위와 역할, 즉 고등교육의 지위 위계에서 교사교육의 지위와 효과적으로 교육기능을 수행하는 능력 모두를 심각하게 약화시켜오고 있다는 점을 제안한다. 이러한 문제를 계속해서 더욱 악화시킨 것은 교사교육이 사회적 약자들을 뒷받침해 왔다는 사실이다. 한 집단은 여성이다. 미국 교육의 역사에서 보편적 취학이라는 목적이 처음 등장한 시기에 (19세기 중반에) 교직은 여성의 일로 규정되었고, 그 이후로도 여전히 그렇게 인식되고 있다(최근에, 교사의 약 70%가 여성이다). 이러한 이유 중 한 가지는 이데올로기적인 것으로, 어린 사람을 보육하고 도덕교육을 제공하는 것은 여성의 영역으로 자연스럽게 간주되었기 때문이다. 또 다른 것은 현실적인 것으로, 여성은 남성 월급의 절반 정도를 받고도 일을 했기 때문에, 여성들이 학교 등록률의 빠른 확장에 보조금을 지급하도록 도왔다. 그러나 최종적으로 교직은 보육과 비서 업무와 마찬가지로 변함없이 여성의 일로 규정되어 왔다. 그리고 이것이 교사를 양성하는 일이 법률, 의사, 기술, 경영처럼 전통적으로 남성이 지배적인 직업을 준비시키는 사람의 일보다 덜 명성있는 일로 만들었다.

교육대학이 뒷받침한 또 다른 집단은 노동계급이었다. 많은 점에서 교직은 훌륭한 지식 기반 사무직으로서 전형적인 중간계층 직업이었고, 지금도 여전히 그렇다. 그러나 그와 동시에, 중산층 수준의 보수를 제공하고 향후 승진을 위한 경력 사다리가 없다(초임교사와 30년 경력 교사 모두 동일한 지위를 차지하고, "승진"을 위한 유일한 기회는 교실을 떠나거나 행정직에 입문하는 것이다.). 그 결과 교직은 다른 전망을 가진 중간계층 여성과 남성(특히 남성의 경우)보다는 중간계급 위치를 성취하기 위해 접근 가능한 방법이었기 때문에 보통 노동계급 출신에게 훨씬 더 매력적이었다. 이로써 노동계급출신 학생을 가르친 교육대학이 종합대학의 다른 사람에 의해 벼락출세라는 오명을 가진 것으로 인식되어 왔다. 교육대학은 대학의 후발주자였을 뿐만 아니라 교육대학의 학생은 평균적인 인문교양 대학 학생보다 보다 낮은 계층 출신이었다.

세 번째 집단은 아동들이다. 교사의 지위가 학생의 연령, 학업 단계와 밀접하게 연관되어 있다는 점에서 교육의 지위 위계는 명백하다. 학업 단계는 높은 단계의 박사학위에서 낮은 단계의 유치원으로 구성된다. 아동을 위해 일하는 것이 왜 낮은 지위를 갖는 것인지 의문이 드는 사람이라면 연령별 위계의 하단에 존재하는 보육 노동자의 급여와 위신을 고려하면 된다. 따라서 아이들 문제보다는 심각한 성인들 문제에 더 많은 관심을 가진 대학과 아이와 접촉하는 업무보다 성인과 접촉하는 업무에 더 많이 보상하는 사회에서, 교육대학의 문제 일부는 교육대학이 아이들과 밀접히 관련되어 있다는 점이다.

마지막으로, 미국인의 생활에서 '교사' 자체의 불확실한 지위이다. 교사는 성별, 계급, 연령의 측면에서 오명을 가진 특성들을 가질 뿐만 아니라 생각하는 것보다는 실천하는 것에 호의적인 미국인의 편견으로 고통을 겪고 있다. 교사는 미국에서 가장 대규모이고 가장 가시적인 지식인 집단이다. 말하자면, 아이디어의 생산과 전달을 통해 자신의 생활을 꾸리는 사람이다. 교사는 우리 사회에서 어느 지식인 집단보다 접근이 용이하고 하층의 지식인을 구성한다. 사실, 교사는 많은 사람이 가까이 접촉할 수 있는 유일한 지식인이다. 그래서 교사는 책으로 배우는 것에 불과하고 단지 '학문적'이라고 경멸적으로 이름 붙여진 일들을 추구하는 사람들에 대한 국가적 편견의 공격을 받는다. 실제 전문직은 심장을 관통하고 범죄를 막고 고층건물을 설계하고 기업을 운영하는 데 반해 교사는 교과서와 시험, 그리고 숙제를 걱정한다. 물론 고상한 대학교수의 일이 어떤 의미에서든 훨씬 더 학문적이지만, 평범한 시민이 도달하기에 너무나 심오하고 평범한 시민의 경험을 넘어선다. 그러나 교육대학 교수는 지적 업무 중에서 가장 일상적인 일을 하는 실천가와 연계되고, 이로써 특별히 유용할 것도 특별히 모호할 것도 없는 것으로 인식된다.

미국에서 교직이 상대적으로 낮은 지위를 갖는 것에 대한 또 다른 이유를 생각해보자. 첫째, 어떤 한 시점에 재직 중인 교사 수가 280만 명에 이르는 교직은 대규모의 인원이 종사하는 직업이다. 따라서 보통 말하는 그런 엘리트 직업이라고 명확하게 주장할 수 없다. 그리고 매년 15만 명 이상의 신규 교사를 필요하기 때문에, 교사교육은 결코 배타적인 형태로 전문가를 양성할 수 없다. 둘째, 교사의 보수는 국민이 내는 세금에 의존하고, 선거권자가 주기적인 선거를 통해 학교재정에 대한 선호도를 표현할 기회를 가진다. 그러므로 교사의 보수는 사실상 한도를 가질 수밖에 없다. 이러한 환경에서, 미국 교사는 실질적으로 평균 납세자 수준 이상으로 돈을 벌 수 있을 것 같지 않다. 셋째, 공립학교 교사는 시장 지향 사회의 특징을 나타내는 공적 고용에 대한 부정적인 이미지로 어려움을 겪고 있다. 미국에서 시장 이념은 사적 영역의 일꾼들을 생산적인 것으로, 공적인 일꾼들을 무위도식자로 분류한다. 높은 계층의 전문직은 서비스 요금제 하에서 일하는 소규모 사업가로 자신을 규정되고 이러한 이데올로기 속에서 효과적으로 역할을 수행해왔다. 그러나 교사는 이와 똑같은 주장을 할 수가 없다.

여기서 내가 말하고자 하는 바는 단순하다. 시장 압력이 미국 교사교육의 독특한 역사를 형성하는 데 중요한 역할을 해왔고, 미국 교사교육은 의미없는 유산을 가진 채 남겨졌다. 교육대학은 존재해왔고, 계속 존재할 것이고, 사회적 효율성과 사회적 계층 이동이라는 경쟁적 관점 사이에서 갈등해왔다. 그리고 교육대학은 교육적 위계에서 계속 낮은 지위를 차지하고 있다. 이것이 전문가 양성이라는 건전한 프로그램을 수행하려는 교육대학의 능력을 약화시키고 이들 프로그램을 강화하려는 움직임을 방해해왔다. 다음 장에서는 전문가적 실천의 한 방식으로서 교사교육의 본질을 검토하고, 교육대학의 효과적인 역할 수행을 아주 어렵게 만드는 것들에 대해 논의한다.

오늘의 교사교육, 무엇이 독특한가

오늘의 교사교육, 무엇이 독특한가

교사교육을 괴롭히는 문제는 시장경제에 두들겨 맞은 과거 역사의 결과 때문에 생기기도 했지만, 교사를 길러내야 한다는 교사교육 자체의 독특한 특성 때문에 생겨난 것이기도 하다.[1] 교사를 양성하는 일은 엄청나게 손이 많이 가는 일이라는 것이 밝혀지고 있다. 그 이유는 대체로 전문직 수행 형태로서 가르치는 일 그 자체가 아주 복잡하기 때문이다. 이 문제의 핵심은 가르치는 일이 상당히 쉬워 보이나 엄청나게 어려운 일이라는 데 있다.

가르치는 일을 둘러싸고 나타나는 상반된 입장이 있는데, 이 양면적 입장이 교사교육을 상당히 어렵게 하는 요인이 되어 왔다. 즉, 전문직으로 가르치는 일이 완전히 복잡하다는 입장이 있고, 다른 한편으로는 분명한 것이 하나도 없다는 입장이 있다. 이 두 입장은 실천현장에서 가르치는 일을 실천할 교사를 위하여 효과적인 프로그램을 만들려는 교육대학이 형용할 수 없는 난관을 겪게 해왔다. 더욱이 이러한 난관은 일반적 인식, 즉 가르치는 일을 배우는 게 별거냐고 인식하는 예비교사와 일반 대중의 인식 때문에 더욱 악화되었다. 따라서 각 교육대학은 미래의 교사가 학교교실에서 맞대하게 될 여러 문제에 잘 대응할 수 있도록 교사교육 과정을 통해 정말 처절하게 분투하고 있지만 대체로 허사가 되곤 했는데, 결과적으로 교사교육 과정은 기껏 노력해도 제대로 된 보상을 받지 못하고 경멸당하기 일쑤였다. 예비교사와 교육비판가들(educational observers)은 아주 단순한 유입과정인 교사교육 과정을 별 쓸모도 없이 복잡하게 만들었다고 비난한다. 비판가들의 눈에는 지나치게 고집스레 보이는 교육대학이 가르치는 일을 쉽게 그리고 자연스럽게 배울 수 있도록 할 수 있음에도 불구하고 이 과정을 다 망쳐놓은 장본인이었다. 따라서 향상된 교사교육을 통해 교사의 전문성과 사회적 지위를 높이려는 어떤 노력을 한다고 해도 교육대학을 괴롭히는 이런 불신의 늪을 건너서는 것이 우선되어야 한다.

가르치는 일을 배워야 하는 일을 둘러싼 실재와 인식의 차이에 놓인 근간을 이해하기 위해서는 가르치는 일의 특징을 먼저 검토해보아야 한다. 왜냐면 이 특징들이 가르치는 일을 전문가적 실천으로 보기 어렵도록 만들고 있기 때문이다. 그리고 교사가 되는 과정이 그다지 복잡하지 않은 일이라고 여기게 만드는 것이 무엇인지 살펴보아야 한다.

가르치는 일은 어렵다

교직을 어려운 직업이라고 보는 이유 중 하나는 가르치는 일이 고객의 행동을 궁극적으로 바꾸는 데 있기 때문이다. 따라서 이 일이 성공하는가 그렇지 않은가는 철저하게 이 과정에서 고객이 협조할 의지가 있는가라는 문제에 달려있다. 가르치는 사람이 기울이는 노력이란 게 이해하기 좀 복잡한데, 이는 소위 배움에 임하는 사람이 자발적이라기보다는 강압적으로 교실에 와 있다는 사실 때문이다. 따라서 교사와 학생은 감정적으로 긴장감이 감도는 관계 속에 내던져지게 되며, 나름 성공적인 교사는 원하는 교육적 성과를 보여주기 위해 대단한 기술과 함께 상당한 비용을 치러가며 이 상황을 관리해야만 한다. 가르치는 일을 둘러싼 구조적으로 고립된 환경이라는 조건 때문에 교사는 이러한 딜레마를 오로지 혼자 힘으로 해결해야만 한다. 이 상황에서 교사는 대개 학교조직의 위계상 자리하고 있는 관리자라던가 혹은 동료 교사로부터 별 도움을 받을 수 없다. 이러한 이유 때문에 교사는 결국, 자신이 기울이는 가르침의 효과에 대해 엄청난 정도의 만성적인 불확실성을 안고 살아갈 수밖에 없게 된다.

◆ 학생의 협조 문제

데이비드 코헨(David Cohen)은 교육의 본질이 무엇인지를 다룬 에세이를 출간했는데, 그 속에서 교사가 맞닥뜨리는 난관의 핵심을 다음과 같이 기술하고 있다. "가르치는 일은 일종의 인간 향상을 염두에 둔 실천이다. 가르치는 일을 통해 교사는 학생에게 지적 성장, 사회적 학습, 좋은 직업, 개화된 의식을 길러줄 것이라고 약속한다. 가르치는 일은 온건하지만 점차 늘어나고 있는 유사 직업, 예를 들어, 심리치료, 조직 컨설팅, 사회복지, 섹스 치료 등의 직업 중 하나일 뿐이다. 이런 부류의 직업에서 강조되는 실천이란 상당히 독특한 것이다. 종사자는 사람 혹은 집단을 상대로 직접적인 처치나 뭔가 개선하게 하리라는 마음을 통해서 마음의 평정 상태를 가져오려고 노력한다."[2] 이런 실천이 이루어지는 과정에서 나타나는 큰 문제가 하나 있는데, 즉 "종사자들은 자신의 실천 결과 달성 여부를 고객에게 의존하게 된다. 대부분 실천분야 종사자들은 성과를 만들기 위해 자신이 사용하는 기술과 힘에 의존한다. 이것들 또한 고객/소비자가 인정해준다던가, 손뼉을 쳐준다던가, 혹은 구매해준다는 등의 이후 반응에 의존하지 않을 수 없다. 그러나 심리치료, 가르치는 일, 혹은 유사 활동에서는 고객들이 실천의 결과를 함께 만들어 낸다. 학생 혹은 환자들의 의지와 기술/능력의 중요도는 실천가의 의지 및 기술/능력의 중요도에 비추어 전혀 낮지 않다. 그 분야 종사자들이 제아무리 열심히 노력한다 해도 혹은 노련하게 기술을 사용한다고 해도, 종사자 혼자서는 아무런 결과도 만들어내지 못한다. 자신의 고객이 성공해야 비로소 실천가 또한 성공할 수 있다."[3]

의사는 병을 치료하기 위해 수술 중 환자를 재울 수 있고, 변호사는 성공적으로 변호하기 위해 재판 중 자신의 고객이 조용히 있도록 할 수 있다. 그러나 교사의 성공은 학생의 적극적인 협조에 대체로 의존할 수밖에 없다.[4] 학생은 교사가 가르치려는 것을 배우려고 해야만 한다. 이런 자발적인 배움이 생기지 않는다면, 교사는 실패했다고 간주된다. 교사와 학생 간의 관계를 일컫는 이런 상호적 개념에 대해 듀이(Dewey)는 "가르치려 하고 배우려는 것 사이에는 팔고 사려는 것 사이에 발생하는 것과 정확하게 일치하는 공식이 존재한다"고 했다.[5] 누군가 사려는 사람이 없다면 당신은 좋은 판매자가 될 수 없다는 말이다. 즉, 누군가 배우려 하지 않는다면 당신은 절대 좋은 교사가 될 수 없다.

인간 삶의 질을 향상하겠다는 목표를 두고 교사 혹은 어떤 사람으로 하여금 해당분야 종사자로 일을 하도록 하는 일이 얼마나 어려울지 한번 생각해 보라. 고객들이 협조하도록 뭔가 동기부여를 하려면 어마어마한 기술을 사용하고 또 노력을 기울여야 한다. 그렇다고 성과가 분명하게 제시되는 것도 아니다. 고객은 종사자가 뭔가 좋은 것을 걸고 약속한 것에 대해 딱 잘라 거절할 수 있다. 뭐, 냉담한 채 그대로 있거나, 자기 습관에 빠져있거나, 자신의 신조를 바꾸려 하지 않거나, 괜히 심술을 부리거나, 아무런 관심을 보이지 않거나, 변덕을 부리는 방식으로 말이다. 이런 영역에서는 일이 성공적으로 잘 될 확률이 지극히 낮기 마련이다. 게다가 종사자의 행위와 고객의 성과는 잘해야 간접적인 경향을 띠게 된다. 따라서 종사자의 효과성 유무를 따지는 일은 성립되기 어렵다.

의료 분야를 살펴보면, 의사양성 과정에서 이런 상호성의 문제가 불러오는 결과를 볼 수 있다. 의대는 의사들이 환자의 몸에 직접 물리적이고 화학적인 방법을 사용하도록 해서 아주 성공적으로 질병(무염증충수염, 박테리아 감염 등)을 다룰 수 있도록 훈련할 수 있다. 그러나 같은 의대 교육과정이지만, 이 기간 동안 예비 의사들에게 비만증이라던가 신경쇠약 등의 질환을 어떻게 치료해야 하는지를 제대로 보여주지는 못한다. 왜냐면 이 치료 과정을 거쳐서 환자들이 자기 건강을 해치는 행동을 바꾸도록 해야 하는데 이것이 그리 간단하지도 금방 이루어지지도 않기 때문이다. 결과적으로 의료계는 성공률이 높은 치료를 통제할 수 있는 권한과 함께 그다지 성공률이 높지 않은 치료들은 삶의 질을 향상시키겠다는 종사자 혹은 상담가들의 손에 온전히 맡기게 되는 것이다. 교육대학은 의대와 같은 호화로움도 갖추지 않고 있다. 이런 기관들은 사람을 변화시키는 것을 직업으로 삼는 직업인 양성을 위해 예비교사를 준비시키는 데 매몰되어 있다.

◆ 강요된 고객의 문제

교사에게 학생의 협력은 둘째 치고 순응하도록 만드는 일도 어렵다. 학생은 자신이 원해서 학교 교실에 와 앉아 있는 것이 아니기 때문이다. 학생의 출석은 철저히 강요된 것이다. 학교 생활을 특징짓는 가장 중요한 사실이라면, 만약 선택지가 주어진다면 학생은 수학, 지리 혹은 문학, 혹은 생물학과 같은 공부를 하기보다는 뭔가 다른 것을 할 것이란 점이다. 일부분 출석을 강제하는 것은 법적으로 정당하다. 대부분 주에서는 학생이 16세가 될 때까지 학교에 의무적으로 출석해야만 한다. 자신의 의지와는 상관없이 말이다.

물론 학생의 학교 출석을 결정하는 가장 중요한 이유가 법의 강제 집행이라 할 수는 없다. 학생이 느끼는 압력은 대체로 학부모로부터 직접 오는 것이라고 봐야 한다. 학부모는 낮동안 학교가 아이들을 돌봐주고, 좀 더 나아지도록 지도하고, 심지어 교육까지 시켜주기를 원한다. 여기에 학생의 학교 출석 압력은 좋은 직업을 얻는데 학위가 꼭 필요하게 만든 시장이라던가, 학교에 가야 친구를 만날 수 있게 된다는 사회적 요인에 기인하기도 한다. 그러나 법적 당위성에 따라 별로 탐탁찮은 학교에의 출석은 학생뿐만 아니라 교사에게도 작은 문제가 아니다. 이러한 상황에서 학교교실은 같은 목적을 위한 다른 종류의 전문적 일들이 일어나는 장소와는 확연히 구분된다. 환자가 치료를 위한 상담이나 치과 진료를 빼먹었다고 직무에 게으른 사무원들이 도대체 얼마나 자주 환자의 집을 찾아 문을 두드리겠는가? 게다가 합법적이든 그렇지 않든 학교 출석에 주어지는 인센티브란 배움보다는 대개 학생의 출석 그 자체에 있다. 학생은 학교에 꼭 가야만 할지 모른다. 어쩌면 학생은 학교에 가고 싶어 할지도 모른다. 그러나 학생이 꼭 배우기 위해 학교에 있는 것이 아니고, 적어도 공식적 교육과정을 배우기 위해 학교에 있는 것이 아니다. 만약 학생이 학교에 출석해서 주어진 교과목을 배우게 된다면, 이는 오로지 교사가 학생에게 배움을 열망하도록 만들었기 때문이다.

앞에서 이야기한 바와 같이 성공적인 가르침이 학생의 자발적인 배움을 요구하는 것이라면 그 성공이라는 것은 생각하는 것보다 더 어려운 일이 된다. 왜냐면 학생의 학교 출석이라는 것이 결코 자발적인 의지에 따른 것이 아니기 때문이다. 심리치료사들이 증명하는 것처럼, 인간 삶의 질을 향상시키는 데 참여하도록 동기부여하는 것도 어렵지만, 자원봉사자들에게 이런 일은 원치 않는 사람을 불러 모으는 일과 완전히 다른 종류의 일이다. 교사가 매일 학교교실에서 맞대해야 하는 일은 바로 원치않는 사람을 불러 모으는 일이다.

윌라드 월러(Willard Waller)는 「교직사회학(The Sociology of Teaching)」이란 제목하의 책에서 교사든 학생이든 별로 원하지 않는 배움의 결과가 어떠한지 분통터지는 심정을 담아 심도있게 묘사하고 있다.

> 교사-학생 간의 관계는 제도화된 지배-종속의 형태를 띤다. 교사와 학생은 원래 서로 다른 욕구를 가지고 있기 때문에 학교에서 서로 충돌하고 갈등하게 된다. 그러나 이들 사이의 갈등이란 것은 상당 부분 감추어지거나 혹은 줄어든 형태로 비추어지기는 하지만 여전히 사라지지 않고 남아 있게 된다. 교사는 기성세대를 대표하며 늘 학생의 자연발생적 생활의 적으로 기능한다. 교사는 공식적인 교육과정을 대표하면서 교과지식이 과제 형태로 학생에게 부여되도록 만드는 데 관심을 기울인다. 학생은 교사가 전달해야만 하는 무미건조한 기성세대의 생활보다 자신의 삶에 보다 많은 관심을 기울인다.[6]

따라서 월러에 따르면 교사가 대면해야 할 가장 핵심적인 문제는 (학생) 통제가 된다. 교실에 처음으로 들어서는 모든 초임교사라면 이런 월러의 의견에 동의하리라. 교사교육을 받고 있는 학생에게 한번 물어보기만 해도, 자기는 교육과정에 대한 이론과 함께 교수법에 대해서는 충분히 배웠지만, 교실 관리에 대해서는 거의 아무것도 배우지 않았다고 할 것이다. 따라서 교사가 되려고 준비하는 학생에게 이점이 가장 큰 걱정거리가 되지 않을 수 없다. 「교육시스템(The Educational System)」이라는 책에서 쿠직(Cusick)은 시간이 지나고 또 경험이 쌓인다고 해서 이 문제가 해결되지는 않는다고 쓰고 있다. "논점은 교실이 통제불가능하다는 점에 있지 않다. 문제는 교사 학생 간의 관계에 있어 통제라는 것이 항상 핵심적인 이슈로 늘 남아있다는 점이다."[7]

물론 통제권을 쥐려는 상황에서 교사는 나름 큰 이점을 갖고 있다. 교사에게는 제도가 부여한 권위가 있고, 지적 우위에 있으며, 학부모의 묵인도 존재한다. 게다가 일반적으로 덩치도 크다. 이에 비하여 학생은 가진 게 별로 없다. 다시 월러의 이야기를 들어보자. "교사가 그 어떤 규칙을 내놓든간에, 학생은 그 규칙들을 쓸데없는 것으로 만들려는 태도를 취한다. 기계적으로 순응한다거나(혹은... 순응하는 척하거나), 인간 존재로서의 교사를 무시하거나 증오하는 태도 취하기, 혹은 교사의 손이 절대 미칠 수 없는 혼자만의 활동 공간으로 숨어버리는 방식으로 학생은 교사의 통제 시도를 무력화하려고 노력한다."[8]

여기서 놓쳐서는 안 되는 것이, 자기 뜻대로 교사의 규칙을 쓸데없게 만들려는 학생의 능력이다. 교실 통제를 통해 교사가 배움을 촉진하는 데 목표를 두고 있다면, 학생 입장에서 의무교육체제에 복수할 수 있는 최고의 방법은 어떤 것이라도 배움으로써 취지에는 굴복하지 않으면서 공식적인 교사통제에 순응하는 것일게다. 그 결과는 상당히 절충된 것으로 나타나는데, 학생은 교사의 통제를 인정해주고 교사는 통제를 상당히 느슨하게 운영하게 된다. 이로써 교사는 학생을 엄격한 학습자로 요구하는 주문을 누그러뜨리게 된다. 「학생에게 덜 팔기(Selling Students Short)」란 책을 쓴 세들락(Sedlak)과 공저자들에 따르면, 교실에서 일어나는 이런 류의 타협점이 '거래'로 묘사되는가 하면,[9] 파월(Powell), 파라(Farrar), 코헨은 「쇼핑몰고등학교(The Shopping Mall High School)」란 책에서 '조약'을 맺는 것으로,[10] 이전에 내가 쓴 책에서는 '아무것도 배우지 않고 학교에서 성공하는 방법(How to Succeed in School without Really Learning)' 게임으로 이야기했다.[11]

월러는 직접 교실 통제에 나설 수밖에 없는 전통적 교사에 집중하거나 혹은 이미지화하려 했다(그는 풍자적인 요소를 섞어 교사의 인상을 다음과 같이 그려 보여주고 있는데, "모든 교사가 작업반장이고 모든 작업반장은 까다로운 사람이다").[12] 그러나 진보주의 전통에서도 교사는 교실에서 학생에 대한 통제권을 행사해야 했다. 차이라면, 진보주의적 교사가 좀 덜 직접적이거나 덜 눈에 띄는 방법을 썼다는 것 정도일게다. 따라서 월러가 묘사했던 작업반장에 비해 좀 더 효과적으로 조종할 수 있었다. 즉, 진보주의적 교사는 가르쳐야 할 교육과정에서 학생에 어울리는 관심사 및 교수방법을 찾는다던가, '하라니까, 해'라는 식의 강압보다는 간접적으로 학생의 행동 교정을 위한 모델을 제시한다. 또는 학생과 친밀한 정서적인 유대를 만들고 이를 토대로 교실에서 사회질서에 순응하도록 하거나 배움의 과정에 참여하도록 동기를 유발하려고 노력했다. 학생은 이렇게 유연한 방식으로 이루어지는 교실 관리에 보다 익숙해지게 되었는데, 이러한 접근은 전통적인 교실 관리 접근으로 강압적 권위보다 부드럽고 친근하게 여겨졌다. 이러한 방법은 일반적으로 교사가 가르치려는 것을 학생이 배우도록 동기 부여하는데 일반적으로 더 효과적인 결과를 가져오기도 했다. 그럼에도 불구하고 이는 학생의 행동을 교실에서 통제하려는 기제였다는 점에서 별반 다를 것이 없었다.

미국 이외 다른 국가에서의 교육 구조를 살펴보면, 교사는 학생의 공부를 관리할 수 있도록 보다 강화된 권한을 부여받고 있다. 예를 들어, 몇몇 국가의 경우 학생의 학력(學歷)에서 정말 중요한 시기에 치르는 시험을 준비할 수 있도록 교육시스템을 새롭게 구성할 권한을 부여하기도 한다. 미국 이외의 국가에서 학생은 가장 선망하는 고등학교 혹은 대학교에 입학하기 위해 자신이 배운 내용을 토대로 한 종합시험을 통과해야만 하는 경우가 많다. 이러한 입시 준비가 가져다주는 흥미로운 부작용이 있는데, 학생에게 교육과정을 강제로 학습하도록 하는 일의 책임이 교사로부터 시험, 즉 교사가 절대 통제할 수 없는 시험에게로 옮겨간다는 점이다. 미국 학교교실로 돌아와 보면, 교사는 교육과정을 전달하는 것뿐만 아니라 학생이 교육과정을 잘 배웠는지를 평가하는 책임도 함께 진다. 이때 교사는 상당히 불리한 입장에서 학생에게 다음과 같이 이야기하지 않을 수 없다. "공부해. 왜냐구? 내가 하라고 한거니까." 물론 이런 말들은 학생의 저항을 불러올 만한 것이다. 혹은 "공부해. 왜냐면 언젠가 써먹을 때가 올테니까 말이야." 이 경우에는 배움에 대한 학생의 의구심을 증폭시키는 것이 되는데, 학생에게 지식을 써먹을 그 언제가 너무 멀게 느껴질 것이기 때문이다. 그러나 학교 외부에서 주관하는 시험에 의해 배움의 동기가 만들어지는 교육시스템에서 교사는 자기가 담당하는 교실에서 학생 위에 군림하는 작업반장이라기보다는 학생의 동맹군에 가깝게 비춰진다. 이런 조건에서 교사는 학생에게 기껏해야 다음과 같은 말을 할 수 있을 뿐이다. "얘들아, 공부해야 해. 시험이 코앞이야. 시험을 어떻게 치느냐에 따라 앞날이 달라질 수 있단다. 시험 잘 볼 수 있도록 내가 도와줄게." 이런 접근방법을 통해 교사는 학생의 공부에 대한 저항과 냉담함을 어느 정도 감소시킬 수 있을 것이다. 그러나 학생의 강제출석으로 교사에게 부담지우는 문제가 완전히 없어지지는 않는다. 사실 시험은 공부를 압박하는 것으로 학생의 공부에 대한 동기와 의미를 악화시키도록 기능한다. 월러는 이를 두고 공부 자체를 "무미건조한 성인 삶"을 얻도록 하는 일이라고 불렀다. 이 때 제기되는 비난의 화살이 교사에게서 비껴가게 된다.[13] 미국에서 광풍처럼 지나가고 있는 표준평가체제에서 교사는 시험의 교육적 장점과 단점을 맞대하게 될 것이다.

◆ 감정 관리의 문제점

교직을 힘든 직업으로 만드는 또 다른 특징이 있는데, 교사는 학생과 감정적인 관계를 적극적으로 만들어야 하고 또 관리해야 한다는 점이다. 인간 삶의 질을 다루는 다른 직업의 기준과 비교해봐도 이 점은 상당히 대조되는 부분이 아닐 수 없다. 자, 아주 전형적인 전문직종의 관계적 특징에서 볼 수 있는 상황을 생각해보자. 그리고는 교사-학생 간의 관계와 어떤 차이가 있는지, 이를 통해 교직에 어떤 함의를 줄 수 있는지 생각해보자.

먼저, 일반적으로 전문직 종사자들은 자신과 고객 사이에 나타날 수 있는 감정적 거리를 일정하게 유지해야만 한다. 아니, 적어도 이 감정적 거리를 유지해도 된다고 허용된다. 이들은 정서적 중립성 기준을 둘러싼 개입자-고객의 역할 관계를 정립한다. 이는, 전문직종이 제공하는 서비스는 해당 전문가가 객관성을 유지한 채 문제에 접근할 수 있는 상황에서 고객의 필요에 부응하려 해야만 가장 효과적인 결과를 가져온다는 논리적 근거에 따른 것이다. 이런 관점에서 보자면, 고객과의 관계에서 감정적 개입은 생산성을 떨어뜨리는 일이 된다. 왜냐면 이는 고객의 관심사에 집중하는데 가장 가치있을 법한 분석적이고 기술적인 능력을 전문가가 발휘할 수 없도록 하기 때문이다.

감정적 거리를 둬야 한다는 기준이 강하게 작동하는 전문직과 고객 관계의 또 다른 특징이 있다. 이러한 관계가 그리 포괄적이지 않고 협소하다는 점이다. 즉, 전문직은 고객이 가져오는 특정한 문제 해결에만 초점을 맞추는데, 둘 사이의 관계를 일종의 포괄적인 것을 허용하는 관계로 해석하기보다는 우선적으로 전문가의 도움을 얻는 것에만 한정한다. 의사는 환자의 열병에만 관심을 기울이고, 회계사는 고객의 세무에만, 그리고 치료사는 고객의 억압적 행동에만 관심을 둔다. 아주 가까운 친구 사이에서나 볼 수 있는 강렬하고 포괄적인 방식의 관계를 맺는 것은 이들 전문직 종사자들이 보기에 고객이 요구하는 문제해결에 그다지 생산적이지 않다고 여겨진다. 따라서 그러한 관계 설정은 상당히 비전문가적인 행동이라고 비춰진다.

세 번째 특징은 이들의 관계가 성과지향적이라는 점이다. 이들의 관계가 성립되는 이유는 한마디로 문제를 해결하기 위한 것으로, 고객은 일의 성공과 실패를 자신이 전문가의 도움을 받자고 가져온 문제를 전문가가 얼마나 잘 해결하는가의 유무에 따라 판단한다. 네 번째 특징은 행위자가 이기적이라는 점이다. 각 이해당사자들은 상대방에게 접근할 때 각자의 목표를 달성하기 위한 독립적인 행위자가 된다. 이들은 서로 공유하는 목표를 두고 집합적인 행동을 해야 하는 특정 그룹의 구성원이라고 볼 수 없다. 전문직 종사자들의 대인관계의 다섯 번째 특징은 특수한 규칙보다는 보편적인 규범에 따라 행동하리라 여겨진다는 점이다. 즉, 이들의 관계는 다른 모든 대인 간의 관계가 거치는 과정을 따른다는 말이다. 즉, 다른 고객을 선호하거나 차별하지 않는다는 등의 보편적 규범을 예로 들 수 있다.

전문직 종사자와 고객 간의 관계를 규정하는 이 다섯 가지 특징은 탈콧 파슨즈(사회학자, Talcot Parsons)가 개발한 '유형변인(pattern variables)'에서 끌어낸 것들로, 파슨즈가 제시한 다섯 쌍의 선택지(alternative orientations)는 뚜렷하게 구별되는 역할관계 유형을 규정하는 데 활용될 수 있다.[14] 그 다섯 쌍의 선택지는, 감성적 중립성 대 감성성, 구체성 대 확산성, 성취 대 귀속, 이기주의 대 집단지향, 보편주의 대 특수주의이다. 이 이론에 따르면, 고객을 대하는 전문직은 다섯 쌍의 선택지 중에서 모두 첫 번째 항목에 해당한다. 이 점에 있어, 전문직은 소위 사회학자가 이차적 역할이라 부르는 범주에 딱 들어맞는 사람이다. 이차적 역할 관계는 제한되어 있지만 실용적이고 엄청나게 큰 사회적 관계를 구성한다. 고용자와 피고용인, 고객과 점원, 비행사와 승객 등 수단으로 작동하는 이 관계 속에서 사람은 특별한 목표를 추구하게 된다. 이차적 역할 관계의 목적은 관계 외부로 뻗어있는 목표를 달성하는 것이다. 즉, 고객은 자신의 문제가 해결될 것이고 전문직은 돈을 벌게 된다. 관계성 그 자체는 보상이 아닌 관계를 맺는 쌍방 사이에 공유되는 목적을 향한 수단이라 할 수 있다. 이와 대조적으로 1차적 역할은 수적으로 상당히 적으며 팽팽한 긴장감에 있고 고도로 개별적이란 특징을 띤다. 가까운 친구, 배우자, 부모, 깡패집단의 동료 등의 관계성을 살펴보면, 이들의 관계는 그 자체가 목적이라 할 수 있는데, 이들 관계는 관계 바깥의 또 다른 목적을 위한 수단으로 작동하는 것이 아니다.

물론, 실생활에서는 역할 관계 사이의 이러한 이론적 구분이 결코 명료하지 않다는 것을 알 수 있다. 종종 상사와 부하직원이 친구가 되거나 전문직 종사자와 고객 사이에 사랑이 싹트기도 한다. 그러나 1차적 역할과 2차적 역할 사이의 차이는 여전히 중요한 의미를 갖는다. 따라서 전문직종의 관계성이 다른 직종의 관계성과 구분되는 많은 특징은 감정의 중립 지키기, 관심사의 폭 좁히기, 성취지향, 자신의 이해관계 관철시키기, 정해진 절차 준수하기 등의 이상적인 것들로 유용하게 정리될 수 있다.

전형적으로 전문직이라고 정의되는 직종의 역할 명확성과 비교해서, 상대적으로 교사는 상당히 복잡한 역할 환경에 처해 있다. 예를 들어, 교사가 학생으로부터 사회적 거리를 두어야 한다는 입장을 취한다면, 그 교사는 학생을 효과적으로 잘 가르칠 능력이 부족하다는 말로 들릴 것이다. 게리 펜스터마처(Gary Fenstermacher)의 주장에 따르면, "교사는 종종 복잡하게 이리저리 얽혀 있는, 게다가 종종 파괴적인 삶을 살아가는 자신의 학생으로부터 거리를 두고 싶어 할 것이다. 그러나 교사는 이 학생의 다양한 생활 차원을 제대로 가르칠 수도, 그렇다고 무시할 수도 없는 입장에 있다. 잘 가르치기 위해서는 가능한 학습자에 대한 폭넓고 깊은 이해가 선행되어야 하며, 가르칠 내용을 학습자의 생활 경험에 관련시켜야 하고, 학습자가 가진 의도, 관심, 열망 등의 맥락에서 학습자에게 적극 개입하려는 의지를 가져야 한다. 많은 의사에게 선호되는 사회적 거리두기는 자신의 직업을 잘 수행하려는 교사의 능력을 방해할 뿐이다.[15]

교사는 학생의 모든 것에 대해 폭넓게 이해해야만 한다. 감정상태라든지, 가족 상황, 사회경제적 조건, 문화자본, 인지적 발달 정도 등. 그런데 이런 것은 대부분 전문직 종사자들이 자신의 일을 가능하면 좁히려는 접근방식과는 사뭇 다르다. 만약 교사가 수학 문제, 단어 목록, 과학 실험 등으로 자기 손에 잡힐만큼 최소화된 특정한 일에 초점을 맞추게 되면, 학생이 배움을 통해 성장할 수 있는 가장 효과적인 접근을 택하도록 지도하는데 필요한 적절한 정보를 놓치기 쉽다.

그런데 학생 개개인의 학습요구와 학습문제를 이해하기 위해 학생과 폭넓은 관계를 만들어야 한다는 것보다 더 큰 문제상황이 있다. 학생에게 학습과정에 적극적으로 참여하도록 동기를 부여하려면 교사 또한 감정적 유대가 잘 만들어져 있어야 한다. 이미 앞서 논의했듯이, 학생에게 공부할 동기를 부여하는 일은 결코 쉽지 않다. 학생은 학교 교실에 억지로 끌려와 앉아 있는 징집병이다. 결과적으로 교사는 교실에서 배움을 촉진하기보다는 학생의 노골적인 저항을 야기하곤 한다. 듀이에 따르면, "학생은 관례적이고 기대되는 방식으로 학교활동에 집중하는 방식을 표현하는데 교묘한 술수를 빠르게 습득한다. 이 때 학생은 소위 더 중요하지만 실생활과는 그다지 관련성이 없는 교과지식을 위해 자신만의 사고, 이미지, 감정을 동반한 내적 유희를 유보해 둔다."[16] 이 말인즉, 교사는 자신이 교실에서 관찰하는 것이 학습자의 내면을 향한 열정적 배움인지 아니면 단지 교사의 권위에 형식적인 순응인지 전혀 알지 못한다. 결국, 교사가 학생의 배움을 촉진하도록 하는데 가장 강력한 도구는 학생과 감정적 유대를 강화하는 것이 된다.

교사는 환경친화적인 교실에서 사회적이고 감정적인 분위기를 쌓아나가는데 정말 많은 정성과 에너지를 쏟는다. 이로써 교사는 교실에서 환영받고 편안함을 느끼도록 하는 환경을 만드는데, 즉 교실에 온다는 것이 두렵기보다는 나름 즐거운 경험이 되도록 한다. 특히 이러한 환경은 학생과의 관계를 따뜻하고 온정적인 관계로 만들고 이를 보다 효과적인 학습의 지렛대로 삼게끔 한다는 것을 의미한다. 이에 따라 "나를 좋아하라. 그리고 내 과목을 좋아하라"가 가르침의 가장 기초적인 원칙이 된다. 교사의 궁극적인 목표는 학생이 내면 깊숙이 공부를 즐기게 하는 것으로, 공부하고 있는 동안 학생이 지금 어디에 있으며 무슨 보상을 위해 앉아 있다는 사실조차 잊게끔 하는 것이다. 그런데 교사가 학생으로 하여금 배움의 과정에 빠져들도록 하는데 동원하는 가장 강력한 기제는 학생이 자신에게 친근감을 느끼도록 하는 것과 학생이 배워야 할 것을 잘 따름으로써 교사를 기쁘게 하려는 의지를 갖게 하는 것이다. 따라서 대부분 교수학습이 의식적으로든 무의식적으로든 취하는 전략은 학생과 감정적으로 친밀한 유대를 형성하는 것으로, 교사와 쌓은 감정적 유대를 교과 지식 습득으로 전환하는 것이다.

그렇다고 잘 가르치는 모든 교사가 학생에게 귀여운 곰인형(teddy bear)이라고 말하라는 것이 아니다. 더욱이 학생이 좋아하지 않는 교사의 수업에서 아무것도 배우지 않는다고 말하려는 것도 아니다. 가르치는 일에 있어 겁날 정도로 신비한 일은 교사가 학생과 감정적 유대를 쌓아가는 접근이 혼란스러울 정도로 다양하다는 것, 교사의 성별 및 성격, 교과의 특성, 학생의 연령대에 따라 상당히 폭넓은 접근이 이루어지고 있다는 점이다. 여교사, 남교사, 내성적인 교사, 외향적인 교사, 과학교사, 문학교사, 초등학교 교사 혹은 대학교수 등 모든 유형의 교사는 서로 다른 방식으로 학생과 감정적 유대를 형성한다. 그러나 가장 효과적인 방식으로 학생과 유대를 형성하는 교사는 어쨌건 일종의 틀을 형성한다.

교사는 교사로서의 경력을 시작하면서 학생과 효과적이고 지속할 만한 감정적 유대를 쌓아갈 방법 및 자신에게 가장 잘 들어맞는 가공적 교사상(teaching persona)을 찾아 헤맨다. 이러한 교사상은 한 명의 자연인으로서 교사가 갖는 성격 및 힘을 지닌다는 점에서 자연적이며 동시에 교실에서 학생의 배움을 촉진하려는 목표에 봉사하기 위해 만들어진다는 점에서 구성적이다. 사무엘 프리드만(Samuel Freedman)은 이 교사상이 만들어지는 과정을 뉴욕 소재 고교의 영어교사 제시카 시겔(Jessica Siegel)의 면면을 통해 적절히 보여주고 있다.

제시카는 학생의 내면으로 파고들어 일종의 전율을 느끼게 하려 한다. 이런 목적을 위해 그녀는 게시판이라는 도구를 사용한다. 여기에 더해 자신의 기호, 즉 밝고 기상천외한 의상을 입는다. 오늘, 그녀는 귀걸이 네 개, 반지 다섯 개(왼손에 은반지 2개 오른손에 금반지 3개)를 걸치고, 파키스탄 의상(미색 바탕에 설형문자처럼 난해하고 각진 푸른 무늬가 복잡하게 그려져 있는)을 입고 왔다. 한 학생이 손을 들고 질문했다. "시겔 선생님, 그 옷에 물 뿌렸어요?"

제시카는 아이들의 이목을 끌려고 노력할 때조차도 자기 반을 통제하려 한다. 그렇다고 강압적으로 지시하거나 두려움을 조장하는 방식, 혹은 완전히 권위를 내려놓는 등의 방식을 쓰지는 않는다. 그녀가 이처럼 잘 갖추어진 것처럼 느끼게끔 교실 분위기를 조장하는데 적어도 수년은 걸렸다. 왜냐면 그녀는 성격적으로 자연스럽게 아이들의 이야기를 들어주는 사람, 나서지 않고 뒤로 물러나 조용히 관찰하는 사람, 혹은 "이것에 대해 잘 모르겠지만…" 등과 같이 셀 수 없는 문장을 시작하는 사람이기 때문이었다.

제시카는 서서히 자기 성격의 면면을 통해서 '다부진 사랑덩어리(The Tough Cookie)'라 불리기 딱 어울리는 가공의 교사상을 만들어 냈다. 오늘 아침에는 오른손을 엉덩이에 대고 고개를 닭처럼 약간 빼고는 짐짓 불신에 가득 찬 듯 눈썹을 치켜세운채 서 있다. 매번 그렇듯, 그녀는 입 언저리에서 지각하고는 거짓말하는 아이를 향해 "잠깐만(Gimme a break)"과 같은 저지(Jersey City, 흑인 방언)식 말을 내뱉는다. 그녀 반의 아이들이라면 이처럼 말하는 그녀의 이야기를 한 학기 동안 백번은 넘게 들었을 것이다. 입술을 깨물듯 "Gimme"을 내리깔고, 성난 선율을 담아 빠르게 "break"를 내뱉는 소리를 말이다.17)

좋은 교사가 되도록 하는데 상당히 난해하게 연관되어 더해지는 학생과의 감정적 관계를 쌓아나가는 데에는 몇 가지 특징이 있다. 첫째, 한 학급의 교사로 이러한 특성을 어떻게 갖추게 되는지 알려주는 지침서라는 게 없다. 인간 삶의 질을 개선하려는 다른 전문직의 종사자들과 마찬가지로 교사는 자신이 알아서 일을 해야만 한다. 예를 들어 의사라던가 법조인 혹은 회계사처럼 용인될 만한 전문가적 직업 수행에 필요한 표준에 의존할 수 없는 상태로 말이다.

둘째, 부분적으로 감정에 더해 학생과의 관계를 넓히기 위해 요구되는 것으로서 가르치는 일은 아주 특별하게 복잡한 역할을 교사에게 맡기는 꼴이 된다. 이러한 역할을 맡게 되는 교사는 서로 다른 특성을 보이는 1차적 관계성과 2차적 관계성의 특성들을 좀 불편한 자세로 한꺼번에 뭉뚱그리는 상황에 직면한다. 파슨즈의 개념에 따르면, 교사는 감정적 근접성과 상호작용의 확산을 위한 책무 등의 1차적 역할과 함께, 성취(선천적 특질이 아닌 수행에 기반하여 학생에게 주는 보상체계), 독립성(자신만의 기술과 지식을 개발하고 그에 따르라고 격려하는 것), 규칙의 보편적 적용(같은 기준에 따라 모든 학생을 동등하게 대하고 또 똑같이 보상하는 것) 등 2차적 역할을 결합한다. 교사는 학생과 맺어 온 핵심 관계의 의무에 있는 교육과정 교수를 지원하기 위해 기존의 핵심 관계에서 얻은 것을 지렛대로 사용하도록 요구받는다. 간단히 말해, 교사는 학생과의 감정적 유대를 만들고 이를 학생의 배움을 증진하는 데 활용한다. 교사가 아주 잘 가르치기 위해서는 이렇게 상반된 두 특징 사이의 창조적 긴장을 놀랍도록 잘 유지할 수 있는 능력이 필요하다.

같은 입장에 있는 사람으로 교사가 갖는 이 두 가지 서로 다른 역할 사이에서 균형을 잡는 일은 아무리 잘 해도 미숙하게 보일 뿐이다. 간혹 교사가 1차적 요소와 2차적 요소 사이의 긴장관계를 다루면서 각각의 영향을 서로 다른 방향에서 다루는 일이 발생한다고 해서 그리 놀랄 만한 것은 아니다. 즉, 아무도 공부하고 싶어하지 않는 교과 수업을 강제로 이끈다든지 혹은 공부하라는 압박이 전혀 없는 교실에서 그냥 될대로 되라는 식으로 내버려 두는 것 등. 후자의 경우를 먼저 살펴보면, 교사는 학생이 자신을 좋아해주기를 간절히 바라기 때문에 잘 가르칠 목적으로 학급 내 학생과의 감정적 유대를 쌓는다는 생각을 버리게 된다. 결국, 교사와 학생 간의 관계는 단순한 핵심적 유대로 전환되는데, 교사의 행위는 학급 구성원 사이에서 긍정적인 느낌 자체를 목적으로 하게 된다. 이 경우, 교수학습의 논리는 서로 뒤바뀌게 되는데, 교사는 학생의 공부 부담을 줄여줌으로써 학생의 사랑을 얻으려고 한다. "네가 내 수업을 좋아하게 되면, 곧 네가 나를 좋아하는 것이지." 가르치는 행위에서 가장 어려운 부분은 좋은 교사가 학생의 공부를 위해 학생과의 긍정적 관계를 쌓아나가는데 도전받게 된다는 점이며, 아이들의 긍정적인 유대를 매개로 학업성취 수준을 높이려 할 때 결과적으로 아이들의 긍정적 유대

가 망가질 수 있다는 점이다.[18]

셋째, 교사는 학생과의 감정적 유대를 간신히 유지하는데 긴장의 끈을 놓지 못한다. 이때 교사는 이런 유대가 지속되도록 하기 위해 '교사'라는 가면을 쓰게 된다. 그런데 교사의 가면을 쓰는 것은 소위 아를리 호크쉴드(Arlie Hochschild)가 "감정 관리"라고 불렀던 것으로 엄청 고단한 일이다. 호크쉴드의 저서 「관리된 마음(The Managed Heart)」에서 그는 "감정 노동이 필요한 다양한 직업을" 나열하고 있다. "이런 유형의 직업은 공통적으로 세 가지 특징을 지닌다. 첫째, 이런 일에 종사하는 사람은 일반 대중과 직접 얼굴을 맞대하거나 목소리를 교환하는 방식으로 일을 한다. 둘째, 이런 직업은 일하는 사람이 상대하는 사람이 감정 상태, 예를 들어, 감사한 마음이라든지 두려워하는 마음을 갖도록 한다. 셋째, 이 직종의 고용인은 훈련이나 자문을 통해서 피고용인들의 감정 활동을 어느 정도 통제할 수 있다.[19]

호크쉴드는 한 번도 직접 이 직종에 교사가 있다고 언급하지 않았다. 대신 주로 비행기 승무원이나 수금원들의 사례에 집중하여 기술하고 있다. 그러나 그녀의 분석을 잘 살펴보면 교사에게도 모든 내용이 아주 잘 들어맞는다는 점을 발견하게 된다. 그녀가 주장하듯, 이런 직종은 특별히 힘들고 스트레스를 받는 직업인데, 종사자가 기대되는 감정상태를 만들어 낼 수 있는 유일한 방법은 자신의 감정을 효과적으로 관리하는 것뿐이다. 다른 감정 직업 종사자들, 아니 우리 모두와 마찬가지로 교사는 거짓말을 탐지하기 위한 훌륭한 안테나를 하나씩 갖고 있다. 교사는 특정한 역할을 수행하기는 하지만 자기 학생과 충분히 신뢰할 수 있는 상태에서 만나기 위해 완벽하게 확신할 수 있는 상황에서 자신의 일을 수행할 필요가 있다. "우리 모두는 일정한 수준의 행동을 하죠. 그러나 우리는 두 가지 방식으로 행동하는데요. 첫 번째는, 겉으로 드러난 우리의 모양을 바꾸려고 합니다. 어빙 고프만(Erving Goffman)이 잘 보여주고 있듯이, (사람의) 행동은 몸짓에, 그럴듯한 냉소에, 움츠리는 어깻짓에, 정제된 한숨 소리로 나타납니다. 이런 것은 모두 표면적인 행동입니다. 그런데 이와 달리 내면적인 행동이 있습니다. 보여지는 것은 감정이 작동해서 자연스럽게 나타나는 것입니다. 연기자는 행복한 표정 혹은 슬픈 표정을 애써 지어보이기보다는 즉각적인 자신의 감정을 표현합니다. 러시아 연출가인 콘스탄틴 스타니슬라프스키(Constantin Stanislavski)가 언급하고 있듯 자기 스스로를 드러내는 진짜 감정말입니다."[20]

그렇다면 잘 가르친다는 것은 곧 내면적인 행동을 의미한다. 효과적인 교사는 이때 자신의 역할을 내면 깊숙이 느끼게 되고, 애써 애정을 표현하거나 혹은 솜씨좋게 꾸미지 않고 아주 자연스럽게 자신의 감정을 표현한다. 최고의 메소드 배우*처럼 교사는 교사로서의 역할에 푹 젖어 영감을 불어넣고 모범을 보이기 위해 자신의 감정적 생활을 만들어간다. 그러면서 진짜 감정을 진실되게 표현하는 인간형(persona)을 구축하게 된다. 물론 이런 감정은 특정한 목적, 즉 교실에서 학생의 공부를 증진하도록 하기 위한 목적에 부합하기 위해 의식적으로 만들어진 역할이란 점을 부인하긴 어렵지만 말이다. 제시카 시겔이 보여주는 인간형(persona)은 써먹을 만한 가공품으로, 그녀는 이런 인간형을 보다 효과적인 교사가 되기 위해 만들어 냈다. 그러나 이런 인간형이 작동하는 것은 오로지 제시카 니겔 교사의 이런 진실된 감정이 자신의 개성에 터해 발현되었기 때문이다. 그 결과로 나타나는 역할은 쉽게 약해지거나 손목의 꺽임 한 번으로 없어져버리지 않으며, 가르치는 사람의 내면으로부터 생겨나고 가르치는 동안 그 사람을 온전히 휘어잡는다. 이 점에 있어 월러의 주장이 아주 타당한데, 그는 "가르치는 일이 교사를 만든다. 가르침은 사람의 손을 떠나 결단코 그에게로 다시 돌아오지 않는 부메랑 같은 것이다. 가르치는 일에 있어서도 또한 타당하리라고 생각하는데, 받는 것보다 주는 것이 더 큰 축복이며, 더 큰 효과를 나타낼 것이다. 훌륭한 가르침과 그렇지 않은 것 사이에는 학생이 관심갖는 꽤 큰 차이가 있는데, 그것의 가장 두드러진 효과는 교사에게 나타난다. 즉, 가르치는 일은 가르치는 사람에

---

* [역자주] 메소드 연기(영어: Method acting)란 배우들이 그들의 생각과 감정을 배역에 완전히 몰입시켜 실물과 같이 몰입하여 연기하는 기법을 말한다. 콘스탄틴 스타니슬라프스키가 이러한 연기 방식으로 유명하여 스타니슬라프스키 연기론이라고도 한다. 여기서 메소드 배우는 이런 메소드 연기를 하는 배우를 의미한다.

게 의미있는 것이다."21)

월러는 이런 현상을 설명하면서 특징적으로 통제의 문제 및 특정 임무를 수행하는 사람으로서 교사의 역할이 학생보다 교사 자신에게 영향을 미치는 방식에 가장 큰 비중을 두고 있다. "복종은 복종해야 하는 사람이 자신의 개성을 감추고 있는 하급자일 때에라야 가능하다. 신하는 잠깐 동안만 신하 노릇을 하면 되지만, 왕은 그 자체로 늘 왕인 것이다."22) 월러는 학교교육을 통제하는데 비인간적인 결과를 이렇게 강조하면서, 코헨이 지적하고 있듯23), 교육을 자연적 학습과 강제된 학습 사이의 경쟁으로 간주하는 완전한 낭만주의적 교육관을 채택하고 있다. 그 의미를 따져보자면, 진보주의 교육가에 의해 주창되었던 아동중심교육 혹은 흥미기반수업이 이상의 학교통제 문제를 해결할 수 있을 것이며, 교사가 교사로서의 역할 수행의 두려운 결과를 감내해야 하는 의무감에서 해방될 수 있을 것이다.

그러나 호크쉴드는, 상황이 그리 간단하지 않으며 좀 더 복잡한 설명이 필요하다고 본다. 교사 역할에 관해 진보주의 관점, 즉 학생을 심층적으로 이해하고 학생과의 감정교류와 흥미에 기반하여 학습과정이 진행되도록 하는 관점을 취한다면, 교사는 엄청난 정도의 감정 관리가 필요한 인간형(persona)이 되어야 한다. 간단히 말해, 전통적인 업무감독자 못지 않게 아동중심수업의 교사 또한 자신이 맡고 있는 역할에 의해 내면 깊숙이 만들어진다. 월러의 이야기를 정리하자면, 학생은 잠깐 동안만 학생 노릇을 하면 되지만, 교사는 그 자체로 늘 교사인 것이다.

◆ 구조적 고립의 문제

학교에 붙들려 있는 학생의 동기를 유발하려 애쓰는 교사의 문제를 악화시키는 것이 있다. 교사의 구조적 고립을 만들어내는 조건인데, 이 속에서 교사의 업무가 진행된다. 19세기경 연령대에 따른 학급체제가 만들어진 이래, 교사는 사방이 벽으로 막혀 있는 교실에 갇혀 자신의 업무를 혼자 감당해 왔다. 그 전까지는 학교라는 것이 큰 방보다 약간 더 큰 정도여서 학생의 공부하는 것이 나이대뿐만 아니라 아는 정도가 다른 아이들이 섞여 있었고 교장 선생님의 지도 하에 교사 한 명 혹은 보조교사 그룹이 아이들을 관리하는 방식이었다. 연령대에 따른 학급구성으로 변하면서 교육과정도 수준별로 만들어져야 했고, 학급 전체를 대상으로 한 효과적인 교수법을 개발해야 했으며, 상대평가도입 및 단계별로 구조화된 교육경험이 중시되었다. 그러나 이런 상황에서 교사는 스스로 축적해온 전문가적 실천의 문제를 해결해야만 하는 어려운 과업에 봉착하게 되었다.

일반적으로 교사는 자신만이 전문가라고 할 수 있는 문 닫힌 교실에서 가르치는 일을 한다. 교사는 그 안에서 25–30여 명을 이끌고 완수해야 할 교육과정을 이수하도록 하는 방법을 찾고자 자신만의 방법을 강구해야만 한다. 전통적으로 한 교사는 다른 교사나 교장과 교감의 도움을 거의 받지 않는다. 다른 교사 또한 자기가 맡은 교실에서 아이들을 통제하느라 여념이 없고, 교장과 교감 또한 늘 발생하는 문제를 어떻게 해결해야 할지 머리를 싸매고 있기 때문이다. 이들은 건축구조상 한 교사가 담당한 교실에서 정확하게 무슨 일이 일어나는지 알 수 없는 상황에 있으며, 따라서 어떤 교사라도 그들이 수행해야 하는 일을 보다 잘 할 수 있도록 돕는 것이 불가능하다. 점심 시간에 갖는 잡담시간이라던가 교장이 주기적으로 교실을 방문하는 때를 제외하곤 잘 가르치는 방법을 찾는 일은 오로지 교사 스스로가 감당해야 할 일이다.

이런 상황으로 인하여 교사는 학급을 통제하는데 자신의 관심을 집중시키게 된다. 압도적으로 많은 수의 학생과 다른 이들로부터의 전문가적 지원을 전혀 받을 수 없는 상황에서 교사는 소위 데보라 브릿츠만(Deborah Britzman)이 "교실 속 감추어진 긴장을 다스리는 두 가지 규칙"이라고 칭한 상황에 직면해야 한다. 즉, "교사가 교실을 제대로 통제하지 않는다면 어떤 효과적 수업도 일어나지 않는다. 교사가 학생을 통제하지 않는다면, 학생은 교사를 통제하려 들 것이다."[24] 학급을 통제하고 통제가 지속되도록 하기 위해, 교사는 교실을 마치 중세 영주와 마찬가지로 온전한 자기만의 공간이자 작은 왕국으로 바꾸어내야만 한다. 그리고 자기만의 법과 그 공간에서만 적용되는 별도의 규칙을 만들어 통제를 완성한다.

교사의 구조적 고립으로 생기는 또 다른 결과는 가르치는 기술을 배워 익히는 일이 개인이 감당해야 하는 시련으로 여기게 하고,[25] 신임교사를 스스로 교사가 되어가는 사람으로 보게 한다는 점이다.[26] 이로 말미암아 교사로 하여금 자기 교실을 넘나드는 협력적 전문가 문화를 형성하지 못하도록 한다. 말할 필요 없이 이로써 교사교육의 가치가 하락하게 된다. 가르치는 일은 소위 교사 개인의 성취로 보여지게 되고, 교사의 개성을 자연스럽게 보여주는 표현으로 읽히게 된다. 교사를 자수성가한 사람으로 보도록 하는 생각에 대해 브릿츠만은 "'타고난 교사'의 이미지를 강요하는 대단히 개인주의적 설명이 아닐 수 없다"고 본다. 교사는 스스로 만들어가는 것이란 주류 신념은 그 어떤 문화적 신화보다도 더 교사교육, 교육이론, 가치로운 교육시스템을 명확하게 하는 사회적 과정의 가치를 깎아 내리게 "만든다."[27]

◆ 만성적인 수업 효과성의 불확실성 문제

1986년 미국 연방 교육부 장관이었던 윌리암 베넷(William J. Bennett)은 책자를 하나 발간하는데, 「교수학습에 관한 효과성 연구(What works: Research on Teaching and Learning)」란 제목을 달고 미 전역에 배포되었다.[28] 이 책자의 서문에서 베넷은 이 책자가 "우리 아이들의 교육에서 무엇이 효과적이고 또 효과적이지 않은지에 관한 정확하고 신뢰할 만한 정보를 제공하려 한다"고 밝히고 있다.[29] 그러나 이 책자의 발간으로 말미암아 원치 않았던 일이 빚어지게 되는데, 즉 이 책의 내용은 효과적으로 가르친다는 것에 대해 우리가 알고 있는 것이 얼마나 불분명하고 확실하지 않은지 보여주었다는 점이다. 이 책자에 보고된 결과는 잘 가르친다는 것이 의미하는 바를 정의하는데 아무런 도움이 되지 않았다. 다른 몇몇 결과는 동어 반복을 싣고 있을 뿐이었다. "학생이 적극적으로 공부하는데 얼마나 오랫동안 몰두하는가가 이들의 학업성취도에 강한 영향을 미친다"[30] 즉, 학생이 좀 더 길게 공부하면 더 많이 배우게 된다는 뻔한 말을 하고 있다. 몇몇 결과는 현상을 왜곡하기도 한다. "학부모가 공부하는데 관여하는 것이 학생의 효과적인 배움에 도움이 된다."31) 그러나 실제로 문화적 자본이 높은 학부모가 자녀의 공부에 개입하는 것은 그렇지 않은 부모가 자녀 공부에 개입하는 것보다 훨씬 높은 혜택을 부여한다. 그 이외에도 이 책자에 들어있는 거의 모든 결과는 실행하기에는 너무 모호한 내용들이었다. "성공적인 교장은 질서정연한 환경을 만들고 효과적인 수업을 지원하는 정책을 만든다."32) 그러나 이 속에는 질서정연한 환경을 어떻게 만들고 효과적인 수업을 어떻게 지원하는지에 대해서는 아무런 답변이 들어있지 않다.

가르치는 일에 있어 정말 걱정스런 사실이 있는데, 특정 행위자, 특정한 시간 혹은 행위가 일어나야 하는 장소와 독립적으로 작동하여 효과가 있다고 밝혀진 바 있는 그 어떤 전문가적 실천 매뉴얼도 존재하지 않는다는 것이다. 잘 가르치는 기술(technology)은 나름 분명하지만 교사는 자기가 감당해야 하는 전문적 실천의 핵심 요소로 만성적인 불확실성을 안고 살아가는 법을 배워야 한다.33) 그 이유 중 하나라면, 교사는 앞서 내가 묘사했던 것과 같이 두려운 환경에서 자기에게 주어진 일을 해야 한다. 즉, 의지와 감정에 있어 예측불가능한 요소를 교수학습의 과정 한가운데로 끌어들여야 하는 환경에서 말이다. 교사가 성공한다면, 그건 학생이 협조하겠다고 동의할 때뿐이다. 그런데 협조라는 것이 문제가 많은데, 학생은 공부하는 상황에 자신의 의지와는 상관없이 내던져 있기 때문이다. 협조를 이끌어내도록 하는 핵심 요건이라면 교사가 학생과 감정적 관계를 쌓아나가는 능력을 갖추는 것이고, 이런 감정적 관계를 교육과정의 목표를 달성하는 데 활용하는 것이다. 이 모든 것은 학생과의 혼연일체, 그리고 다른 동료 교사로부터의 고립이라는 조건 속에서 이루어져야만 한다.

그러나 교수학습을 형성하는데 좀 더 예측가능한 요소에 집중한다고 하더라도, 가르치는 일은 다음 이유, 즉 결코 줄어들지 않는 복잡성(complexity) 때문에 여전히 불확실한 일로 남아있게 된다. 가르치는 일에 대해 우리가 알고 있는 것은 이것이 교사의 행동과 학생의 대응 사이에 끼어드는 무지무지하게 많은 변수에 달려있다는 점이다. 결과적으로 그 교수법을 처방하는 상황마다 "여타 조건이 같다면"(ceteris paribus)이란 문구가 늘 따라붙게 된다. 물론 모든 조건이 동일하다면 이러한 처방은 생각보다 효과적이게 된다. 다른 말로 표현해보자면, 상황 맥락적이라는 말이다. 즉, 가르치는 일의 효과는 교과에 따라, 학년 수준에 따라, 그룹에 따라, 혹은 계층, 인종, 성별, 학생의 주류 문화, 교수법 기술에 따라, 교과 지식에 따라, 교사의 개성에 따라, (당일 교사의) 기분에 따라, 하루 중 언제냐에 따라, 일주일 중 어느 요일이냐에 따라, 혹은 어느 계절이냐에 따라, 그리고 기압과 날씨에 따라 다르다는 말이다. 더 나아가 학생이 좀 전에 먹은 식사에 만족하느냐 그렇지 않느냐에 따라, 아이들 부모의 결혼 상태에 따라, 학교가 풍기는 문화와 건물 구조에 따라, 수업 시간에 활용하는 학습자료가 어떠냐에 따라, 지난해 담임 선생님이 누구였냐에 따라, 졸업 후 진로를 어떻게 설정하고 있느냐에 따라, 기타 등등 수업의 효과는 달라진다. 우리가 특정한 교수법의 효과를 이야기하고 그리고 그 교수법이 다른 요인을 통제하고도 독립적인 효과를 보여 공부에 도움이 되는지 그렇지 않은지를 판단하기 위해서 학습 과정을 구성하고 개입하는 사람과 요인이 한마디로 너무 너무 많다.

가르치는 일에 있어 불확실성을 가져오는 세 번째 요소가 있다. 교사가 학생에게 미치는 효과가 어떠한지 적절하게 측정할 수 없다는 점이다. 교사가 미치는 효과에 대해서 가장 정확하게 측정할 수 있는 게 있다면, 아마도 전부 변변찮은 것들 뿐이다. 한주 동안 교사가 알아야 한다고 지정한 단어 철자를 학생이 얼마나 잘 알고 있는지 금요일 퀴즈시간에 평가할 수 있다. 교사는 수업시간에 공부한 유형의 단어 문제를 학생이 풀 수 있는지 없는지 확인할 수 있다. 혹은 최근에 공부한 프랑스 혁명에 관한 교과서 내용 중 학생이 몇가지 사실이나 암기하고 있는지 확인할 수 있다. 그러나 이러한 측정과 평가를 시행하는 것이 교사가 관련 교과목을 가르치면서 내내 염두에 두었던 보다 커다랗고 의미있는 목적을 달성하는 데 도움이 되는 것인가? 이런 것이 교사가 학생의 문해력을 향상시키고 문학을 사랑하게 하며, 실생활의 문제를 해결할 수 있도록 논리적이고 수리적인 능력을 활용할 수 있는 역량을 갖추도록 하는지 보여주고 있는가? 혹은 이런 평가가 사회 변화를 가져오도록 하는 대안적 방안들을 이해할 수 있도록 학생이 자원을 제공받도록 하는가? 이러한 성과는 도대체 어떻게 평가할 수 있는 것일까? 도대체 특정 교사의 특정 수업이 학생의 삶에 어떤 특정한 성과를 가져왔는지 어떻게 추적해 볼 수 있을까? 유능하고 생산적이며 사회적으로 책임감 있는 성인으로 성장하도록 하는 것과 같이 교사와 학생 사이의 특정 교실 상호작용 속에서 교육이 만들어 내기를 기대하는 가장 중요한 성과들이 꽤 오랫동안 아주 다양한 외부 요인에 의해 제거되고 있다. 한 사람의 삶이 거쳐온 경로를 돌아볼 때 성인으로서 그 사람이 드러내는 능력과 어린 시절 그를 담당했던 특정 교사의 교수법을 관계지을 수 있는 인과적 연결고리가 존재하지 않는다. 한 사람의 삶에 지속해 축적되어온 영향은 정말 다양한 교사에 의한 것뿐만 아니라 자신이 내렸던 수많은 선택 및 결정, 그리고 우연한 사건들이 뒤섞여 있기 때문이다.

가르치는 일을 불확실성에 머무르도록 하는 네 번째 요소는 사회가 전체 교육 사업에 부여하는 목적이 복잡하면서도 너무도 흔하게 모순된다는 점이다. 한편으로는 우리는 교육이 민주적 형평성을 증진하기를 기대하며 모든 학생이 능력 있는 시민으로서 기능하도록 필요한 기술과 가치를 제공하려 한다. 그런데 동시에 우리는 교육이 사회적 효율성을 높이도록 해야 한다고 하면서 서로 다른 직업 지위에서 노동자로 기능하도록 하는데 필요한 차별화된 기술과 지식을 익히도록 한다. 더욱이 우리는 교육이 사회적 계층 이동을 촉진해야 한다고 기대하면서 사회 내에서 다른 구성원과의 경쟁에서 앞서는데 필요한 문화적이고 학력에 기반한 혜택을 부여하려 한다. 그러나 이런 교수학습이 효과적인지는 그때 그때 어떤 목적에 기반하는가에 따라 극도로 대답이 달라질 수밖에 없다. 즉, 교수학습의 주요 목적이 시민을 양성하는 것인지 아니면 노동자를 훈련하는 것인지, 그것도 아니고 사회적 계층 이동을 촉진하는 일인지에 따라 과정 및 결과에 대한 해석이 달라진다. 그 이유는 이 목표 중 하나를 달성하는데 나름 좋다고 하는 교수법은 다른 목표를 달성하는데 해롭기 때문이다. 예를 들어, 능력별로 학생을 반편성하는 것은 학생 간의 차이를 도드라지게 만들어 사회적 이동을 촉진하는 목표를 달성하는데 기여할 수 있을지는 모르지만, 같은 이유로 민주적 형평성에 위배되는 방식으로 작동하게 된다. 그리고 학생이 서로 다른 능력별 그룹 내에서 장래 직업에 유용한 기술을 익힐 수 있는가에 따라 사회적 효율성이라는 목적에는 기여할 수도, 혹은 기여하지 않을 수도 있다.[34]

가르치는 일이 불확실성에 놓여있게 하는 다섯 번째 요소는 교사가 자기 고객의 정체성을 명확하게 정의할 수 있는 권한이 없다는 점이다. 어떤 경우, 교사에게 고객이란 학생이다. 결과적으로 학생은 교실에서 교사를 대면해야 하는 사람이다. 동시에 이들은 교사가 사람이 성장하는데 필요한 노력이 어떠해야 하는지 온갖 것에 대해 지시하는 대상이기도 하다. 그러나 한번 생각해보라. 학생은 기대되는 수업 서비스를 교사가 전달할 것인지에 대해 교사와 계약을 맺은 적이 없다. 이런 상황에서 비자발적인 학생은 전문적 도움을 요구하는 고객이라기보다는 가르침을 받아야 하는 대상에 더 가깝다. 다른 경우, 학부모가 교사의 고객이 되는 상황을 살펴보자. 학부모는 종종 자녀를 사회화하고 장래 성인이 되도록 준비시키는 원대한 프로젝트에 자발적으로 협력하는 존재라고 생각한다. 사립학교 및 바우처 프로그램에 속한 다양한 학교에서 학부모는 다소 유연한 방식으로 학교 및 교사와 계약을 체결하고, 학부모가 교육적으로 희망하는 것에 부응하여 자녀에게 전문적인 교육 서비스를 제공받고자 한다. 그러나 또 다른 상황에서 교사의 고객은 대개 공동체가 된다. 공립학교에서는 관심을 기울이고 교육을 관장하는 것이 단지 학부모라기보다는 전체적으로 시민성에 있다. 사립학교든 공립학교든 전체적으로 사회공동체는 학생 및 학부모를 포함하여 교사의 교육적 서비스를 사는 주요 소비자가 된다. 한 사회 모든 구성원이 누리는 양질의 삶은 유능한 시민과 생산적인 노동자를 양성해 낼 수 있는 교육 시스템에 달려있다. 따라서 사람은 학교의 가르침이 좋지 않을 때 함께 힘들어하고 학교의 가르침이 좋을 때

더불어 덕을 보게 된다. 그 어떤 직업이든 고객을 계속 만족시키는 일은 여간 어려운 일이 아니다. 그러나 앞서 이야기한 서로 다른 세 부류의 고객이 요구하는 바를 만족시키는 것이 얼마나 어려울 것인지 생각해보라. 더욱이 이들이 좋은 교육, 좋은 배움에 대해 서로 상충하는 지향을 보인다면 어떨지 상상해보라.

◆ 교사교육의 결과

앞서 살펴본 바와 같이 가르치는 일은 전문직 중에서도 아주 특별히 힘든 형태의 일이다. 가르치는 일은 비자발적이고 가끔은 대항하는 고객 집단을 상대로 인지적 변화, 도덕적 변화, 행동의 변화를 위한 동기부여가 요구되기 때문이다. 가르치는 일은 주로 효과적이고 진실된 교사 인간형을 형성하는 교사 개개인의 능력에 달려있으며, 교사는 이를 활용하여 교육과정상 목표를 달성하기 위해 복잡하고 까다로운 감정적 관계를 학생과 형성한다. 여기에는 나름 유효하다고 할 만한 혹은 신뢰할 만한 교수법이 부재하며, 수용할 만한 전문가적 실천을 규정하는 표준 규정, 명확한 수업 목표, 수업 효과를 측정하는 명확한 방법이 없다. 심지어 교육상황에서 누가 교사의 고객인지조차 특정하기 어렵다.

이 모든 것에 비추어 볼 때, 전문직 중 이보다 더 어려운 일에 봉착하는 직종이 있을까? 더불어 교사교육에서 나타나는 도전과제만큼 위협적이고 두려운 도전에 직면한 전문가 양성 교육이 있을까? 우리는 교사교육을 통해 일반적인 대학생에게 저울로는 잴 수 없는 것을 가르치기를 요구한다. 그래야 그들이 타협할 수 없는 자들, 자기 행동의 목적도 결과도 명확하게 알지 못하는 모든 사람을 유쾌하게 끌어들이는 방식으로 감당하기 어려운 자들을 가르칠 수 있을 것이다. 이러한 교사교육이 대단한 일로 보이지 않는 것이 이상하지 않은가? 프로그램의 목표, 기술, 고객, 교육의 결과가 상당히 깔끔하게 정리되어 있는 전문가 양성 교육은 교사교육보다 사회적으로 전문가적 위신과 대중의 존경을 얻기 마련이다.

가르치는 일은 보기에 쉬워 보이는 직업이다

신경질날 정도로 어려운 직업인 잘 가르치는 일을 교사교육자가 예비교사에게 준비시키는 일은 단순히 도전적이라는 말로는 충분히 설명되지 않을 만큼 어려운 일이다. 이 일이 어렵다고 말하는 것이 문제의 전부는 아니다. 교사교육자는 또 다른 편견, 가르치는 일이 일반적으로 다른 직업에 비해 쉬워 보이는 직업이라는 생각에 직면한다. 이러한 인식은 일반 대중뿐만 아니라 앞으로 가르치는 일에 종사하려는 예비교사에게서도 발견된다.

이러한 인식이 왜 생기게 되었을까? 한 가지 이유는 예비교사는 교사가 어떤 역할을 담당해야 하는가에 대한 태도를 채 습득하기도 전에 아주 광범위한 관찰자적 경험을 한다는 점이다. 다른 이유로는 교사가 가르치는 소위 핵심적 지식과 기술이라는 것이 너무도 평범한 것처럼 보인다는 점이다. 더욱이 교사교육가는 대체로 자신이 가르치는 교과목 및 대학 전체의 다른 학과들에서 당연히 갖추고 있는 학문적 전문성이 필요하다고 주장하지 않는다. 마지막으로, 가르치는데 필요한 교수법은 모호하거나 신비로운 것 이상도 이하도 아니라는 점이다. 교사의 경우 (학생과의 관계에서) 스스로 불필요한 존재가 되었으면 좋겠다는 기대감에 '잘 가르치는 능력'을 학생에게 자유로이 넘겨버리기 때문이다.

◆ 교육 실습

로티(Dan Lortie)의 책에서 예비교사는 교사가 자기 일에 매진하고 있는 모습을 관찰하는 교육실습생으로 꽤 오랜 시간을 보낸다는 점을 잘 보여주고 있다. 그 결과 예비교사는 교육대학에서 첫 강좌를 수강하기도 전에 어떻게 가르치는지에 대해 나름 잘 안다고 느끼게 된다.

교사는 일반적으로 쉼 없이 최소 16년간 학교 교사 혹은 대학교수와 만나왔다.

실제 미국 학생은 그 어떤 직업군보다 더 자주 교사를 접한다. 아이들은 고등학교를 졸업할 때까지 자기 담임교사 및 교과 담당 교사와 평균적으로 13,000시간을 함께 보낸다. 교사와의 만남은 주로 아주 좁은 공간인 교실에서 이루어지는데, 학생은 교사와 기껏해야 몇 야드도 안 되는 거리를 두고 교사와 만난다. 게다가 교사와의 상호작용은 그다지 수동적인 관찰이 아니다. 오히려 이들 간의 관계는 학생에게 지대한 결과로 이어지는 것으로 감정을 담아 일종의 투자로 이루어지는 것이다. 학생은 담당교사의 "역할을 대신 수행"하거나 자신의 행위에 대해 교사가 나름 반응하도록 공감하는 법을 배운다. 이렇게 되려면 학생은 자신을 교사의 지위에 투영해 볼 수 있어야 하며, 다양한 학생의 행동에 대해 교사가 어떤 식으로 느낄지 상상할 수 있어야 한다. 그렇다 보니 "누구라도 가르칠 수 있다"는 생각이 널리 퍼져있는 것이리라. 즉, 어떤 아이들이 궁극적으로 담당 교사의 행동을 합리적인 방식으로 정확하게 따라할 수 없겠는가 말이다.35)

교직과 비교해 보자면, 다른 직업은, 예를 들어 다른 전문직의 경우에는 대체로 신비에 싸여있다. 견습생은 의대에 입학하기 전에 기껏해야 10시간 남짓한 시간 정도 의사가 무슨 일을 하는 사람인지 살펴볼 수 있을 것이다. 관련 전문교육기관에 입학하기 전에는 법조인이라던가 회계사, 건축가가 직장에서 일하는 장면을 보기는 아예 불가능할지도 모른다. 이런 전문직 분야에서 양성교육은 망토 속에 감춰져 있는 신비함의 비밀을 조금씩 알려주는 방식으로 기능한다. 이와는 대조적으로 교직은 예비교사에게 완전히 익숙한 영역으로, 교사교육 프로그램은 유용한 목적도 제시하지 못한 채 임의적 방해물만도 못한 신비함을 제시할 뿐이다.

그러나 예비교사가 이러한 생각을 갖는 게 큰 실수인 이유가 있다. 그들이 교직을 관찰하는 것은 교사가 도대체 무슨 일을 하는지 살필 수 있도록 해주지만, 교사가 왜 그런 일을 하는지에 대해서는 거의 아무것도 알려주지 않는다. 로티가 잘 묘사해주고 있듯, "많은 학생이 교직을 목적－수단 형태의 방식으로 보는 법을 배웠다거나 교직을 분석적 입장에서 정상적인 관찰을 했다고 보기 어렵다. 의심할 여지 없이 학생은 다른 사람이 아닌 교사의 행동에 영향을 받았을 것이지만, 그 어떤 학생도 교수법적으로 혹은 설명의 방식으로 이러한 영향이 나타내는 차이를 생각해보지 않았을 것이다. 학생이 교직에 대해서 배운 게 있다면 명시적이라던가 분석적이기보다 직관적이고 모방적인 것이라는 것 정도였을 것이다. 그리고 교직은 교수 원칙보다는 개별적인 특징에 기인한 것이라는 것이었을 것이다."[36] 이렇게 관찰자의 입장에서 비분석적인 관점으로 바라본 교직은 단순한 행동으로 관습(가르치는 일이 이루어지는 방식) 혹은 본성(나라는 부류의 사람)에 의해 이루어진다고 보인다. 교직을 관습에 의한 것으로 보든 본성에 의한 것으로 보든 어느 경우에도 교사교육은 필요하지도 유용하지도 않다. 만약 교직을 관습에 의한 것으로 보게 되면, 학생은 오랫동안 관찰자의 입장에서 이 직업을 아주 잘 알고 있는 것이 된다. 만약 교직이 개별적 특성을 표현하는 것 정도라고 한다면, 가르치는 일은 학생의 내면으로부터 자연스럽게 나타나는 것으로 전문적 교육 프로그램으로 길러질 수 없는 것이 된다.

학생이 교사에게서 보지 못하는 것은 가르치는 일에 앞서 일어나는 사고 과정, 교사가 고려하는 대안적인 방식들, 학생 앞에서 보이는 행동을 이끄는 전략적 계획, 개별적 행동을 통하여 달성하고자 하는 목표 등이다. 이런 것이 소위 교사교육과정에서 가르치려고 하는 것으로 제도적으로 그렇게 하고 있다. 그러나 이렇게 하는 데 있어 예비교사는 교사교육과정에 엄청난 저항을 보인다. 즉, 이런 양성교육이 자기들에게는 필요하지 않다고 생각하기 때문이다.

◆ 평범한 기술과 지식

교사교육이 직면하고 있는 또 다른 문제는, 일반인이 보기에 교사가 갖추고 있다고 하는 실질적 지식과 기술이란 것이 완전히 평범하다는 점이다. 이러한 문제점의 뿌리라면, 초·중등교육이 모든 사람이 이수해야 하는 과정이라는 데 있다. 즉, 초·중등교육은 엘리트교육이 아닌 대중교육이기 때문이다. 성공적으로 이 일이 잘 이루어진다면 학생에게 전달하는 지식과 기술은 대체로 모든 이들에게 일반적인 것이 된다. 곧, 대중교육은 평균적인 성인이 알고 있는 것을 가르치는 일이 된다. 기술 측면에서 보자면, 소설, 잡지, 신문을 읽는 방법, 편지, 수필 및 지원서 등을 쓰는 방법, 잔돈을 계산하고 상품별 가격표를 확인하는 방법, 아주 다양한 영역을 측정하는 방법이 포함될 것이다. 지식 측면에서 보자면, 허클베리핀(Huck Finn)의 모험을 다룬 이야기라던가, 제 1차 세계대전의 발발 원인을 아는 것, 중력의 작동 원리, 평균값이 차지하는 의미를 포함한다.

대학교수가 일반 시민의 이해 수준을 능가하는 전문가라고 기대되는 것과는 달리, 학교 교사는 선거 연령에 이른 대부분 사람이 알고 있는 내용을 가르치는 사람 정도로 인식된다. 교사는 로켓 과학을 가르치지 않는다. 교사가 가르치는 것은 아주 평범한 지식이다. 기술적으로야 대학교수이기는 하지만, 교사교육자는 영감을 불러일으키거나 혹 특별히 필요하다고 보이는 진취적 활동에 관여하지 않는다. 대신, 교사교육자는 모든 사람이 이미 알고 있을 법한 것을 가르쳐야 할 예비교사를 단지 가르치는 것처럼 보일 뿐이다.

◆ 다른 학문분야에 종속된 교과 전문성

지금까지 이야기한 것보다 좀 더 상황이 나쁜 이유가 있는데, 교사교육자는 자기가 열심히 종사하고 있는 실질적 영역(내용학)에 대해 특별한 전문성을 정당하게 요구하지 않는다는 점이다. 이들은 수학교육, 문해, 영어교육, 사회과교육 혹은 역사교육, 과학교육에 있어 전문가일지는 모른다. 그러나 두드러진 수학자로, 언어학자로, 문학비평가로, 역사학자 혹은 과학자로 학술적 인정을 받지는 못한다. 실질적 전문성이 교사교육이 이루어지는 교육대학에 있지 않고 대학 전체의 다른 학과들에 있는 것이다. 교육대학 이외의 학과에서 교수는 특정한 연구를 수행하고 고급 대학원 프로그램을 운영하면서 평범한 성인들의 손이 닿지 않는, 초·중등학교 교사의 과업이나 전문성을 훨씬 능가하는 난해한 학문영역을 탐구한다.

교과 전문성이 교육대학 내부가 아닌 외부에 있기 때문에 교사교육자는 예비교사를 준비하는 부분, 즉 그다지 확실하지도 않고 별달리 위신있다고 여겨지지도 않는 부분의 교육을 담당한다. 다시 말해, 학생에게 '가르치는 법'을 보여주는 일을 할 뿐이다. 다른 학문 영역에서는 예비교사에게 가르칠 내용학을 가르치는 것과 비교가 된다. 흥미롭게 예비교사는 이미 이 기술을 알고 있다고 생각한다. 사실 '가르치는 법'은 지식의 고상한 형태를 취하고 있지만, 상당히 불명료한 지식의 형태를 보인다. 이런 상황에서 교사교육자는 학문적 위계에서 상대적으로 낮은 지위에 머물러 있게 되며, 교사양성에 관하여 지지받지 못하는 위치에 놓이게 된다. 교사교육은 가르쳐야 할 실질적 지식을 갖춘 교사를 제공하는데 아무런 통제권을 행사하지 않는다. 그러나 이렇게 양성된 교사가 교실에서 보여주는 지적 능력의 부족에 대해 전적인 비난을 감수해야 한다.

♦ 분명하고 누구나 접근 가능한 교수법

가르치는 일에 관한 모든 것이 다 전수받는 지혜라는 점, 즉 가르치는 일은 쉽고 또 쉽게 배울 수 있다는 대중의 인식에 대해 가장 적절한 반응을 보인다면, 간단히 그렇지 않다고 말하면 된다. 이 장에서 나는 가르치는 일이 얼마나 복잡한 것인지, 또 사람을 잘 가르치도록 가르치는 일이 얼마나 어려운 도전과제인지 보여주고자 노력했다. 내가 다룬 주요 논의 거리는 (일반 대중과 예비교사에 의해 받아들여지고 있는) 교직 및 교사교육에 관한 표면적 인식과 전문가적 수행으로서 교직 및 교사교육의 실제 간에 어떤 극명한 틈이 벌어져 있는지 보여주는 것이었다. 지금까지 설명한 내용을 다시 늘어놓거나 좀 더 분명한 오류 혹은 오해 거리에 비판을 제기할 필요는 없어 보인다. 그보다는 다음과 같이 이야기하는 것으로 충분하다고 생각한다. 예비교사 딱지를 막 뗀 교사 후보생들은 자기가 맡은 교실에 들어가 잠시 시간을 보내게 되면 곧바로 자기가 하려는 일이 얼마나 복잡한 것인지 금방 깨닫게 된다. 교사로 막 발걸음을 뗀 초보 교사가 이런 문제에 대응하자고 맘을 먹게 되거나 (오랫동안 학생 신분으로 관찰해 오면서 알게 된 가르치는 것에 관한 전통적 형태의 행동을 단지 답습하기보다) 효과적으로 가르치자고 고군분투하려 한다면, 이 장에서 내가 보여주려고 했던 교수학습의 다중적 딜레마 상황과 씨름해야 한다는 사실을 알게 될 것이다.

그러나 이 장을 마치면서 교직과 교사교육에 대해서 마지막으로 강조해 전하고 싶은 이야기가 있다. 아마도 이를 통해 교직이 갖는 난점 및 왜 그토록 많은 사람이 이 난점을 잘못 인식하고 있는지 이해할 수 있는 관점을 제시할 수 있을 것이다. 내가 하려는 말은 너무도 분명해 보이지만, 그래도 다음과 같이 간단하게 재진술되는 것이 좋을 것이다. 교사가 지닌 특별한 전문성은 교육과정상 교과 내용에 관한 것이 아니라, 다른 사람에게 교과내용을 잘 배우도록 하는 방법을 가르치는 능력에 있다. 이를 확장해보면, 교사교육자의 전문성은 학문적 지식에 있지 않고, 학문적 지식을 다른 사람에게 효과적으로 가르칠 수 있도록 가르치는 능력에 있다.

다른 전문직종의 경우에도 이처럼 지식의 응용에 있어 기술을 강조한다. 의사, 법조인, 회계사, 건축사 등은 자기 직종에서 살아남기 위해 모든 학문적 내용을 습득해야만 한다. 그러나 자기 학문 분야의 지식을 습득해 알고 있는 것만으로 충분하지 않다. 전문가는 단지 지식을 암기해 알고 있는 사람을 의미하지 않는다. 이들은 몸에 익힌 지식을 고객의 요구에 따라 활용하는 사람이다. 그러나 이 점에 있어 교사와 다른 전문직 종사자와의 차이는 충격적일 정도로 크다. 펜스터마허(Fenstermacher)가 지적하고 있듯, 대부분 전문직 종사자들은 문제해결을 원하는 고객을 위해 전문지식을 활용하지만 똑같은 상황이 발생할 수도 있는 다음을 위해 고객에게 어떻게 문제를 해결해야 하는지에 관한 능력을 가르쳐주지는 않는다. "의사가 현재 충분히 즐기고 있는 사회적 지위와 금전적 수입을 유지하는데 성공하고 있는 이유는 자기가 가진 전문 지식을 남들이 알지 못하게 할뿐만 아니라 그 지식을 신비화하기 때문이다. 최근까지도 의사가 내린 진단내용과 처방을 받으며 그가 하는 말을 알아듣는 게 정말 어려운 일이었다. 의사들은 자기 지식을 환자들에게 전달한다고 생각하지 않는다. 그보다는 자기 지식이 환자들을 낫게 하는 데만 쓰이면 된다고 본다."[37]

대부분 전문직종은 이런 지식의 신비함을 깨지 않으면서 전문성을 빌려주는 형태를 취하고 있기 때문에 전문가로서의 권력을 나름 잘 유지하고 있다. 고객이 의학적, 법률적, 세금 관련 문제를 안고 도움을 요청해 오면 관련 전문가는 그때 맞는 처방과 대응을 하는 것만이 유일한 선택지이다. "가르치는 일, 적어도 잘 가르친다는 의미로서 가르치는 일은 교사가 학생에게 자신의 지식을 전달해주어야 하는 일이다. 공부에 필요한 교과지식과 함께 그 교과지식을 잘 배워 알 수 있는 공부법까지 말이다. 궁극적으로 훌륭한 교사는 자신의 모든 가르침에 관한 지식을 학생에게 전달해야만 한다. 적어도 그 학생이 자신의 교사가 되는 방법을 배우기 바라면서 말이다."[38]

교사는 전문성을 빌려주는 태도를 취하지 않는다. 오히려 통째로 그 전문성을 전해준다. 여기에는 실질적인 지식뿐만 아니라 자신이 지식을 어떻게 얻게 되었고 이해하게 되었는지에 관한 과정까지 포함된다. 훌륭한 교사는 배움의 과정에서 스스로를 불필요한 존재가 되도록 만드는 일에 관여한다. 학생이 교사의 도움 없이 스스로 배울 수 있도록 힘을 키움으로써 말이다. (가르침의) 목표는 학생이 학교와 교사에 의존하지 않고 자신의 힘에 의지해 스스로 삶을 꾸려나가도록 만드는 일이다. 이렇게 하게 되면, 교사는 자기 전문성을 둘러싼 신비로움을 벗겨내야 하며, 자발적으로 고객 우위에 있을 법한 힘의 원천을 포기해야만 한다. 다른 전문직종은 이를 시기심 가득 담아 철저히 보호하려 하지만 말이다. 최고의 교사는 배움을 정말 쉬운 것처럼 보이도록 한다. 또한, 최고의 교사는 교사가 얼마나 똑똑한지 학생으로 하여금 알게 하기보다, 학생 스스로 자신이 똑똑하다고 느끼게끔 만들려 노력한다.

같은 방식으로 교사교육자는 예비교사가 지속적인 자문이나 만성적 의존성을 탈피하여 가르치는 일을 제대로 수행할 수 있도록 성장시키기 위해 가르치는 일을 둘러싼 신비성을 깨고 자신의 전문성을 넘겨주는 일에 종사한다. 이 두 경우 모두 교사와 교사교육자는 학생의 능력과 독립성을 증진시키고자 자신의 지위와 권한을 스스로 낮추도록 한다. 이렇게 독특한 전문직 수행 양상은, 교직이 감당해야만 하는 모욕적인 측면과 동시에 이토록 비현실적인 이타성이 교사 및 교사교육자에게 논쟁적 고결함과 함께 부여하는 모욕적인 측면을 이해하는 데 도움을 줄 것이다.

교육 연구, 무엇이 문제인가

교육 연구, 무엇이 문제인가

교육대학에서 예비교사를 길러내는 일이 어려운만큼 교육 연구를 수행하는 것 또한 어려운 일이다.[1] 교육대학의 연구자는 아주 특이한 지적 영역에서 일해야만 한다. 그런데 이 지식은 연구자가 어떤 연구를 수행해야 하는지, 연구 수행의 방법은 어떠해야 하는지, 수행한 연구가 믿을만한 것인지, 연구 결과의 파장이 어느 정도인지를 판단하게 하는 데 지대한 영향력을 행사한다. 이 장에서는 교육 연구자가 수행하는 학술연구에 초점을 맞출 것이라는 점을 잘 기억해두라. 이는 경험이 풍부한 교사가 가지고 있고 교육대학이 예비교사에게 전해줄 수도 혹은 그렇게 하지 않을 수도 있는 교수 전문성에 관한 지식과는 아주 다른 것이다. 여기서는 실천지식보다는 연구지식에 관해 살펴볼 것이다.

교육대학에서 생산되는 지식의 종류

토니 베처(Tony Becher)는 영미권 대학의 서로 다른 학문분야 및 학과에서 생산되는 지식의 특징에 대해 생각해 볼 만한 내용이 풍부하게 담긴 책을 썼다. 상당히 많은 것을 떠올리게 하는 「학문 종족과 영토(Academic Tribes and Territories)」[2]라는 제목의 이 책에서, 그는 지식의 차이가 학술연구자에 의해 수행되는 지적 작업의 특성과 이 일을 지속하기 위해 활용되는 조직의 형태 모두에 미치는 영향을 살펴보고 있다. 이를 위해 나름 익숙하게 다가오는 차이점을 묘사하는 것부터 시작한다. 경성지식과 연성지식, 순수지식과 응용지식 등. 그리고 여기에 자신의 분석을 담고 있다. 교육대학이나 다른 전문대학원에 대해서 자세히 다루고 있지 않기는 하지만, 이 책에서 교육 연구에 대해 잘 알려진 그리고 상당히 중요한 특징이 무엇인지에 대한 많은 시사점을 얻을 수 있다.

♦ 경성지식과 연성지식

경성지식을 산출한다고 여겨지는 학문들은 연구결과가 검증가능하고 명시적이며, 축적된다는 수사적 주장을 확립하는데 상당한 성공을 거둔 분야다. 자연과학은 이런 측면에서 대표적인 예가 될 수 있다. 자연과학의 연구자는 과학적 연구방법론, 연구수행과정, 연구검증절차 등을 발전시켜왔고, 이로써 연구결과 도출과정의 재연을 허용함으로써 누구라도 똑같은 연구를 다시 할 수 있도록 한다. 따라서 연구방법, 과정, 결과가 과학적으로 아무런 문제없이 받아들여지게 된다. 이러한 것은 자연 세계를 구성하고 있는 특수한 요소에 대해 "우리가 무엇을 알고 있는지" 정확하게 알려주는 지식이 된다. 이런 절차를 거쳐 일단 도출된 연구결과는 최소한 아주 짧은 기간이라도 소위 과학적 연구공동체 안에서 기능적으로 문제없다고 인정되게 된다. 이를 토대로 다른 연구를 수행하게 되며, 확립된 지식이 더 높은 수준의 지식이 쌓도록 추동하게 된다.

이와 대조적으로, 연성지식을 만들어내는 학문은 상대적으로 덜 분명하다고 여겨지는 지적 영역을 탐색한다. 인문학과 대부분의 사회과학 분야가 여기에 해당한다. 이 영역의 연구자가 수행하는 연구는 도출된 결과를 다시 재연하기가 쉽지 않다. 다른 연구자가 제기할 수 있는 연구결과의 신빙성 또한 방어하기 쉽지 않다. 이 연구 영역에서는 특별히 인과적 주장을 옹호하기가 어려운데, 연성지식을 만들어내는 연구자는 필수적으로 기술과 해석의 문제에 초점을 둘 수밖에 없다. 즉, 검토하고자 하는 텍스트라던가 특정 사건을 어떻게 기술하고 이해할 것인가에 관심을 기울이게 된다. 이때 명확한 판단 혹은 연구방법 입증 등에 대해서는 크게 신경쓰지 않는다. 이런 종류의 연구에 종사하는 연구자는 이전 연구로 탄탄하게 축적되어 온 화려한 토대를 갖추고 있지 않은데, 기존의 연구는 연구자가 연구에 끌어들이는 새로운 혹은 다른 해석적 관점에 따라 비판받는 위치에 놓이기 때문이다. 결과적으로 연성지식을 만들어내는 연구자는 자신이 속한 학문분야의 기초를 끊임없이 다시 쌓아가야 하는 과제를 안게 된다. 따라서 연구자는 해당 분야의 가장 본질적 문제를 계속 다시 해석하는 작업을 하게 된다.

경성지식은 본질적이고 연성지식은 그렇지 않다는 말을 하려는 것이 아니다. 그렇다기보다는 경성지식 연구자는 자기 연구가 확실하며 축적 가능하다는 주장을 하기에 이론적으로 훨씬 강력한 위치에 있다는 점을 강조하고 싶을 뿐이다. 어찌되었건, 해석과 의도는 모든 연구에서 결코 감쇠될 수 없는 요소다. 경성 과학의 주장은 연구공동체의 규칙과 목적에 상당히 밀착되어 있어 그에 제한을 받고 이것들은 다른 규칙과 목적을 가진 후속 연구자의 연구결과로 수정 및 부정될 것이다.[3] 결과적으로 경성 학문의 타당성이 입증된 주장은 여전히 주장으로만 남아있게 된다. 문제를 제기하기가 어렵지만 여전히 문제제기를 통해 도전될 만하고, 단기간 동안은 유효한 성과로 남아있지만 시간이 흐르면서 변화에 직면하게 될 것이다. 유효 기간이 짧다는 점과 대개 수사적이라는 점이 대체로 연성지식에 대한 경성지식의 이점이라 할 수 있을지 모른다. 하지만 이점 때문에 현대의 신뢰를 둘러싼 경합에서 실천적 목적을 추구하는 것이 덜 중요하다고 할 수는 없다.

특별히 연성지식을 탐구하는 영역에서 연구자가 지속되고 축적할 만한 인과적 주장을 펼치기 어렵게 하는 특징에는 두 가지가 있다. 첫 번째 특징은 연성지식 연구자는 경성지식 연구자와 달리 일반적으로 인간행동의 면면에 대해 다루어야만 한다. 이 말은 의도적인 인간행동이라는 매개를 통해서만 원인−결과를 이야기할 수 있다는 뜻이다. 아주 많은 통제하기 어려운 오차값이 기대 방정식에 끼어든다. 당구게임에서 큐대에 맞는 공과 구석의 구멍 사이에서 당구공들의 진행방향이 달라지게 되는 것과 같은 이치이다. 다른 특징은 행동과학연구에서는 연구자와 함께 연구에 참여하는 피연구자의 가치와 연구목적이 연구에 담겨지게 된다. 연구자에 국한해 본다면 이는 경성 연구분야에서도 마찬가지인데, 이 경우 연구자와 피연구자 사이의 상호관계는 소위 난장판이 되어 버린다.

이러한 측면에서 본다면, 교육은 연성지식 연구분야 중에서도 가장 연성적 성격이 강한 연구분야라고 해야 할 것이다. 교수학습, 교육과정, 교육행정체계, 교육조직, 교육개혁 등 다양한 문제는 연구자가 연구결과를 입증 가능하고 확실하며 축적할 만한 주장으로 만들려는, 즉 경성지식 연구분야라면 당연하게 받아들여질 만한 모든 노력을 물거품으로 만든다. 그 이유는 우선 교육이 행위자(교사, 학생, 교육행정가, 학부모, 교육정책가)들의 사회적 산물이기 때문이다. 교육을 둘러싼 주체들의 행위는 교육제도를 만드는가 하면 이런 제도에 의해 만들어지기도 한다. 게다가 교육 과정은 본질적으로 정치적인데, 민주적 형평성, 사회적 효율성, 개인의 기회 등 사회 구성인자들의 목적을 반영할 수밖에 없다. 이에 따라 교육 내에서는 서로 다른 사회적 압력이 충돌하게 되며 무엇이 성공적인 교육인지를 둘러싸고 서로 갈등하는 기준이 제시되게 된다.[4] 결과적으로 교육 연구자는 기껏해야 임시적이고 상당히 불확실한 주장, 즉 다른 연구자에 의해 제기되는 또 다른 주장에 맞닥뜨려서는 효력을 발휘하기 어려운 주장을 내세울 수 있을 뿐이다.

이런 난관 때문에, 교육 연구자는 자신의 연성지식을 조금 더 경성지식에 가깝게 만들려는 시도를 계속해 오고 있다. 인간행동을 연구하는 다른 분야의 연구자와 마찬가지로, 교육 연구자는 교육 과정(educational process)을 행동주의로, 연구방법론을 통계학으로 개념화하려 했다. 이렇게 하면 자신의 만들어 낸 교육 지식의 입증가능성이라든가 신뢰도가 높아질 수 있다는 주장을 뒷받침한다고 보았다. 문제가 없었던 것은 아니지만 이러한 시도는 상당히 성공적이었다. 20세기가 시작되면서 교육을 경험과학의 연구대상으로 만들려는 시도가 나타났고, 채 몇십 년이 지나지 않아 소위 교육 연구에서 가장 독보적인 연구 지위를 차지하게 되었다. 그리고 해석학적 접근으로 교육 연구를 수행하려는 경향이 뚜렷하게 많아진 오늘날에도 경험과학으로서의 교육 연구 경향은 상당히 강한 영향력을 행사하고 있다.5) 그러나 교육 과학을 통해 경성지식을 생산할 수 있다는 주장은 치명적인 한계에 맞부딪히게 되었다. 교육 연구에서는 교육에서 원인과 결과가 갖는 상관성을 설명하는 것보다 교육이 작동하고 있는 방식을 기술하거나 혹 교육 관련 변인을 상당히 느슨하게 밝혀주는 것 정도의 연구가 훨씬 성공적인 것으로 보여진다. 이런 문제로 인하여 교육의 많은 주제가 지식 스펙트럼상 연성적인 쪽으로 기울어 있었다. 이는 경성지식의 경성 정도에 따라 원인과 결과를 묶어 이후의 일을 예측할 수 있는 능력을 평가하던 것과 비교될 수 있다. 그러나 교육 연구가 제시해 줄 수 있는 유일한 인과적 주장은 맥락에 맞게 작성된 글 덩어리 내에서만 의미를 갖는다. 즉, 이러한 종류의 연구 결과는 특별한 실험실 조건으로 만들어진 제한상황이라던가 혹은 아주 독특한 자연 환경의 복잡하고 특수한 조건에서만 인정받을 수밖에 없다. 왜냐면 교육과정이 가르침에 미치는 영향이라던가 가르침이 학생의 학습에 미치는 영향은 과하다 싶을만큼 직접적이지 않기 때문이다. 이들 사이의 영향이 발생하는 것은 교사와 학생 간의 협력에 의존하고 있다는 점 때문이다. 이들 각자의 목표, 열망, 능력은 배움의 결과를 만들어내는데 불확실하면서도 엄청나게 큰 역할을 하고 있다. 동시에 탐구의 대상으로서 교육은 지적훈련 영역이기보다는 대개 공공 정책의 영역이기 때문이다. 교육은 교육을 지적훈련으로 보고, 더 나은 교육을 위해 교육은 필수적으로 규범적이어야 한다고 본다. 이런 입장의 교육 연구자는 일반적으로 실용적 기술로 훈련된 연구자와 협력하려 하지 않는다. 사실 방법론적 기술로 무장한 교육 연구자는 상당히 다른 교육목적을 신봉하는 경향이 있다.6)

결과적으로 아무리 열심히 노력해도 연구자가 다른 연구자의 후속 연구를 위해 지식의 토대를 쌓아 올릴 수 있는 여지는 상당히 작다. 정말 최선을 다한다면 특정한 연구공동체, 예를 들어 교육적 가치를 공유하고 해석적 접근을 취하는 연구집단 내에서도 단기간의 지적 작업을 축적하여 일시적이지만 간이 천막같은 지식의 토대를 마련할 수 있다. 그러나 이런 일시적 토대의 경우에도 교육적 가치를 공유하지 않거나 해석학적 접근에 동의하지 않는 연구자에게는 구조적으로 인정되지 않는 것이 된다. 이런 토대는 오로지 이에 동의하는 연구자 그룹에 한해서만 지적인 것으로 인정받을 뿐이다.

◆ 순수지식과 응용지식

순수지식을 생산하는 학문분야의 연구는 주로 이론을 구축하는 경향을 갖게 된다. 이런 분야의 연구자는 특정한 맥락으로부터 추상적인 작업을 하는데, 지엽적인 조건에 빠진 개인을 돕기보다는 보다 보편적이고 일반화할 수 있는 주장을 만드는데 열중한다. 로버트 머튼(Robert K. Merton)이 사람들이 소속되어 있는 문화 집단의 범주에 따라 세계인과 지역민으로 구분한 내용을 상기해볼 필요가 있다.[7] 이 점에 있어, 순수지식을 탐구하는 연구자는 지적 지식연구의 세계인으로 간주할 수 있는데, 이들은 가까이 다가가야 보이는 아주 자잘한 것들 속에 뒤엉킨 채 숨겨진 구조적 양상을 밝혀내기 위해 국지적 장면으로부터 일부러 거리를 두려 한다. 자연과학에서 이루어지는 대부분의 연구는 이 영역에 해당한다. 그러나 철학, 사회학, 문학비평에서부터 수학에 이르는 상당히 폭넓은 학문분야에서 다루고 있는 거의 모든 이론 연구는 후자, 즉 지역민 범주도 포함하고 있다,

이와 대조적으로 응용지식을 생산하는 학문은 주로 아주 구체적인 맥락에서 발생하는 실제 문제에 집중한다. 이때 연구의 목적은 현상의 일반적인 양상을 포착하는 것이 아니라 특정한 문제를 해결하는 데 있다. 연구의 성공 여부는 상대적으로 얌전한 방식으로 판단된다. 즉, 어떤 특정한 접근이 이런저런 조건에서 동일한 시간 및 공간에서 가용한 다른 접근에 비해 더 잘 작

동하는가 그렇지 않은가 등의 기준이 적용된다. 일반적으로 전문대학원은 지식을 탐구한다고 할 때 응용지식을 생산하는 것에 관심을 두는 경향이 강하다. 물론 다른 학문분야도 유사한 경향을 가진 경우가 많은데, 지리학, 심리학, 영어학 등이 해당된다. 이들은 연구의 초점을 이론 구축보다 실질적 문제해결에 두기 때문이다.

물론 순수지식을 생산하는 학문분야가 실제상황에의 적용이라던가 문제해결에 관심을 기울이지 않는다는 말을 하려는 것은 아니다. 예를 들어, 물리학과 수학에서 생산된 이론은 우리 일상 생활에 엄청나게 커다란 영향을 주는데, 비행기 혹은 다리(교량)를 더 잘 만들도록 하는 방법을 제공하는 식으로 말이다. 이런 순수학문분야가 응용학문분야와 구분되는 것은 생산된 지식이 유용하게 적용되는가의 여부가 아니라 생산된 지식의 범위에 있다. 따라서 순수학문분야는 응용학문분야와 달리 특정한 맥락에 그다지 구애받지 않는다. 이 점 때문에 적용의 범주가 더 넓은 이론적 개념을 발전시킬 수 있게 된다. 응용학문분야가 갖는 문제는 이들 분야의 연구 결과가 시간, 장소 및 환경에 제한되는 정도 때문에 발생한다.

이런 관점에서 보자면 교육 연구의 지식생산은 본질적으로 응용에 관한 것이다. 위에서 언급한 바와 같이 교육은 문화인류학이라던가 물리학과 같은 부류의 학문영역이 아니다. 문화와 움직임과 같이 세상을 바라보는 독특한 이론체계라던가 현장연구 및 속도 관찰과 같이 구분되는 연구방법을 지닌 이들 학문과는 구별된다는 말이다. 대신, 교육은 제도의 특정한 분야에 초점을 맞추는 공공정책의 영역이다. 결과적으로 교육 연구자는 지적 에너지를 제도적 견지에서 가장 문제시되는 것들에 맞춰 투입해야 한다는 압력에 시달린다. 이는, 순수지식을 탐구하는 연구자가 자신의 지적 구조물 내에 천착하고 그 논리에 충실하면 되는 상대적인 지적 자유를 향유하는 상황과 아주 다르다. 교육 연구자가 교육장에 붙박혀 있도록 하는 데에는 교육을 연구하는데 꼭 규범적 명령을 따라야 한다는 필요성도 한몫 한다. 교육에 대해 무엇이 흥미로운지를 연구하는 것만으로는 충분하지 않은데, 교육 연구자는 교육을 개선하도록 강한 압력을 받고 있기 때문이다. 공공 정책을 다루는 분야는 교육 연구와 같은 문제를 갖는데, 이런 분야는 특정 사회에서의 공공 정책이 어떤 목표를 추구하는가에 강하게 영향을 받아 구성될 수밖에 없고, 또 성공적이든 그렇지 않든 아이들의 안녕이라던가 사회의 공중보건 등 정책의 결과에 책임을 지게 된다.[8] 학생은 알아야만 하는 것들, 예를 들어 인종 및 젠더가 교육 격차의 요인을 가져온다는 것을 배우지 않는다. 교사 또한 제대로 준비되지 않고 있고, 교육재원은 학교마다 균등하게 분배되지 않는다. 응용 분야의 교육 연구자는 이렇게 맥락 의존적이고 시공간에 민감한 교육실제의 문제에 대해 구체적인 방향을 제시하고 있다.

물론, 교육 연구가 연성적이고 응용적인 영역에서만 이루어지지 않는다. 일반적으로 사회과학은 연성적이고 유연하게 변화할 수 있는 토대로서 지식을 탐구해야 한다. 제도화된 구조에 새겨져 있는 사회적 상호작용을 이해하는데 복잡한 문제가 얽혀 있기 때문이다. 의학이라던가 공학과 같은 분야는 본질적으로 완전 응용이 이루어진다. 이런 분야에서 연구자는 이론이 던져주는 함의에 경도되기보다는 실제적 필요에 따라 발생하는 문제를 탐색하도록 요구받는다. 그러나 사회학자, 심리학자, 정치학자, 혹은 경제학자와 같은 사회과학자는 사회생활의 연성적 영역에서 지식을 이론화할 수 있고 또 그렇게 하고 있다. 즉, 이들의 연구는 연성적이지만 순수지식이라고 할 수 있다. 이로써 이 분야 연구의 지적 명확성이 평가받고 사회적 존중이 올라가게 된다. 의학과 공학 등의 전문분야 연구자는 자신에게 던져진 응용의 문제를 해결하기 위해 양적 정확성을 차용하고 경성과학의 인과적 명확성을 끌어들인다. 즉, 이들의 연구는 응용적이지만 경성지식이라고 할 수 있다. 이로써 이 분야 연구결과의 권위와 위신이 높아진다. 이와 대조적으로 서비스의 대상이 매번 바뀌는 몇몇 다른 분야, 즉 사회복지라던가 상담과 함께 교육은 고도로 연성적이고 고도로 응용적인 지식에 관계되어 있다. 따라서 이들 분야의 연구는 연구방법 및 연구대상을 지나치게 엄격하게 형식화하지도 못하고 별로 분명하지도 그렇다고 확신을 줄만큼 신뢰할 만하지도 않은 결과를 만들어 내고 있을 뿐이다.

교육 연구자가 연구를 수행해야만 하는 이런 힘든 환경은 교육분야에서 학자가 왜 꽤 오랫동안 양적 연구에 매달려 있다가 질적 연구가 폭넓게, 그리고 점점 더 많이 사용되게 되었는지를 설명해준다. 저널 <교육연구자 (Educational Researcher)>에서 벌어진 25년 동안의 논쟁 이후 양적 및 질적 연구법 모두 유용하고 적절한 접근이 될 수 있으며,[9] 두 방법론 모두 후기실증주의 패러다임이라고 할 수 있고 동일하게 기초적인 표준에 따른다는 데[10] 나름 합의가 이루어진 듯하다. 질적 연구방법을 옹호하는 연구자가 주장하듯, 질적 연구는 사회적으로 복잡하고 관련된 변인이 너무 많으며 맥락 의존적인 특징을 지닌 교육분야에 꽤 적합하다.[11] 이 점에 있어 교육 연구는 좀 더 분명해지고, 좀 더 확실해지며, 인과적 추론에 보다 가까워지도록 해주는 양적 연구는 (연구를 수행하는데) 상당한 어려움을 토로하고 있다. 교육에서 진짜 무슨 일이 일어나고 있는가를 보여주려는 노력에서, 양적 연구자가 추구하는 분명함에 대한 압력은 곧 정확함이 떨어지는 비용을 지불하게 한다. 양적 연구에서 자주 사용되고 있는 분석적 기법의 적용은 연구자에게 종종 교육 과정(process)의 전제를 지나치게 단순화하거나, 교육적 행동, 교육주체, 교육의 산물을 셈법 가능한 범주로 치환시킨다. 혹은 관련 변인을 무시 혹은 없애버리거나, 아주 복잡한 다중 상관 효과를 중시하지 않거나, 혹 시간, 공간, 사람 등으로 만들어지는 차이를 넘어서 일반화하게 한다. 이로써 멋진 연구 모델을 디자인하고 그 결과 통계적 규칙에 따라 분명한 연구성과를 탄생시킬 수 있을지는 모르지만, 그 모델과 결과라는 것 모두 복잡하게 얽힌 학교 세계로부터 동떨어진 것이기 쉬우며, 결국, 연구의 타당성 및 활용도에 강한 의문을 제기하도록 할 것이다.

따라서 교육분야의 양적 연구자는 질적 방법을 택하고 있는 연구자에 비해 학술적으로 높은 성장세를 보일 수 없는데, 그 이유는 어느 방법론을 택하든 교육 연구자는 같은 습성의 인식론적 지대에서 활동해야만 하기 때문이다. 질적 연구자는 모든 복잡하고 구체적인 것에 있는 교육을 포괄하고 모든 요소를 자세히 설명하려 하지만, 양적 연구자는 이를 무시하고 대체로 단순화하고자 한다. 페쉬킨(Peshkin)이 정의하고 있듯, 교육분야에서의 질적 연구는 양적 연구방법으로 수행된 연구와는 약간 다르지만 동일하게 유용한 연구결과를 산출할 수 있다.[12] 질적 연구는 기술(모든 맥락화된 복잡성의 과정, 관계, 환경, 시스템, 사람을 개념화하는 일)하고, 해석(개념을 설명, 개발, 구체화하거나 통찰력을 제공하고 복잡함을 풀어서 명료화하고 이론을 개발하는 일)하며, 검증(가설, 이론, 일반화의 유용성을 평가하는 일)하고, 평가(정책, 실천, 혁신의 효과를 검토하는 일)할 수 있다.

그러나 핵심은 이것이다. 양적 연구방법을 쓰든 질적 연구방법을 쓰든 상관없이 교육분야에서 신뢰할 만한 연구를 수행한다는 것은 굉장히 어려운 일이다. 베를리너(Berliner)는 '맥락의 힘', '상호작용의 편재성', '연구결과 효력의 단기성' 등으로 교육 연구의 만만치 않은 특징을 지칭하면서 교육을 "가장 어려운 과학연구분야"라고 했다.[13] "교육 연구는 너무 부드럽고 말랑말랑하며 신뢰하기 어렵고 정확하지 않아서 실천의 기초로 삼기 어렵다고 여겨진다. 그러나 이 차이는 교육 연구가 경성연구냐, 연성연구냐의 구분에 있지 않다. 오히려 쉬운 연구냐 아니면 어려운 연구냐의 사이 중 어디에 있느냐에 있다. 수행하기 쉬운 과학은 물리학, 화학, 지리학, 혹은 이와 유사한 다른 학문분야에서 이루어지고 있는 것이다. 수행하기 어려운 과학은 사회과학자가 수행하고 있는 것들로, 특별히 교육 연구자가 하고 있는 것이다. 내가 보건대, 이 모든 과학 중에서 우리는 가장 수행하기 어려운 과학을 수행하고 있다."[14]

◆ 교환가치 대 사용가치

연성－경성지식 및 순수－응용지식의 구분과 함께 또 다른 지식의 구분이 있다. 베처(Becher)는 이에 대해 언급한 적이 없는데, 대학의 연구자는 다양한 학문분야의 지식 생산이 그 분야의 특정 학과 및 프로그램에 소속된 학생에게 제공하는 가치에 어떤 영향을 미치는가에 따라 서로 구분된다. 대학교육은 한편으로 학생에게 교환가치를 제공할 수 있는데, 이때 학생에게 본질적으로 가치로운 것, 즉 직장이라던가 높은 생활 수준 등과 교환될 수 있는 증명서를 수여한다. 이 관점에서 보자면 학생이 대학에서 배우려는 교육과정의 내용과 성취하려는 실질적 배움은 대학(혹은 대학 내의 특정 프로그램)의 명성이라거나 미래 고용자 혹은 같은 공동체에 속한 다른 사람의 인식보다 덜 중요하게 된다. 다른 한편으로 대학교육을 통해 학생은 사용가치를 배울 수 있다. 이때 대학은 학생에게 이후 삶에서의 다양한 역할을 수행하는데 유용하다고 판명된 기술과 지식 덩어리를 전수해주게 된다. 이 관점에서 보자면, 학생이 획득하게 되는 지식의 내용은 교육과정에서 무엇보다 중요한 요소가 되며, 대학의 혹은 대학 프로그램의 명성과는 동떨어진 것이 된다. 고등학교에서 이런 조건들이 어떻게 작동하고 있는지 생각해보자. 일반 고등학교에서는 인문교양 교육과정이 상당히 추상적인 지식체계로 전달되며 이는 대학입학과 교환될 수 있는, 궁극적으로는 좋은 직업으로 이어지게 한다. 즉, 일반고 교육과정에서의 지식은 낮은 사용가치, 높은 교환가치의 특징을 갖는다고 할 수 있다. 한편 직업고등학교에서는 직업기술이 가르쳐지는데 이는 단순기술직업과 교환될 수 있다. 즉, 직업계 고교에서의 지식은 높은 사용가치, 낮은 교환가치로 특징지어진다.[15]

이 맥락에서, 교육 연구자가 생산해내는 지식과 교육대학이 제공하는 교육의 독특한 특징은 교환가치가 낮은 반면 사용가치는 높다는 점이다. 이미 살펴본 바와 같이, 교육은 높은 교환가치를 보증할 수 있는 졸업장을 수여할 수 있는 능력이 점차 쇠퇴하고 있다는 다양한 증상에 접해 있다. 예를 들어, 여성협회, 저소득층, 공무원 채용, "준전문직 그룹", 낮은 학업표준, 덜 엄격한 기관설립기준 등. 게다가 대중에게 널리 알려진 생각에 따르면 교육대학의 연구와 교수법 프로그램은 아주 약하고 교환가치를 약화시킨다. 그 이유는 부분적으로 엄격한 학문 지식의 위계에 기인하기 때문이다. 즉, 경성지식이 연성지식을 압도하고, 순수지식을 생산하는 일이 응용지식을 만드는 일보다 중요하다는 말이다. 교육은 확실히 이 두 쌍의 위계적 순서에서 바닥에 자리잡고 있다.

물론 어떤 학문 분야의 지식이 사용가치가 높다고 해서 그 분야의 위신이 깎인다고 할 수는 없다. 의학이 대표적인 응용학문분야인데, 이 분야는 졸업생에게 극도의 사용가치가 있는 지식을 가르치면서도 동시에 대학 내에서 높은 학문적 지위를 여전히 차지하고 있다. 마찬가지로 수학 혹은 생화학처럼 높은 사회적 지위를 누리고 있는 경성지식－순수학문분야는 컴퓨터 혹은 유전자검사 등 사회적으로 유용한 응용기술을 주도하려는 노력을 하면서 학술분야의 우위를 유지하고 있다. 여기서 핵심은 높은 교환가치와 경성지식은 함께 이 분야의 지식이 '단지 쓸모있다'는 잠재적 품위손상을 불러올 수 있는 인식이 생겨나지 않도록 한다는 점이다. 의대는 미국 직업 지위상에서 최고의 봉급, 최고 수준의 전문직이라는 점과 아주 밀접하게 관련되어 있으며, 이들이 생산해내는 경성지식의 분명한 효과는 이들의 이러한 지위를 보다 공고하게 유지하도록 해준다. 결과적으로 의대가 제공하는 교환가치는 난공불락의 요새처럼 견고하다. 그러나 교육대학은 저임금노동 및 대체로 직업 위계상 의사보다는 간호사에 가까운 평범한 직업과 연계되어 있다. 게다가 눈에 뻔히 보이는 연성지식의 취약함은 예측 가능하고 바람직한 교육성과를 내놓지 못하는데 결국, 기존의 낮은 사회적 지위에 머물러 있도록 한다. 교환가치면에서 취약하다는 난관 때문에 교육대학은 자신이 만들어내는 지식의 사용가치가 유용하다는 것을 스스로 증명해야 하는 이중고에 시달리고 있다. 안타깝게도 그 지식은 그다지 유용하지 않은데도 말이다.

교육대학 체제가 만든 지식 유형

베처에 따르면, 학문 혹은 학문 내 연구영역에 핵심적인 지적 초점을 제공하는 지식은 톡특한 조직형태를 구성하게 한다.[16] 경성－순수지식을 생산하는 일은 베처가 '도시적'이고 '수렴적'이라 부르는 지적 실천을 위한 사회적 조직의 설립을 요구한다. 경성지식은 특정한 지적 맥락에서 실용적 목적을 위해 본질적으로 축적될 수 있는 것으로 여겨진다. 즉, 특정 학문 공동체에 속한 모든 사람은 학문의 발전 단계에서 공유할 수 있는 지적 문제를 해결하는데 머리를 모으게 된다. 지적 구조라는 것이 특정한 수준으로 쌓아 올려지게 되며, 소위 지적 문제를 해결하려는 이론가들이 그 수준에서 모여 조직을 구성하게 된다. 결과적으로 그 지적 작업은 분명히 도시적인 느낌을 불러일으킨다. 동시에 이러한 지적 수렴은 사회 구조를 만들게 되는데, 이는 상당히 위계적이게 된다. 이 분야에 입문하려는 초심자는 바닥부터 시작해 당대의 지식체계까지, 그리고 지적 탐구를 할 수 있을만큼의 실제 능력을 인정받을 수 있을 때까지 해당분야 지식의 모든 것을 배우는데 매달려야 한다. 즉, 해당 분야의 선임자들은 상당히 높은 권위적 지위에 위치하게 된다. 왜냐면 이들은 우세한 이해력을 바탕으로 일을 관장하기 때문이다. 또한, 해당 분야는 자체적으로 소통이 빠르게 이루어지도록 하는 방법을 개발할 필요가 생기는데, 이 소통에 참여하는 모든 사람(독자, 청자)은 이미 해결된 모든 논점에 대해 알고 있다는 것을 필수적으로 전제하게 된다. 결과적으로 어떤 학문분야의 저자든 발표자든 지식구조의 가장 꼭대기에서 관심을 끌만한 논쟁거리에 주목하고 집중할 수 있다. 굳이 비전문가에게 자신의 관심사의 배경을 빠른 속도로 설명하지 않아도 된다.

이와 대조적으로, 연성-응용지식분야는 베처가 말한 '시골스럽고' '발산적'인 지적 실천을 위한 사회적 조직을 만들게 된다. 연구의 토대라는 것이 늘 새롭게 재구성되기 때문에 연구자는 다른 사람이 쌓아 올린 토대에 기초하여 자신의 연구를 수행할 수 없다. 결과적으로 수행되는 연구는 아주 넓은 영역에서 상당히 느슨하고 얇게 퍼져있을 수밖에 없다. 이때 개별 연구자든 연구그룹이든 해당 학문 분야의 가장 기초적인 문제에 대해 계속 다시 사유하게 되며, 자신의 관점에 따라 해석적 연구를 수행하게 된다. 이 결과 양산되는 연구 영역은 시골/촌락 거주민들을 죽 늘어놓은 것과 같다. 물리학과 같이 연구자에 의해 높게 쌓아 올려진 도시적인 인상과는 거리가 있다. 이 분야의 초심자는 상당히 빠르게 해당 영역에 들어서게 되는데, 분야가 폐쇄적이기보다는 상당히 개방적인 편이고 그 어떤 문제라도 논쟁의 여지를 남겨

두고 있기 때문이다. 그리고 이 분야는 거의 스스로 고립되지 않는 편인데, 경계선이 그다지 분명하지 않은데다 지식체계가 난해하지 않으며 담론은 다양한 발산적 연구 공동체에 넓게 퍼져있는 양상을 띤다.

교육대학의 지식을 생산하는 연구기관들은 온전하게 시골스럽고 발산적인 모습을 취함으로써 연성지식 및 응용지식을 추구하는 다른 학문분야의 양상을 띤다. 이 분야 내에서의 지적 작업은 모든 영역에 퍼져있다. 연구자는 어떤 특정한 연구 방향의 연구자적 관점에 국한되지 않는다. 연구자는 연구가 이루어지고 있는 순간에 학문 발달상 어떤 단계적 발달을 성취해야 한다거나 혹 선임 연구자가 동분야에서 어떤 연구방향을 취해왔는지, 후임 연구자가 어떤 방향으로 연구하기를 원하고 있는지에 대해 그다지 크게 고려하지 않는다. 이전부터 제기되었던 오래된 질문에 대해 끊임없이 문제를 제기하고 기존 이론을 재구성하는 데 몰두한다. 예를 들어, 어떤 곳에서는 교사준비, 다른 곳에서는 표준교육과정 등 이 기관들이 진전시키려는 것은 교육제도 내부로부터 혹은 교육제도의 수준에 대한 사회적 관심에서 비롯된 실질적 요구에서 도출된 결과다. 즉, 이들이 수행하는 연구는 연구 노력 자체의 내적 논리에서 비롯된 문제를 해결하려는 것이 아니다. 게다가 교육을 둘러싼 요구와 관심은 어느 시기를 특정할 것도 없이 항상 차고 넘친다. 뿐만 아니라 상황과 여건이 변화하는 것과 함께 이러한 요구와 관심 또한 변화하기 마련이다. 변화하는 상황에 따른 연구관심의 변화는 교육 연구자가 경성지식 – 순수지식 연구를 특징짓도록 하는 전통적인 도시적 접근의 자원에 집중할 마땅한 명분을 찾기 어렵게 한다.

게리 로즈(Gary Rhoades)는 미국의 종합대학교 내 사범대학(Colleges of education)의 조직적 특성에 대해 상당히 의미있고 파급력있는 분석을 내놓고 있다. 그의 분석 내용을 살펴보면 앞서 이야기했던 구분 기준에 따라 이들 기관에서 생산해내는 지식이 어떤 종류인지에 대해 아주 잘 이해할 수 있도록 해준다.[17] 그는 종합대학교의 사범대학에 대해 다음과 같은 주장을 제기하고 있다. "종합대학교의 사범대학은 인문대학 및 자연대학에 비해 끊임없이 변화하는 환경에서 기술적 모호함은 훨씬 크면서도 잘 조직되고 영향력이 큰 후원자들의 재원에 더 많이 의존하고 있다. 결과적으로 사범대학은 종합대학교의 모든 단과대학을 통틀어 가장 다양화된 조직체계를 갖고 있으며 좀 전에 예로 들었던 인문 및 자연과학대학의 경우보다 대학 내외적으로 훨씬 더 불안정하다.”[18] 그가 제시한 다른 주장을 보도록 하자. “사범대학의 교수진은 인문 및 자연대학에 비해 더 관리자적 통제 역할수행을 기대하거나 최소한 수긍하는 태도를 보이며, 대학의 다른 교수진과 공통의 관심사를 보전하거나 혹은 진전시키기 위해 협력함으로써 교수진의 영향력을 내세우는데 인문 및 자연과학대학의 교수진에 비해 더 분열되어 있으며, 따라서 영향력이 덜한 편이다. 사범대학의 학장은 인문 및 자연과학대학의 학장에 비해 잠재적으로 더 큰 영향력을 행사할 수 있다.[19]

로즈의 주장은 내가 지금까지 주장해 온 이야기, 즉 교육분야의 지식을 생산해내는 조직을 만드는데 지식이 어떤 역할을 하고 있는가의 문제와 자연적으로 연결된다. 교육은 연성지식－응용지식 분야이기 때문에 “기술적 모호함”(지적 초점이 분산되어 있음)의 정도가 높고, “변화무쌍한 환경”에서의 “재원 의존도”가 높다. 따라서 연구 자체의 이론적 논리에 따르기보다는 학교와 사회로부터 생겨나는 실질적 문제에 대응할 필요에 따른다는 특징을 갖는다. 이 말은 교육대학의 교수진은 정치적 영향력을 끌어올릴 수 있는 근본적인 지적 공동체를 갖고 있지 않다는 말이다. 예를 들어 심리학자라던가 혹은 천문학자가 연구에 대한 지원을 얻기 위해 국내ㆍ외의 학문 공동체에 관심을 끌려고 노력하는 방식과는 아주 다르다는 것이다. 교육대학에 종사하는 교수진의 지적 작업은 교육 연구 분야 내에서 동료들에게 제공하는 서비스라기보다는 환경으로부터 파생된 요구에 응하는 것이다. 결과적으로 사범대학의 교수진은 대학교 내에서 혹은 여러 단과대에 걸쳐 지적으로 독특한 사회적 집단을 형성하지 못하게 된다(그래서인지 교육대학은 표준화된 학과 구조가 없다). 따라서 교육대학은 교수진의 역량을 증진하게 한다든지 학장의 관리자적 권위가 토대할만한 사회적 재원이 상당히 적다.

교육대학의 부정적 결과

교육대학의 지식 창출이 갖는 본질 및 사회적 조직을 분석하는 것은 이들 기관이 기능하는 방식 및 이들 기관이 사회적으로 어떻게 비치고 있는지의 양상을 살펴보는데 상당히 중요한 시사점을 제공한다. 우선, 교육대학이 만들어 내는 부정적 결과를 먼저 살펴보고, 다음으로 몇몇 긍정적인 결과를 살펴보도록 하자.

◆ 대학 내 낮은 지위

미국 대학 시스템에 국한해서 본다면, 의심할 여지없이 교육대학은 대학 내에서 가장 낮은 지위에 놓여있다. 이렇게 낮은 지위에 놓이게 된 이유라면 교육 연구를 수행하는 교수진이 내놓는 지식의 성격 때문이다. 특히 에누리 없이 이들 지식이 연성적이고 응용적이기 때문이다. 대학 내 학문 위계의 정점을 차지하는 것은 가장 경성적이고 순수한 지식 연구를 수행하는 것이다. 왜 그런지 굳이 물어볼 필요가 있을까 싶다. 경성지식을 추구하는 학문은 일반적으로 학문세계의 존중을 받는데, 왜냐면 이들 분야에서 타당하다고 인정되는 지식의 내용을 비난하기 정말 어렵기 때문이다. 이는 상대적으로 연성지식을 추구하는 학문세계가 자신의 이론적 주장을 정당화하고 일시적이라 전제하며 또 특수한 맥락에 묶어두어야 한다는 점과 비교된다. 전자의 학문이 경험적 연구의 토대를 든든하게 구축하고 분명하고 큰 목소리로 이야기하는 것과 달리, 후자의 학문은 불확실성의 늪에서 허우적거리는가 하면 겨우 속삭이는 듯한 목소리로 이야기한다. 이 두 가지 경우만 놓고 본다면 어떤 학문분야가 좀 더 많은 시선과 관심을 갖게 되며 어떤 분야가 사회적 위신을 더 얻게 되는지 물어볼 필요가 있을까 싶다. 이와 마찬가지로 순수지식을 생산하는 학문분야도 아주 광범위한 이론적 범위를 아우르는 질문을 제기함으로써 특정 시간과 공간으로 질문이 맥락을 한정해야 하는 응용지식 분야에 비해 더 이로운 지위를 차지하게 된다.

게다가 교육지식의 교환가치는 낮다는 인식이 팽배하다. 미국 대학의 시장기반 환경에서 궁극적으로는 교환가치가 이 분야의 핵심이 된다고 할 수 있다. 미국의 대학은 미국 이외의 대학과 견주어 봤을 때 극심할 정도로 시장의 변화와 요구에 민감하다.[20] 과도한 등록금에 의존하고 고등교육서비스 시장에서 학생 유치 전쟁에 뛰어들 수밖에 없는 상황에서 미국 대학은 교육 소비자에게 그들이 기대하는 것, 좋은 직업 및 매력적인 사회적 지위와 교환할 수 있는 졸업장을 제공해야만 한다.[21] 이런 환경 속에서 교환가치는 사용가치보다 훨씬 중요시된다. 교환가치의 근원이라고 하면 고용자 및 일반 대중이 인식하고 있는 대학 및 대학 내 프로그램의 평판이라 할 수 있다. 이점 때문에 교육은 늘 그래왔듯 단기적인 목적에 붙박혀 있게 된다. 교육이 제공할 수 있는 것이라곤 연성적 사용가치, 즉 타당성은 낮지만 활용할만한 지식으로, 경성 및 순수한 교환가치를 제공해 줄 수 있는 종합대학교 내 다른 권위적 학문분야의 졸업장과 효과적으로 경쟁할만한 상품이 되지 못한다.

◆ 교육과 교육정책 결정에서의 낮은 권위

여기서 하고 싶은 이야기는 앞서 제시했던 분석에서 이어지는 것으로, 교육대학에서 생산해내는 지식의 본질은 이들 기관의 권위를 상대적으로 약하게 만들 뿐만 아니라 심지어 학교 및 교육정책 영역에서도 이들의 권위가 낮아지도록 한다. 코헨, 가렛(Garet), 린드블룸(Lindblom)의 연구에 따르면, 사회과학이 사회정책에 미치는 영향력은 아무리 좋게 봐줘도 간접적이다. 그 이유는 사회과학 연구가 복잡한 사회정책 결과를 제대로 보여줄 수 없기 때문이다.[22] 이 분야의 연구자가 넓은 영역의 복잡한 변인을 최대한 많이 포함할수록 이들이 내리는 연구의 결론의 신뢰성과 타당성은 낮아질 수밖에 없다. 그렇다고 이들 연구의 방법론을 보다 좁고 엄격하게 정할수록 다뤄야 할 중요 변인을 빼먹기 쉽거나 적어도 정책결정자들에게 자신의 연구결과를 이해시키기 더 어려워질 것이다. 교육 연구자는 이점에 있어 적어도 다른 사회과학자가 고심하는 문제를 공유하고 있다. 이러한 문제는 동분야 경험연구자에게 상당히 심각한 문제인데, 이들은 교육 연구에서 경성지식을 만들어내려고 노력하기 때문이다. 신뢰성과 타당성을 확보해야 한다는 문제에 천착하는 교육 연구는 다른 변인을 엄격하게 통제함으로써 경험적 처치가 갖는 특정 효과를 겨냥한다. 이들 연구의 결과를 보면 지나치게 상식적이거나 사소한 것으로 보인다. 그 이유는 실제 교육은 관련 변인이 도저히 풀어헤칠 수 없을 정도로 얽혀있는 아주 복잡한 환경에서 일어나기 때문이다.

그러나 교육 연구자는 낮은 학문적 권위, 약한 토대, 얼버무리는 듯한 존재감에서 유래하는 추가적인 부담을 안고 있다. 교육 연구자가 서 있는 지식의 기반에 대한 신뢰 정도가 상당히 낮기 때문에 교육 연구자는 자신이 생산하는 지식이 가장 유용하게 쓰일법한 교육자 및 교육 정책결정자들에게도 그다지 신뢰롭게 여겨지지 않는다. 교육 연구자는 낮은 지위에 처해서 연성적이고, 고도로 불확정적이며, 대체로 일반화하기 어려운 교육분야 지식의 전달자로, 위신을 세우거나 교육정책을 형성하도록 하는데 영향을 줄만큼의 권위적 태도를 취할 수 없다. 간단히 말해, 교육 연구자는 쉽사리 무시될 수 있다. 이와 같은 질문을 불러일으키는 교육전문가에 대한 신뢰성 때문에, 교육 개혁과 교육정책의 영역은 별로 다르지 않은 지위에 자리잡고 있다고 인식되는 아주 다양한 범주의 사람이 영향을 미칠 수 있도록 개방되어 있다.

◆ 교육을 경성 과학으로 바꾸어내려는 압력

이 모든 것들 때문에 자연적으로 나타나는 결과는 교육 연구자가 자신이 생산하는 지식을 연성적인 것에서 경성적인 것으로, 응용지식에서 순수지식으로 바꾸어 내려 노력한다는 점이다. 이것이 지난 40년 넘는 기간 동안 미국교육학회(AERA)가 가진 사명이었다. 연구자가 해야 하는 일은 이 단체에서 일어나는 교육과 관련하여 움트는 과학연구의 지식을 검토하는 것이다. 이러한 검토는, 매년 열리는 학술대회에서 발표되는 논문들의 폭발적 급증과 미국교육학회 회원에서 등장해 온 교직 및 교사교육에 관한 과학적 연구의

편집으로 검증되고 있다.[23]

교육 연구를 보다 경성적이고 순수이론에 가깝게 하려는 운동은 1986년 홈즈 그룹(Holmes Group)의 첫 번째 보고서(「내일의 교사」)가 발간되면서 시작되었다. 이 보고서에 따르면, 미국 연구중심 일류대학의 교육대학 학장들은 지난 수십년 동안 대학에서 이루어진 연구 노력이 바위처럼 단단한 타당성과 포괄적이고 이론적인 범주를 제공함으로써 진정한 교직과학을 만들어냈다고 선언했다. 이들이 보기에 이러한 교직 과학은 이제 교직의 전문직화를 위해 지적 토대로 기능할 것이었다. 최근 발행된 <교육연구자>라는 미국교육학회 발간 논문집에서 전 미국교육학회 의장이었던 게이지(N.L. Gage)는 이러한 신념을 재확인하고 있다. "지난 20여 년 동안 메타분석은 행동과학에서 여러 세대의 맥락을 포괄하는 인상적 규모, 일관성, 타당성을 갖춘 지식을 만들어냈다. 그런가 하면 이렇게 생산되는 지식은 교육 연구 결과의 일반화를 양화하고 분석할 수 있도록 하는 방법론을 점차 발달시키고 있다. 이런 주장, 연구결과, 방법론은 행동과학을 수행하는 것이 왜 필요한지 알려준다.[24]

교육지식을 좀 더 양적으로 측정 가능하고 일반화할 수 있도록 하려는 노력은 의미가 있는데, 이러한 노력은 연구자로 하여금 연구 결과를 둘러싸고 가장 연성적이고 애매모호한 상황에 놓이지 않게 한다. 어떤 학문분야든 모든 중요한 질문에 "모든 게 그때 그때 다르죠"라는 식으로 답변하는 것은 연구자에게 도움될 것이 하나도 없다. 따라서 좀 더 경성적인 주장을 만들고 이를 가능하도록 지원하려는 노력은 해 볼만한 목표이다. 그러나 우리가 현실적으로 실현할 수 있는 것은 단지 여기까지이다. 이것은 게이지가 교육행동과학이라고 불렀던 조건에 미치지 않는 것이다. 교육에 대해 단단한 주장을 할 수 있는 토대를 만들기 위해, 우리는 교육대학이 지금과 같은 모습이 되도록 하는데 결정적으로 작용하는 인간행동이라든지 정치적 이용 등의 질적질척한 늪에서 물을 빼내야 한다. 그러나 이렇게 해서 나타난 결과는 교사나 학생 등이 경험하는 수준의 교육 정도밖에 안 된다. 이 책의 다른 부분에서도 주장한 바 있듯, 이런 부류의 노력은 (경성과학이 성배라고 믿는) 연구자의 학술적 지위를 높여줄 수 있을지는 몰라도 학교 배움의 질을 높인다고 할 수는 없다. 그리고 이런 시도는 우리가 경험하는 좋은 학교에 비전보다 지나치게 합리화되고 실체가 없는 구성물의 이미지를 그리게 할 것이다.[25]

교육 연구자는 또 다른 방식인 연방정부 지원 대규모 연구비를 수주받는 교육 연구소 설립으로 교육을 경성과학과 같은 어떤 것으로 만들려 한다. 최근 수년 동안 이런 교육 연구소가 다수 설립되고 있다. 이 연구소는 경성과학 분야에서 지식생산에 관여하는 도시 스타일의 조직을 모방한 것들로, 교육 연구가 전통적으로 시골풍이었다는 점에 있어 교육분야에 상당한 파장을 불러왔다. 그러나 이들 연구소는 지원되는 연구비의 효율성을 높이려는 정부의 열망과 큰 규모의 연구비를 수주하려는 대학의 열망에서 비롯된 것으로, 교육분야에서 갑자기 인식론적 구조가 등장하고 연구를 통해 창출된 지식이 축적되기 시작하는 등 일종의 새로운 발견에 따른 것이 아니다. 만약 이런 연구소의 노력을 일부 인정한다면, 이는 지금까지 교육분야 전반의 지식 축적이 제대로 이루어지지 않은 상황을 진단하고 꼭 똑같지는 않지만 지식 축적의 대리격으로 좀 더 크고 느슨하지만 통합된 연구 과제를 조직, 수행하는 데 따른 보상 정도로 볼 수 있다. 교육 연구소로부터 생산되는 것은 체계적인 구조를 갖추고 있다는 인상을 준다. 그러나 이 구조라는 것을 자세히 들여다보면, 연구소를 등에 업고 수행되는 각종 여러 연구의 편집된 배치라는 점을 재빨리 간파할 수 있고 기존의 교육 연구체제로 분류해 낼 수 있다. 이런 방식으로 교육 연구소는 결코 도시풍이라 하기 어렵고 오히려 개발도상국의 도시 변두리에 위치한 빈민가 정도로 비춰진다.

◆ 교육대학을 순수과학 연구기관으로 변화시키려는 압력

교육지식의 독특성은 교육대학에 또 다른 부정적인 영향을 초래하는데, 이들 기관이 교사교육에 집중하기보다는 보다 권위있는 사명을 수행하는 것으로 초점을 변화시키라고 강제된다. 종합대학교 내에서 나름 높은 권위를 인정받고 있는 분야의 학과들을 모방하는 차원에서 교육대학, 특히 명문대학교의 교육대학은 스스로의 사명을 교육 연구를 위한 대학원 프로그램으로 바꾸려고 노력해 왔다.26)

제럴딘 클리포드(Geraldine Clifford)와 제임스 구뜨리(James Guthrie)의 책 「교육대학(Ed School)」에는 교육대학이 이러한 방향으로 잘못 인도되는 것에 대한 이야기가 압도적이라할만큼 상세하게 다루어지고 있다.27) 순수학문분야로 변화해야 한다는 생각은 가르침과 학교에서 유용하게 쓸만한 지식을 생산해야 한다는 사명에 초점을 두게 했던 기관의 정체성에서 벗어나, 특정한 교육실천의 문제에 대응하기보다는 일반적이고 이론적인 설명에 초점을 맞춤으로서 교육대학의 규범보다 더 순수한 연구를 발전시키는데 집중해야 한다는 것이다. 게다가 이러한 새로운 연구 방향은 좀 더 높은 교환가치를 만들어 낼 것이라고 보았는데, 학문분야에서 좀 더 권위가 높은 분야의 탈맥락적이고 이론중심의 연구추진과 유사하기 때문이었다. 그러나 클리포드와 구뜨리의 분석에 따르면 이러한 노력은 전혀 성공적이지 못했다. 그중 한 가지만 이야기하자면, 종합대학교의 다른 단과대학은 사범대학 대학원 학생의 지도교수가 나름 기대했던 대학 내 높아진 학술적 지위를 인정해주지 않았다. 다른 하나만 더 이야기해보자. 이들의 노력은 연구자를 쥐어짜 실질적 교육지식을 창출하도록 했다. 안타깝게도 이 상황에서 교육분야가 매달려왔던 연성적이고, 응용에 필요한, 정치적, 행동변화를 추동하는, 게다가 환경적 맥락의 특성이 강한 지식의 요구와 대응은 전혀 변함이 없었다.

♦ 교육 연구의 정체성에 대한 인식 … 절망감

마지막으로, 교육지식을 생산해내려는 연구자에게 교육지식의 형태가 나타내는 문제는 이들이 느끼는 절망감이다. 어딘가로 끊임없이 움직여 도달하려 노력하지만, 한순간 한발짝도 움직이지 못했다는 절망적 느낌이 이들에게 강하게 작동한다는 것이다. 만약 시시푸스(Sisyphus)가 학자였다면, 그의 전공은 분명 교육이었을 것이다. 꽤 오랜 기간 탁월한 경력의 끝에 이르러, 교육 연구자는 자신의 경력 초기를 붙들고 사투를 벌이던 것과 똑같은 문제를 여전히 붙들고 있다는 점을 발견하곤 한다. 자신이 길러낸 다음 세대의 교육 연구자 또한, 자신이 붙들고 씨름하던 문제를 다시 붙잡고 사투를 벌일 것이다. 새로운 교육 연구자는 스승이 평생에 걸쳐 죽도록 붙들고 연구했던 분야의 가장 본질적인 토대를 다시 쌓아 올리는 것이다.

이런 상황은 연구자가 자신의 전문분야에서 쌓아올리는 성취감과 학자로서의 자존감에 문제를 제기하는 것과 함께 해당 분야 바깥에서 바라보는 사람이 이들의 연구분야 전체에 대해 조롱하거나 쓸데없이 간섭하도록 하는 빌미를 제공한다. 교육 연구자가 교육분야에서 최고 전문성을 보여준다는 지위를 획득하지 못한다면, 이들을 더 이상 좋게 봐줄 수 없을 것이다. 따라서 교육 연구자는 교육분야에서 손을 떼야 하고, 외부의 좀 더 능력있는 사람이 들어와 교육분야의 경계를 흔들게 될 것이다. 이렇게 들어온 외부인들이 소위 교육전문가라고 하는 사람보다 못하다고 할 수 있을까? 글쎄, 이 책을 시작하면서 간략하게 보여주었던 장면을 떠올려 보라. 디트로이트 학교교육 문제의 해결방안을 제안하고자 나섰던 미시간주 사업가의 사례 말이다. 교육 연구자는 자신이 교육문제에 있어 진전을 이룰 것이라는 데 있어 분명하게 그렇게 할 수 있다고 힘있게 주장할 수도 없다. 따라서 교육담론에 자신의 목소리를 내는데 주저할 이유가 없다고 생각하는 초보 교육가가 교육논의에 끼어들도록 내버려두게 된다.

교육대학의 긍정적인 결과

교육지식의 독특한 성격에서 비롯되는 다양한 교육대학의 부정적 결과를 살펴보았는데, 지금부터는 같은 이유로 나타나는 교육대학의 나름 긍정적인 성과들로 눈을 돌려보고자 한다.

◆ 유용한 지식을 만들려는 시도는 그리 나쁘지 않다

교육의 교환가치는 낮고 사용가치는 높다는 정체성 때문에 교육은 사회적이고 정치적으로 장기적인 이점을 추구하도록 하는 잠재력을 지니고 있다. 궁극적으로 대학은 본질이라던가 진정한 배움보다는 겉모양 혹은 명성에 기초한 학위장사를 수행하고 있는데, 이는 대중이 문제제기하기 좋은 주제이다. 대학의 이런 행태는 신용사기극의 모든 특징을 다 갖고 있는데, 이는 대학이란 것이 상당히 허약한 믿음이 서로 뒤엉겨 있는 상태로 유지되고 있기 때문이다. 이 사기극의 순환고리는 다음과 같다. 대학은 소비자에게 명문대학의 졸업장에 투자하라고 설득한다. 대학은 자신이 수행하는 권위있는 연구로 말미암아 누구나 선호하는 직업을 가질 수 있을만큼 유능한 졸업생을 배출하기 때문이다. 설득하기 위한 이 논리구조는 사실보다는 단순한 신념에 따른 것이다. 만약 누군가 이 논리를 증명해보라고 대든다면 순식간에 무너질 수밖에 없다. 궁극적으로 학위의 가치는 대학의 명성에 따른 것이지, 학생이 해당 대학에서 얼마나 많은 지식을 얻었는가에 따른 것이 아니다. 게다가 모든 수준의 미국 정부는 재정압박을 겪고 있는데 이로 말미암아 대학은 점점 전통이라든가 신념에 따르기보다는 보여줄 만한 성과에 근거하여 정부 차원의 대규모 공공투자가 왜 이루어져야 하는지 정당화해야 하는 입장에 놓이고 있다. 이 문제는 다음과 같이 관련된 쟁점으로 말미암아 더욱 악화되고 있다. 즉, 공적 측면(우리가 필요로 하는 역량을 기르도록 하는)보다 개인의 사회적 이동이라는 사적 측면(내가 원하는 직업을 얻도록 하는데)에 더 관여하는 교육시스템에 공적 재원을 투입하는 것이 사회적으로 비효율적인 것이 아닌가라는 문제제기가 이루어지고 있다.[28]

이런 조건 하에서 교육과 사용지식 간에 강한 상관성이 있다는 것은 가치 있는 것이 아닐 수 없다. 대체로 교육 연구는 엄청나게 중요한 제도의 틀 안에서 당면한 문제를 해결하려는 시도에서 진행되고 있다. 교육 연구가 갖는 시의성, 적절성, 적합성, 잠재적 유용성은 종합대학교 내 다른 학과들의 권위에 기반한 그러나 맥락과 단절된 연구에 비하면 정당성을 입증하기가 훨씬 쉽다. 더욱이 이 시대가 점점 공적 재원을 투입하는데 비용대비 효과성을 따지고 측정가능한 성과를 내놓으라고 하는 마당에 말이다. 물론 이와 같이 응용지식을 추구하는 데는 몇몇 한계점이 있다. 첫째, 이미 앞서 이야기한 바와 마찬가지로 교육 연구의 결과는 너무 연성적이어서 이렇게 얻게 된 응용지식을 활용하는 폭은 아주 좁다. 교환가치가 높기 때문에 나름 문제의식이 적은 학문분야와는 달리, 교육 연구는 실천의 문제를 해결해 교육의 질을 개선해야 한다는 강한 열망을 갖는다. 그러나 교육 연구에서 사용하는 도구라는 것은 의료계의 의사들이 갖고 다니는 검은 가방(검진가방) 속 물건처럼 문제를 해결할 수 있는 강력한 도구가 아니다. 또 다른 한계점은, 대부분 교육 연구가 철저하게 무이론적이라는 점이다. 경험적 타당성처럼 이론적 함의는 교육 연구가 갈망해야만 하는 것이다. 비록 이 분야의 연구란 것이 이론적 함의를 갖기 위해 노력한다고 결코 쉽게 이루어지는 것은 아니지만 말이다. 이론적 열망이 부재한 상황에서, 교육 연구는 종종 지나치게 좁거나 너무 평범한 것으로 보인다. 그러나 이런 문제의 원인은 연구자의 지적 게으름 때문이지 교육지식의 특성 때문이라고 하기 어렵다. 교육 연구로 생산되는 실용적 지식의 부류는 이론적으로 논쟁을 불러일으킬 수 있다. 물론 이론적 범주가 어느 정도는 제한되기는 하겠지만, 이런 맥락에서 실용적 지식의 사회적 유용성은 덜 응용적인 학문 분야의 연구자에게는 적용되지 않는 방식으로 연구자에게 정치적인 이점과 직업적 만족감을 가져다 줄 것이다.

• 소비자 압력으로부터의 자유

교육이 교육 연구에서 생산되는 지식에서 끌어내는 관련 장점은 대학의 다른 학문분야를 괴롭히는 소비자 압력으로부터 상대적인 자유를 누린다는 것이다. 일반적으로 미국 대학은 사회적 지위를 획득하려는 개인의 야망을 충족시킬 수 있는 프로그램과 학위라는 소비자 요구에 어쩔 수 없이 응해왔다. 그러나 교사를 직업적으로 준비시키고 교육실천의 요구에 부응하기 위한 연구를 일로 여기는 교육대학의 정체성 때문에 개인의 목적보다는 사회적 목적을 성취하는 것을 사명으로 삼아 왔다. 교육대학의 주된 과업은 개인의 사회적 이동이 아니라 사회적 효율성을 높이는 것이다. 이 점 때문에 교육대학의 프로그램과 연구는 긴장관계에 놓일 수밖에 없는데, 긴급하게 당면한 사회적 문제에 어떻게든 부응해야 하기 때문이다. 결과적으로 교육 연구자는 그 어떤 방향으로든 이론중심의 연구를 진행하는 순수과학을 추구하기 어렵다. 혹은 그 어떤 것이든 개인의 선호도에 따라 상당히 독특한 연구를 진행하게 될 것이다. 그러나 이와 동시에 교육 연구자는 변덕스러운 교육소비자가 요구하는 바대로 교육과정 및 프로그램이라도 제공해 줘야 한다는 시장중심적인 교수학습과정에서 일부 자유롭다. 교육 연구자는 교사와 학생과 같이 교육 내부에 위치한 개별적 행위자와 함께 더 큰 차원의 사회에 중요하다고 할 수 있는 문제를 대상으로 연구한다는 점에 대해 상당히 만족해 한다.

◆ 학문경계로부터의 자유

교육 연구를 통해 생산되는 지식의 특질로부터 연구자에게 생기는 또 다른 이점이 있다. 교육 연구자는 적절하다고 판명되는 그 어떤 학문적 관점이나 방법론적 접근이라도 교육 관련 질문에 대답할 수 있는 것이라면 취하는 데 주저하지 않는다. 물론 이렇게 함에 있어, 앞선 사례에서 볼 수 있듯이 문제가 없는 것은 아니다. 우선 학문 영역을 설정하는 자유를 포기해야만 한다. 교육 연구자는 교육에 초점을 두어야 한다고 여겨지기 때문이다. 반대급부로 교육 연구자는 이 주제, 즉 교육을 연구하는데 상당한 정도로 선택의 자유를 누린다. 다른 학문 분야의 연구자는 대체로 상당히 제한된 학술적 진위판단 과정에 따르게 된다. 어떤 분야가든 연구자는 "이게 진짜 정치학(철학, 역사학, 생물학 등) 연구에요?"라는 질문을 받게 된다. 이 질문에 적절히 대답하지 못한다면, 특정 연구물은 해당 학문분야 내에서 성과금, 승진, 전문가로서의 명성 등을 포함하여 그 어떤 인정도 받지 못한다. 그러나 교육 연구자는 다양한 학문적 관점과 방법론적 견해 중 자신이 원하는 방식대로 절충하여 자유롭게 선택한다. 교육 연구에 매력적인 프래그머티즘(Pragmatism)이 작동하고 있는 것이다. 즉, 특정한 이론적 하위문화 내에서 정통성을 갖는가보다는 (그 어떤 것이라도) 효과적으로 작동하는 것에 보상하는 방식을 선호하기 때문이다. 교육 연구자가 불필요한 학문적 긴장에서 자유로워지기는 하지만, 동시에 교육 연구자는 특정 학문연구 전통에서 명확하게 정의된 채 작동하고 있는 방법론적 엄격성을 종종 지키지 않는 문제가 발생한다. 안타깝게도 그 결과는 낮은 수준의 연구디자인과 조잡한 연구논리에 대해 인내심을 길러야 한다는 점이다. 그러나 교육지식이 본성적으로 교육분야 연구자로 하여금 엄격한 연구 표준을 만들어 내지 못하도록 한다거나 더 나아가 이 기준에 따라 자신의 수준을 단속하지 못하도록 한다는 근거는 어디에도 없다.

◆ 위계적 긴장으로부터의 자유

교육 연구가 온전히 시골스럽고 발산적인 특징을 갖는다는 점 때문에, 교육 연구는 상대적으로 형평성을 강조하는 연구를 내세우는 사회단체들에 기여하는 바가 크다. 오랜 경력의 교육 연구자는 연구 과정을 통제할만큼 탄탄한 지위를 갖고 있지 못한데, 그 이유는 이들의 권위를 받쳐주는 토대가 상당히 허약하기 때문이다. 교육지식의 특성상 축적되기 어렵다는 점 때문에, 교육분야에 그 어떤 초심자라도 진입하기 쉽고, 따라서 이런 초심자들이 이 분야에서 오랜 경력을 가진 사람이 가치롭게 여기는 것에 논쟁적인 도전을 제기하도록 한다. 교육 연구물을 두고 정책결정자들은 무시하고 다른 학문분야의 연구자는 조롱하게 만드는 교육 연구의 특징, 즉 교육이라는 학문의 구조적 후진성과 토대의 취약성으로 말미암아 교육이란 학문 분야는 놀라우리만큼 개방되어 있고 더불어 교육과 관련된 목소리를 내는 사람의 수가 어마어마하게 많다. 기회를 만들어내야 한다는 혼란 같은 것은 없다. 교육 연구가 시골풍이라는 특징 때문에 소위 지적 작업을 해온 사람이라면 누구에게나 교육관련 주장을 내세우고 자신만의 교육 연구 업적을 시작할 수 있도록 무한한 기회가 존재한다. 물론 최근 연방정부의 지원을 받아 설립된 대학의 대규모 교육 연구센터들은 위에서 이야기한 교육 연구의 흐름과는 상당히 대비되는 현상이다. 왜냐면 이들은 시골풍의 연구분야에서 고립된 도시적인 풍모를 닮아있고, 불가피하게 이들 연구소 간 지위경쟁을 만들어내고 있기 때문이다. 그러나 대규모 교육 연구소가 소위 경성지식에 관여하는 학문 분야의 큰 규모 프로젝트와 비교해 볼 때 가지는 차이점이 있는데, 이들 연구소가 느슨하게 연결되어 독립된 연구 프로젝트들 간의 협업을 하고 있고, 이들이 이런 협업을 하는 이유가 강한 사회적 위계 및 인식론적 위계에 따라 완성을 추구하는 것이 아니라 연구비 지원을 염두에 두고 이루어진다는 것 정도로 이해된다는 점이다.

◆ 교육대학에서의 연성지식 생산

지난 10-20년 전에는 실증주의와 양적 연구의 타당성에 대해 상당히 강하면서도 효과적인 공격이 이루어졌다.[29] 이 과정은 해당 연구방법을 사용하는 학문 분야에 폭넓게 영향을 미쳤는데, 그 분야로는 과학철학에서 시작하여 종국에는 교육에까지 이르렀다. 미국교육학회(AERA) 회원들은 이 모든 과정에 대해 아주 잘 알고 있는데, 이 단체의 저널인 <교육연구자(Educational Researcher)>는 지난 20여 년 동안 상당한 지면을 할애해 이 문제를 다루었다. 이런 인식론적 노력의 결과, 경성지식에도 본질적 연성성이 존재하고, 경성과학에 의해 뒷받침되는 타당성의 핵심이란 것이 본질적으로 불확실하다는 점에 교육학 연구자가 동의하는 쪽으로 움직이게 되었다. 이 말인 즉, 교육과 같이 연성지식을 추구하는 학문분야도 이제는 안도의 한숨을 내쉴 수 있게 되었다. 왜냐면 연성성이라는 것이 이제는 (학문분야 전반에 걸쳐 일어나는) 일반화된 조건의 하나이지 교육 연구자에게만 영향을 미치는 고통거리가 아니게 된 것이다.

그러나 불행하게도 교육지식의 연성성으로 기울게 된 최근의 좀 느슨해진 철학적 지위는 학문적 긴장감에서 자유로워지고 신참자들의 개입에 무방비 상태가 되었다. 이로 말미암아 방법론적 엄격성이 중요하다고 믿고 있던 교육 연구자는 좀 더 허술한 태도를 취할 수 있게 되었다. 연구의 검증에 있어 개별 연구자가 하는 것이라곤 해당 분야 학위논문의 단면을 들여다보거나 교육 연구학술대회에서 발표되는 논문을 읽는 것 정도가 되었다. 많은 교육 연구자에게는 최근 경성과학의 타당성에 대해 가한 성공적인 공격은 분명히, 지식의 연성성은 결코 문제가 되지 않는다는 것이 아니라 오히려 연성성을 하나의 덕목으로 자랑스럽게 여겨도 된다는 생각을 갖도록 했다. 이런 생각이 불러온 결과는 종종, 질적연구방법이 증거에 기반하거나 타당성의 형식을 취하지 않고도 원하는 것을 말할 자격을 갖고 있음에 비해 대안적인 방법론 영역에서 그다지 인정받지 못했다.

내가 앞서 응용지식 및 비학술적 연구의 위험성에 대해 지적한 것과 마찬가지로, 연성지식의 문제를 교육 연구자가 스스로 만들어내는 지식에 굳이 얽매이지 않으려 한다는 위험으로 본다. 교육지식의 창출을 둘러싼 문제의 구름 속에서 일말의 희망을 찾아보고자 할 때, 우리는 구름 그 자체의 중요성을 간과해서는 안 된다. 교육지식의 특성은 연구자에게 이로움과 함께 불리함을 동시에 가져다준다. 이런 이중적 요소는 하나가 다른 하나를 완전히 없애버리지 못한다. 그러나 교육 연구자는 둘 중 하나를 없애버리려 하기보다는 이 둘의 조합을 통하여 교육 연구가 꾸준히 전진해 나가야 할 가능성을 창출하고 딜레마를 극복해 낼 수 있는 세계를 새롭게 개념화해야 한다.

◆ 일반인에게 말하는 능력

경성지식과 순수과학 분야에 더 경도되어 있는 연구자의 관점에서 보자면, 교육 연구자는 조롱당할만큼 아마추어적인 목소리로 말한다. 교육 연구자는 전문성 부족으로 인하여 담론을 구성하는데 진정으로 발달한 학문분야에서 사용하는 난해한 언어(용어)라던가 구술기법을 갖고 있지 않다. 이론개발을 이끄는 수학이나 생화학과 같은 분야에 초점을 둔 논문은 해당 분야의 초심자들에게는 완전히 이해되지 않는 것이어야 한다. 일반인에게라면 훨씬 더 이해되기 어려운 것이어야 한다. 이와 비교해 보면, 교육 내에서 이루어지는 담론은 언어 사용에 있어 투명하고 의미 파악에 있어 상당히 개방적이다. "교육가"를 향한 모든 불평불만은 하나같이 초점을 분명히 하려는 목적에 기인한다. 즉, 불평을 내세우는 사람은 완전히 교육 연구공동체 바깥 사람인 경우가 대부분이다. 이들은 하나같이 교육 연구자가 무슨 이야기를 하는지 이해하지 못하겠다고 하는 것이 아니라 자신이 더 나은 방식으로 이야기할 수 있다고 하는 것이다. 그러나 이 모든 비판가 중 누구도 수학, 생화학과 관련된 연구를 읽으려고 조차 하지 않을 것이며, 이들 중 누구라도 수학 혹은 생화학자가 말하는 방식에 대해 불평을 제기하지 않을 것이다. 이 분야는 평범한 사람이 이해할 수 없는 난해한 영역이라 가정하기 때문이다. 그러나 교육은 대체로 외부자들에게 접근 가능한 것이며 따라서 비전문가라고 하더라도 교육 논쟁에 비판을 가하도록 열려져 있다.

이런 상황으로 말미암아 교육 연구자는 일반적인 시민이 이해불가한 지식의 발전에 관여하는 학자에게는 불가능한 방식으로 공적 지식인의 지위를 차지한다. 외부인들의 눈에 교육은 기여하기도, 비판하기도, 참견하기도 쉬워보이는 것이다. 그러나 동시에 교육 내부자들이 공공영역에 직접 개입하기 쉽도록 하며 교육이 대면한 문제를 드러내고 자신이 이 문제를 해결할 수 있다고 나서게 한다. 이 점에 있어, 교육 연구자는 경성－순수과학에 기인하는 권위에 의존한다기보다는, 더 권위주의적인 영역에는 없는 공적 영역에 준비된 수사적 접근성에 의존한다고 봐야 할 것이다. 결과적으로 교육 연구자에 의한 지식이 특정한 형식을 덜 띠는 것 때문에, 교육지식은 더 정치적이고 사회적인 기회를 제공해 줄 수 있는 것인지도 모르겠다. 이는 종합대학교의 다른 권위있는 학문 분야에서는 대체로 할 수 없는 것이지 않은가?

교육 연구자, 어떻게 길러지는가

교육 연구자, 어떻게 길러지는가

교육대학은 교사양성과 교육 연구 생산을 책임져야 할 뿐만 아니라 미래 연구자를 준비시켜야 한다.[1] 교육대학에게 요구된 두 가지 역할과 마찬가지로 연구자 양성 역시 많은 독특한 어려움으로 가득 차 있다. 이 장에서 나는 경험 많은 교육 실천가들을 훌륭한 교육학자로 변화시키는 데 목적을 둔 교육대학 박사학위 프로그램의 과업에 특히 주목하면서, 연구자 양성의 독특한 어려움을 탐색한다.

쟁점 규정하기: 제도적 상황과 지식 영역

교육대학과 관련한 독특한 두 가지 사안이 교육대학이 연구자 양성에서 직면하는 문제에 대한 논의의 틀을 구성한다. 이 두 가지 쟁점은 앞의 장들에서 모두 검토되었다. 한 가지는 교육대학의 낮은 지위이다. 그리고 또 다른 하나는 교육대학이 추구하는 지식의 유형에 의해 제기되는 독특한 문제이다. 이제 이들 각각을 살펴보자.

◆ 지위가 낮은 기관에서의 훈련

많은 교육분야 연구자들은 교육대학에서 훈련을 받는다. 이러한 점에 비추어, 독특한 특성을 가진 교육대학에서 교육 연구자를 양성하는 것은 어떤 결과를 초래하는가? 첫째, 전문성 수준이 낮은 직업을 위한 학교들처럼, 교육대학에서 교수의 위신은 (교사와 같은) 직업구성원으로 보다는 전문화된 학문적 기술을 가진 대학교수로서의 위치에서 나온다.[2] 교직과 교육대학 교수 간에 상당한 정도의 문화적 격차가 빈번하게 나타난다. 이로써 교육분야 박사과정에 입학하는 교사는 교육 연구자가 되기 위해 새로운 학문적 문화를 수용하고 교사문화를 포기하도록 요청받고 있음을 느끼게 된다. (교사에서 교육 연구자로 잘 연계되지 않는) 이런 삐걱대는 불연속성으로 교육대학은 학생을 교육학자 공동체로 순조롭게 유인하지 못 할 수도 있다. 두번째, 교육대학의 낮은 지위가 박사과정 학생을 미래 교사교육자와 교육 연구자로 사회화시키는 교수의 지위를 더욱 약화시킨다. 법대와 의대 교수는 일반적으로 교육분야 교수보다 훨씬 더 지적이고 존경받을 만한 것으로 간주되어 왔다. 이것은 교육분야 교수가 학생에게 권위를 세우고 경쟁을 부추기는 것이 훨씬 어려울 수 있다는 것을 의미한다.

◆ 독특한 지식의 형태 추구

우리가 4장에서 본 것처럼, 교육 연구자는 매우 연성적이고 응용적이기 때문에 특히 어려운 지식의 형태를 다룬다. 그렇다면 교육 연구자가 연성적이고 응용적인 지식영역 내에서 기능하도록 준비시켜야 하는 교육대학에 미치는 영향은 무엇인가? 핵심적인 것은 교육 연구자는 이런 지식의 범주에서 효과적으로 연구를 수행하기 위해 굉장한 방법론적 세련됨과 유연성을 개발하는 것이 필요하다는 점이다. 특정 연구방법을 활용하는데 능숙하고 여러 연구에서 이러한 접근을 활용해 본 것으로 충분하지 않다. 지도를 작성해야 하는 지형이 복잡한 경우, 연구자가 그 대상을 여러 형태로 보기 원한다면 동일하게 복잡하고 다양한 연구방법을 연구에 활용하는 것이 필요하다. 교육은 다양한 관점에서 접근할 때만이 이해되기 시작한다. 이것은 과학철학분야 학자에게 맡기는 대신에, 교육연구자가 탐구의 본질에 대한 기초적 질문을 광범위하게 이해하는 것이 필요하다는 뜻이다.3) 이러한 다차원적인 상황에서 학생을 담론의 편협함으로 이끌어 싶지 않다면, 교육 연구자 양성 프로그램은 다양한 연구 패러다임을 접할 기회와 역량을 개발할 기회를 학생에게 제공하는 것이 필요하다.

최근 <교육연구자(Educational Researcher)> 특별호는 이런 방식의 훈련을 제공하기 위해 애쓰고 있는 여러 대학의 사례들을 소개하였다.4) 그리고 교사교육 분야의 선행 연구를 분석한 <교사교육(Journal of Teacher Education)> 특별호는 다양한 연구관점의 필요성에 대한 유사한 논의를 담았다.5) 이것이 반드시 모든 연구자가 다양한 연구방법에서 똑같이 전문가가 되어야 한다고 요구하는 것은 아니다. 그러나 연구자는 자신의 접근이 갖는 한계와 대안적 접근의 가치가 어떤 것인지 알아야 한다. 그리고 자신과 아주 다른 작업을 하는 연구자와 공조하면서 연구를 수행할 수 있어야 한다. 2002년에 국립연구위원회(the National Research Council)는 「교육에서의 과학적 연구(Scientific Research in Education)」라는 보고서를 발표했다. 이 보고서는 교육분야에 "많은 타당한 연구 프레임과 연구방법"이 있기 때문에, "교육 연구의 세부 주제와 가치에 대한 논쟁에 불을 지피면서 상반된 결론들이 도출될 수도 있다고 주장한다. 다양한 교육분야의 도전과제는 여러 영역과 방법에 걸쳐 이론과 경험적 연구결과를 통합하는 것이다. 따라서 여러 학문분야 연구자가 함께 작업하는 것은 특히 가치가 있을 수 있다."6) 보고서는 이러한 상황이 효과적인 교육 연구자 양성 프로그램에 제기하는 심각한 도전들에 대한 상세한 설명을 담고 있다.

최종적으로, 교육 현상을 이해하는 데 기여하는 다양한 영역과 결합된 이런 연구들의 확산이 교육 연구자를 위한 전문가 훈련의 발전을 특히 어렵게 만든다. 수많은 인식론적 방법론적 틀뿐만 아니라 수많은 주제 영역을 단일 학위 프로그램에서 충분히 포괄하는 것은 거의 불가능하다. 특히 교육분야 학자가 알아야 하는 것과 할 수 있는 것에 대한 합의가 거의 없기 때문에, 교육 연구자의 전문성 개발을 위한 스펙트

럼의 구조화 방법을 개념화하는 것 역시 어렵다. 이들 해결되지 않은 문제들이 고르지 못한 교사 연구자의 양성을 초래해왔다.[7]

요컨대, 교육대학은 연구자 양성과 관련하여 다양한 차원의 딜레마에 직면해있다. 첫째, 고등교육 내에서 교육대학의 낮은 지위로 교육대학은 연구자 양성 프로그램의 학생에게 필요한 전문성을 제공하고 학생들을 교육 연구자 공동체로 끌어오는 데 있어 상대적으로 약한 지위에 놓여있다. 둘째, 교육연구자가 생산해야 하는 지식이 연성적이고 응용적인 특성을 가진다. 이것이 특히 분산적이고 주변적인 교육연구 조직과 결합되어 졸업생들을 교육 연구분야에서 충분히 효과적이고 신뢰롭게 일할 수 있도록 준비시키는 프로그램의 설계를 어렵게 만든다. 셋째, 이 분야의 인식론적 사회적인 복잡성으로, 교육연구자가 탐구의 태도를 명확히 이해하고, 탐구를 위한 다양한 연구방법을 탄탄히 이해하고, 현장에서 이론과 연구결과를 종합하기 위해 다양한 연구자와 함께 일하려는 의지와 능력을 갖는 것이 필수적이다. 이 모든 것이 연구자 양성 프로그램에 대한 보다 큰 압력으로 작용한다. 이 모든 것의 결과로, 우리는 연구자 양성 프로그램이 흔히 우리가 기대한 것에 부응하지 못하고 있다는 것을 알고서 놀라지 말아야 한다.

◆ 논쟁의 초점과 근원

지금부터 미국 교육대학이 교사를 교육 연구자로 양성하는 과정에서 직면하는 독특한 제도적 그리고 인식론적 상황과 관련한 몇 가지 중요한 함의를 탐색한다. 왜 사람과 장소라는 이런 독특한 조합에 초점을 두는가? 교육대학은 교육 연구 분야에서 연구자를 양성할 수 있는 유일한 기관이 아니고, 교사도 예비연구자의 유일한 자원이 아니다. 그러나 교육대학에서 훈련받은 전직 교사가 교육 연구 분야에서 우세하고 따라서 이들의 훈련 과정에서 제기되는 문제를 이해하는 것은 분명히 중요하다. 특히, 두 가지 독특한 전문적 실천의 대표자들인 초·중등교사와 대학연구자가 교육 분야의 연구중심 박사과정 프로그램에서 조우할 때 흔히 발생하는 문화적 충돌에 초점을 둔다. 이런 충돌은 주로 모두를 충족시키기 위해 교사와 연구자 사이에서 잠재적으로 갈등하는 전문적 세계관을 어떻게 조정하고, 그리고 교사가 교사맥락에서 가지는 가치와 기술을 포기하지 않고 효과적인 연구자가 되기 위해 필요한 교육적 경험에 어떻게 합의할 것인지와 같은 문제로 나타난다.

이 장의 논쟁점은 두 가지 상호관련된 자료에서 나온다. 한 가지는 교육대학에서 박사프로그램이 기능하는 구조적 상황에 대한 분석이다. 즉, 앞서 수행한 분석을 계속 하면서, 나는 이러한 박사과정 프로그램의 작동 방식에 영향을 주는 다양한 조건과 제약을 검토할 것이다. 주로 교사와 연구자 간 직무역할 차이와 학교와 대학 간 제도적 차이에 초점을 둘 것이다. 이 글의 논쟁점을 위한 또 다른 중요한 자료는 교육대학에서 연구자를 양성한 필자의 경험이다. 나는 18년 동안 미시간 주립대학교의 사범대학에서 교육과정, 교수활동, 교육정책분야 박사과정 프로그램에 집중적으로 관여해왔다.

교사의 교육 연구자로의 전환: 수월하게 만드는 요인

많은 중요한 점에서, 교사의 교육 연구자로의 전환은 자연스럽고 쉬운 일이다. 예비 연구자로서 교사는 성숙, 전문적 경험, 헌신, 훌륭한 학문적 기술 등 새로운 역할을 위한 이상적인 많은 특징을 지니고 있다.

◆ 성숙

교육분야 박사과정 학생은 성인으로, 이것이 다른 분야 박사과정 동료들과 구분되는 결정적인 한 가지 특징이다. 미술과 과학분야 학생은 흔히 학사학위를 마친 후에 바로 박사공부를 시작한다. 그러나 교육분야 학생은 전형적으로 초등학교 혹은 중등학교 교사로 적어도 처음 몇 년을 보낸 뒤에야 이러한 단계에 입문한다. 전국적으로 다른 분야의 경우는 35세 이상이 졸업생의 29%이지만 교육(석사학위와 박사학위) 분야는 49%이다.[8] 박사학위자의 연령(중간값)은 경영분야 36세, 인문학 35세, 사회과학 34세, 생명과학 35세와 비교하여 교육분야는 44세이다.[9]

교육분야 박사과정 학생은 이미 성인으로 삶을 살아왔다. 그들은 좋은 학생이 되는 것보다 다른 것을 하면서 적어도 일정 시간을, 대체로 많은 시간을 보냈다. 그들은 대체로 교사로서 경력을 쌓아 왔고, 그 과정에서 성인으로서 삶의 경험을 쌓고 의무를 다해왔다. 그들은 흔히 연금 계획, 자동차 할부, 모기지론을 가지고 있다. 대개 결혼을 하였고, 아이들이 있다. 또는 대학원 재학 중에 결혼하고 아이가 생기기 시작한다. 이 모든 것이 박사과정 연구 경험에 특별한 영향을 미친다. 관성이나 회피로 대학원에 진학한 미술과 과학분야 동료들과 달리, 교육분야 박사과정 학생은 담임교사 경험을 가진 역동적인 경력의 초기 혹은 중간 단계에 계획된 과정으로 박사프로그램에 진학한다. 그들은 흔히 교수와 같은 연령의 성인으로 학생이라는 이유만으로 어린아이처럼 취급받는 것을 원치 않는다. 그 결과 교육분야 박사과정 학생은 자신의 필요를 구현할 프로그램을 기다리는 대신에 박사과정 프로그램을 책임지고 자신의 필요를 뒷받침하게 만들 가능성이 있다.

◆ 전문적 경험

교육분야 박사과정 학생은 경력을 가진 담임교사와 학교행정가로서 박사과정 프로그램에 풍부한 직업적 전문성을 가지고 온다. 대학의 다른 학문분야 박사과정생과 달리, 이들은 박사과정 프로그램에서 연구 대상에 대한 추상적 개념 그 이상을 가지고 있다. 이 프로그램에서 이들의 연구는 초등과 중등교육에서의 집중적이고 광범위한 참여 경험에 기반을 두고 있는데, 이것이 학부전공과 다른 학문분야의 일상적인 박사학위 과정에서 획득될 수 있는 것보다 연구 대상에 대한 감각을 학생에게 훨씬 더 풍부하게 제공한다.

교사는 책을 읽거나 관찰하는 것으로는 포착할 수 없는 하나의 제도로서 교육의 폭, 깊이, 복잡성에 대한 감각을 가지고 있다.[10] 이것은 이들이 박사학위 과정에 자료 저장고를 가지고 온다는 의미이며, 이들은 박사과정 연구에서 접하는 이론의 유용성과 타당성을 평가하는데 이 자료 저장고를 활용할 수 있다. 비록 이들이 교육에 대한 이론화에는 신참이지만 이론화 대상인 교육현장에 대해서는 오랜 경험을 가지고 있다. 크론바크(Cronbach)와 수페스(Suppes)는 전국교육아카데미(National Academy of Education)의 교육 연구에 대한 1969년 보고서에서 비교사출신을 교육 연구자로 모집하는 것에 찬성하였다. 그러나 이들조차도 비교사출신 교육 연구자 모집은 학교단위 실습과 광범위한 교실 관찰과 같은 방법을 통한 학교에 대한 교사의 지식 수집이 필요할 것이라는 점을 인정하였다.[11]

교사와 행정가들 역시 교육이 잘 이루어지고 잘 이루어지지 않는 것에 대한 그럴싸하고 전문적으로 검증된 지식을 박사과정에 가지고 온다. 이들은 연구대상 기관에서 무슨 일이 일어나고 있는지에 대한 감각을 가지고 입문한다. 이것은 이들이 이미 알고 있는 것을 설명해 주는 박사과정 프로그램보다는 실천자로서 이미 검토하기 시작한 논쟁점들을 학자로서 계속 탐구할 수 있는 박사프로그램을 원한다는 것을 의미한다.[12]

◆ 교육에 대한 헌신

여러 학문 분야의 박사과정 프로그램은 연구가 가치가 있다고 학생을 설득하는 것이 중요한 과업이다. 물론 이들 스스로 그 분야의 박사과정 프로그램을 선택한 것이므로 이들은 이미 연구대상에 대해 관심을 가지고 있다. 그러나 이들이 이런 지적 작업을 호기심의 대상 혹은 개인적 표현 방식 이상으로 생각하지 않을 수도 있다. 그 결과, 박사과정 프로그램은 직업으로의 입문과정을 제공해야 하고, 이런 직업의 중요성을 강조하는 것이 이 과정의 핵심이다. 교육현장 출신 학생은 현장에서 이미 철저하게 시간과 노력을 쏟아왔기 때문에 교육분야 박사과정에 입문하도록 하는 것이 역사 또는 영어분야보다는 덜 어렵다.

교육대학 박사과정 신입생의 가장 두드러진 특징은 교육에 대한 열정적인 헌신이다. 학생들은 국가와 아이들의 미래가 학교에서 이루어지는 교수학

습의 질에 달려있다고 확신한다. 그 결과, 박사과정 프로그램 학생들의 목적
은 추상적인 질문을 탐구하거나 종잡을 수 없는 생각을 따르는 것이 아니다.
그보다, 이들의 관점에서, 박사과정 학생으로서, 그리고 이후 교사교육자와
교육학자로서 이들의 사명은 분명히 학교개선에 있다. 이런 강력한 신념이
교육대학 교수가 박사과정 프로그램을 개설할 수 있는 풍부한 원천이 된다.
학생은 이 프로그램에서 연구 대상에 몰두하고 열렬히 헌신한다. 나중에 살
펴보겠지만, 이들 헌신적인 실천가를 실천적인 학자로 훈련하는 프로그램에
는 역시 심각한 어려움이 있다.13)

◆ 훌륭한 인지적 기술

비록 사회과학 분야 학생만큼 아주 높은 성적은 아니지만 교육분야 박사
과정 학생은 훌륭한 인지적 기술을 가지고 있는 경향이 있다. 대학원입학학
력시험(GRE) 성적을 살펴보자. 1995년과 1998년 사이에, GRE 시험에 응시
한 학생의 평균 점수는 472(언어), 563(수리), 547(분석), 총점 1,582점이
다.14) 예비교사의 평균은 445/507/533, 총점 1485점으로, 가장 비교할 만한
분야인 사회과학분야를 포함하여 자연과학, 물리학, 공학, 인문학, 그리고 경
영학 등의 다른 전공 분야 학생보다 낮다. 사회과학 분야 학생은
481/531/555으로 총점 1,567점이다. 그러나 이것은 적절한 비교가 아닐 수
있다. 미국교육평가원(ETS) 자료는 대학 졸업 2년 이내에 시험을 치룬 학생
에 대한 분야별 점수만을 보여주기 때문이다.15) 그러나 교육분야 박사과정 학
생은 프로그램에 들어갈 때 다른 박사과정 프로그램 학생보다 이미 약 10살
정도 더 많기 때문에 흔히 대부분 대학 졸업 후 2년 이후에 시험을 보게 된다.
다행히, <유에스뉴스(U. S. News)>와 <월드 리포트(World Report)>덕분
에, 우리는 명문 교육대학 박사과정 학생의 평균 GRE 점수를 알게 되었다.
매년 잡지는 평균 GRE 점수를 기준으로 미국에서 상위 50개 교육대학을 제
시한다. 이들은 2000년 순위에서 53개 기관을 열거하였다(50개 순위에 4개
학교가 동점이었다). 1999년에 이들 학교에 입학한 학생의 평균 GRE 점수는

522(언어), 577(수리), 583(분석)이고 총점 1,682점이었다.[16] 학사학위를 받고 2년 내에 시험을 치른 교육분야 학생의 평균보다 200점이 높았고 그 시점에 시험을 치른 전체 학생의 평균 점수보다 100점이 높았다.

그러나 질적 수준이 상이한 여러 대학원 프로그램에 지원하는 학생과 최상위 교육대학에 입학허가를 받은 박사과정 학생을 비교하는 것이므로, 이러한 비교는 매우 공정하지 않다. 문제는 <유에스뉴스>가 명성만으로 사회과학 프로그램의 순위를 결정하고, 그래서 이들 프로그램의 GRE 점수를 기록하지는 않는다는 점이다. 그래서 사회과학 분야 학생을 위한 비교가능한 자료가 없다. 하지만, 내가 하고 싶은 말은, 교육분야 박사과정 학생이 사회학 혹은 심리학 분야 학생보다 더 똑똑하다는 것이 아니라, 단지 일반적으로 교육자에 대한 나쁜 명성에도 불구하고 그들이 우둔하지는 않다는 것이다. 그리고 <유에스뉴스>의 자료가 보여주는 교육분야 학생이 사실 나의 목적에 비추어 볼 때 가장 관심이 가는 그룹이다. 매년 미국 교육분야 박사학위자의 거의 절반을 상위 53개 교육대학(약 750개 기관들 중에서)이 배출한다(6,600명 중에 3,100명).[17] 이들 상위 학교가 배출하는 박사학위자가 지나치게 많다는 것보다 더 중요한 사실은 이들 학교가 국가의 교육 연구자와 교사교육자들을 양성한다는 사실이다. 이 학교들은 연구 생산성과 교육 연구자와 교수의 학문적 준비에 초점을 두기 때문에 주로 상위권 수준의 지위를 차지하고 있다.

따라서, 전반적으로 교육분야 박사프로그램 학생이 심각한 문제에 직면한다면, 그것은 그들이 학문적 능력이 부족하기 때문도, 헌신, 경험, 혹은 성숙도가 부족하기 때문도 아니다. 그보다, 이들 문제는 두 가지 독특한 전문적 문화 간의 잠재적 충돌에 의해 야기된 것이다.

교사에서 연구자로의 전환: 어렵게 만드는 요인

교육분야 박사과정 프로그램에서 교수와 학생은 두 가지 문화적 갈등에 직면할 수 있다. 하나는 실천으로서의 교수활동의 성격과 실천으로서의 교육연구의 성격에서 비롯된 잠재적인 세계관의 차이에서 발생한다. 또 다른 하나는 한 사람이 효과적인 교육 연구자가 되는데 필요한 교육의 형태를 둘러싼 다툼에서 발생한다. 이제 이런 잠재적 갈등의 영역들 각각을 살펴보자.

◆ 교사와 연구자의 갈등하는 세계관의 문제

3장에서 보았듯이, 교수활동은 어렵고 독특한 형태의 전문적 실천으로 이것이 교직을 효과적으로 수행하도록 학생을 준비시키는 프로그램에 심각한 문제를 제기한다. 그와 동시에, 그리고 동일한 이유로, 이러한 교수활동의 성격이 교사를 효과적인 연구자로 전환시키는 프로그램을 곤란하게 만들 수 있다. 그리고 이런 전환이 교육 연구를 매우 어렵게 만드는 제도적 그리고 인식론적 문제(우리가 4장에서 살펴본 것처럼)에 의해 어려워질 수도 있다. 교사와 연구자는 두 가지 매우 상이한 제도적 맥락(공립학교와 대학)에 있는 자신을 발견할 뿐만 아니라 각자의 역할 수행과정에서 접하는 독특한 실천의 문제에서 비롯되는 굉장히 대조적인 세계관을 가지는 경향이 있다. 따라서, 교사의 연구자로의 전환은 박사과정 학생에게 교육자로서 교육과 자신의 일을 바라보는 방식에 있어 잠재적으로 과감한 변화를 요구한다.

안나 뉴만(Anna Neumann), 애론 펠러스(Aaron Pallas), 페네로프 피터슨(Penelope Peterson)은 교사와 연구자 양성 박사과정 프로그램 간의 이런 "인식론적 대립"에 대한 풍부한 분석을 제공한다.[18] 박사과정 프로그램에서 교사로서 겪은 자신의 경험과 교사에서 연구자로서의 전환을 경험하고 그 반응을 기록한 두 교사의 사례에 대해 기술하면서, 저자들은 이러한 대립을 특징짓는 세 가지 차원의 긴장을 규정한다.: "하나는 누구의 질문인지와 관련된 의제의 긴장이다. 연구자의 질문인가 실천가의 질문인가. 또 다른 것은 교육 현상에 대한 이해가 학문적 교과에서 그리고 교육자에서 나오는 방식을 고찰하는 관점의 긴장이다. 세 번째는 교육 현상의 연구에 있어 연구자의 공적·지적 이해관계자의 상호작용을 검토하는 교육분야 주요 이해 당사자들에 대

한 대응(그리고 책임)의 긴장이다.[19]

이제 교육분야 연구훈련 프로그램에서 이들 긴장의 근간이 되는 핵심 요소들, 즉 교직과 연구 분야의 상반되는 실천 문화에서 발생하는 요소들을 살펴보려고 한다. 초·중등 교직에서 교육 연구로 이동하는 것은 박사과정 학생에게 규범적인 것에서 분석적인 것으로, 인간적인 것에서 지적인 것으로, 독특한 것에서 보편적인 것으로, 경험적인 것에서 이론적인 것으로 자신의 문화적 지향을 변화시키도록 요구한다는 점을 제안한다. 교수활동과 교육 연구 간 관계를 둘러싼 몸부림과 교육의 사회적 성과를 위한 두 실천가의 도덕적 책임을 둘러싸고 발생하는 힘겨움이 변화에 대한 이들 압력에 내재되어 있다. 이러한 문화적 충돌의 결과로, 박사과정 학생은 보통 박사과정 프로그램이 교육에 대한 자신의 교사기반 관점의 타당성에 이의를 제기한다고 느끼게 된다. 그리고 이들은 보통 제시된 연구기반 관점의 타당성에 이의를 제기하고 훈련 과정의 핵심 요소에 저항하는 방식으로 반응한다.

양 극단에 위치한 두 세계관의 갈등처럼 이런 방식으로 문제를 제시하는 것은 좀 과장된 면이 있다. 그것을 보다 면밀히 들여다보면 이런 이분법은 깨지게 된다. 실제로 수행될 때, 교육 연구는 부분적으로 그리고 그 나름대로 규범적이고 실천적이고 독특하고 경험적이다. 교육분야 박사과정 학생이 이런 점을 알도록 고무하는 것(그리고 교수가 그들 작업의 이러한 측면을 명확히 하도록 고무하는 것)이 교육분야 박사과정 프로그램에서 문화적 갈등을 다루는 첫 번째 단계이다. 최근에 교사와 연구자 사이의 간극을 좁히기 위한 중요한 움직임이 나타나고 있다. 하나는 교사가 자신의 교실에서 발생하는 실천상의 문제에 대해 연구하고 대학교수의 연구와 동일하게 이런 작업의 타당성을 높이도록 교사를 고무하는 것이다. 또 다른 예는 대학연구가 이런 실천의 풍성함과 맥락적 특수성을 포착하는 질적 연구에 대한 의존성을 높이는 것을 통해 교실에서의 교사 실천 문제(교사 사고, 교사 의사결정, 교실 공동체 내에서 교수와 학습의 사회적 구성)와 학교행정에서의 실천 문제에 초점을 두는 것이다.[20]

그러나 교사와 연구자의 세계관 차이는 면밀한 분석 하에 단순히 사라지는 일종의 학문적 이원론이 아니다. 교사를 보다 연구 지향적으로 만들고 연구자를 보다 교수활동 지향적으로 만듦으로써 단지 화해될 수 있는 것도 아니다. 그보다, 이런 문화적 차이는 교사와 연구자가 담당하고 있는 불변하는 과업의 차이에서 발생한다. 이들 두 역할 담당자들은 굉장히 다양한 제약과 인센티브를 이들에게 제시하는 직업적 위치에서 효과적으로 기능하는 방법을 배워야 한다. 결과적으로, 이들의 직무는 이들에게 다양한 직업적 목적, 성공의 정의, 일상, 시간 압력, 내적·외적 보상, 사회적 지위, 사회적 기대, 업무관계, 행정적 영역, 건축학적 환경 등을 제시한다. 이런 서로 다른 입장은 행위자가 추구할 수 있는 행동의 범위와 실천의 방식에 대한 일정 정도의 한계를 설정하기도 하고 일정 정도의 가능성을 가능하게도 한다. 시간에 따른 입장 차이의 지속성이 고정적인 직업 문화로 이끄는데, 이것은 하나의 독특한 세계관으로 통합되는 목적과 실천의 규범들을 의미한다. 요컨대, 입장이 중요하고, 이것이 연구자 양성 프로그램에 입문하는 교사가 두 가지 갈등하는 직업 문화 사이에 걸쳐있는 자신을 발견하게 되는 이유이다. 다음 논의는 교사와 교육 연구자의 작업 상황에서 발생하는 이들 갈등의 근간에 대한 (박사학위 교육자로서 나 자신의 경험에 의해 강화된) 입장의 분석이다.

규범적인 것에서 분석적인 것으로

교실에서 가르치던 교사는 교육에 대해 굉장히 규범적인 관점을 가지고 박사과정 연구에 입문한다. 이러한 관점은 교수활동 실제에 깊이 근간을 두고 있고 필연적으로 가장 최선인 것을 학생에게 행하는 것에 우선순위를 둔다. 결과적으로, 가르침의 요소에는 본질적인 도덕이 있고, 우리로 하여금 가르침을 알렌 톰(Alan Tome)이 말하는 "도덕적 기예"로 생각하게 한다.21) 이것은 기술이 중요하지 않다는 것을 의미하는 것이 아니다. 교사는 교육이 효과적으로 이루어지고 있는지 그렇지 않은지를 밝히기 위해 자신들의 경험을 살피는 데 많은 시간을 보낸다. 그리고 많은 사람이 자신의 검증된 수업 기술을 전문성을 과시하는 데 활용할 수도 있다. 그러나 도덕적 요인은 여전히 교육의 핵심이다.

이것의 주된 이유는 대부분의 전문직과 달리 교사는 고객이 설정한 목적의 달성을 위해 자신의 전문성을 발휘하는 것이 아니기 때문이다. 법률가, 의사, 혹은 회계사는 이혼소송을 진행하고, 세균 감염을 방지하고, 세금 납부를 최소화하는 것과 같이 고객이 수립한 목적을 달성하도록 돕기 위해 고용된 사람이다. 그러나 교사는 자신의 삶에 교사가 개입하는 것을 요청하지 않았고 어쨌든 선택을 하기에는 너무 어린 것으로 여겨지는 학생에게 행동과 기술, 지식을 주입하는 일을 한다. 학생들이 원하는 것을 제공하기보다는 오히려 학생을 변화시키려고 함으로써, 교사는 자신이 안내한 변화가 실제로 학생의 이익에 부합하고 단순히 개인적 기분이나 개인적 편의의 문제가 아니라는 것을 확실히 하기 위해 수많은 도덕적 책임을 떠맡는다. 그리고 교사의 교실에서 학생의 출석이 의무라는 사실에 의해 이러한 책임은 가중될 수 있다. 교사는 학생에게 특정 교육과정을 강요할 뿐만 아니라 학생의 자유를 부정하기도 한다. 도덕적 함의는 명백하다. 만약 학생의 자유를 제한하려고 한다면, 아주 바람직한 근거가 있어야 한다. 학생이 궁극적으로 이익을 얻고 이 이익이 그것을 얻기 위해 사용된 강압적인 수단을 정당화할 수 있을 만큼 충분히 크다는 것을 보여줄 수 있어야 한다.[22]

하지만, 교수활동이 가치있는 결과물을 산출하는데 초점을 둔 굉장히 규범적인 실천인 데 반해 교육 연구는 타당한 설명을 산출하는 데 초점을 둔 명백하게 분석적인 실천이다. 교육 연구자의 사명은 학교가 잘 작동하는 방식과 그렇지 않은 방식을 이해하는 것이다. 학문으로서 연구를 수행하는 목적은 교육실천의 문제를 개선하는 것이 아니라 이러한 문제의 본질을 보다 충분히 이해하는 것이다. 학자가 자신이 연구하는 문제를 둘러싼 도덕적 문제에 대해 무관심하거나 그들의 작업으로부터 발생하는 실천상의 함의를 무시한다는 것이 아니다. 보통 도덕적 문제(예를 들어, 소수집단 학생의 교육적 실패의 높은 비율)는 학자가 특정 연구 프로젝트를 추구하기 위한 초기 동기를 제공한다. 그리고 보통 학자는 연구결과에 따라 교육 개선 조치를 취하도록 실천가와 정책결정자들을 고무한다. 하지만, 학자로서 그들의 주요 책임은 교육 문제에 대한 지적 작업을 하는 것이다. 이들은 교육실천의 순기능과 역기능, 원인과 결과에 대한 논점을 명확화하고 타당화 한다. 학자로서 교육담론에 이들이 특별히 기여하는 것은 의미있는 논쟁점을 개발하는 것이다. 그리고 학자들은 실천상의 문제와 이들 문제가 발생하는 맥락의 성격에 대한 심도깊고 수준높은 이해가 없이는 실천상의 문제를 고칠 수 없다는 도덕적 토대에 기반하여 이러한 목적을 추구한다.23)

그러나 학자의 분석적 작업이 도덕적 행동 범주에 푹 빠져있는 실천가에게 그 진가를 인정받기는 쉽지 않다. 교육분야 박사과정에 입학하는 교사는 자신의 방식과 굉장히 다를 뿐만 아니라 도덕적으로 의심스러워 보이는 전문적 실천의 방식을 채택하도록 요구받고 있는 자신을 발견하게 된다.

교사의 관점에서 교육에 대한 학문적 접근은 학생의 성취에 대해 냉담하고 터무니없이 무심해 보일 수 있다. 교사가 초등학교와 중등학교 교실에서 학문적 연구에 필요한 분석적 거리를 유지하는 것이 (행동에 대한 즉각적인 요구를 감안한다면) 실제 가능하지 않을 뿐만 아니라 (옳은 일을 하라는 학생의 요구를 감안한다면) 도덕적으로 옹호될 수 있는 것도 아니다. 그러나 교육학자는 초·중등학교 학생에 대한 직접적인 책임에서 자유롭다. 교사와 달리 그들은 무엇을 해야 하고 어떻게 해야 하는지에 초점을 두는 대신에 무엇이 이루어지고 있고 왜 이루어지고 있는지에 주의를 기울일 수 있는 시간과 공간이 있다. 동시에, 학생에게 의미있는 일이 일어나게 하는 교사의 전문적 권위와는 대조적으로 학자는 교실에서 교수와 학습에 대한 타당한 설명을 하는 학자의 전문적 권위에 의해 제약을 받는다.

그 결과, 교육분야 박사과정 프로그램 학생은 교수활동을 분석대상으로 주목하라는 교수의 압력에 저항할 수 있는 교육에 대한 규범적 관점을 가지고 입문하는 경향이 있다. 교수는 교사의 관점에서는 매우 의심스럽지만 신진 학자에게는 필수적인 방식으로 생각하고 행동하도록 학생에게 요구한다.

예를 들어, 교육 문헌을 광범위하고 집중적으로 읽고, 이런 문헌의 아이디어를 비판하고 종합하고, 교육적 쟁점에 대한 설득력 있는 주장을 개발하고 이들 주장을 타당화하기 위해 데이터와 논리를 활용하도록 한다. 교실이 난장판이 되는 상황에서 이 모든 것은 박사과정 학생에게 지적 장난처럼 보일지도 모른다. 두 아이가 교실 뒤편에서 싸우고 있는 상황에서, 교사는 싸움꾼들을 떨어뜨려놓기를 원하는 반면, 학자는 이러한 갈등의 사회적, 심리적, 경제적, 교육학적 원인을 꼼꼼히 따져보기를 원한다. 그런 상황에서 교사가 보통 교육학의 분석적 실천을 아우르기를 꺼린다는 것은 놀랄만한 일이 아니다. 교사가 교실에서 일을 바로잡는 것보다 그들의 머릿속을 정리하는 것에 더 낮은 우선순위를 두는 것은 당연한 일이다.

내 경험상, 이런 거부감이 보통 문제를 설명하기에 앞서 실천상의 해결책을 탐색하면서, 실제가 어떠한가에서 어떠해야 하는가로 교육에 대한 담론을 변화시키도록 교육분야 박사과정 학생을 이끈다.[24] 초반에는 여전히 문제에 개입하고 문제를 해결하려고 하거나, 실수하는 교사의 행동을 비난한다. 또한, 교육적 성공 스토리를 중심으로 자신의 연구를 설계하도록 박사과정 학생들을 이끈다. 교육 개선을 약속한 방안들(새로운 교수법, 교육과정 접근, 수업기술, 개혁 노력, 혹은 행정적 구조)을 선택하고 실제로 그것을 연구하는 것이 연구 아이디어이다. 기대하는 결과는 방안이 더 효과적으로 작동하는 것이다. 그리고 연구의 목적은 이것을 문서로 작성하고 그 접근이 앞으로 어떻게 개선될 수 있는지를 제안하는 것이다. 이것은 보통 터무니없이 비현실적이고, 때로는 모든 교육적 문제를 해결할 수 있는 실행가능한 답이 있고 늘 조력이 제공된다는 점을 제안하는 코믹하고 낙관적인 학문적 접근으로 이끈다.

그러나, 교사는 대상을 규범적으로 보고 연구자는 분석적으로 본다고 주장하면서 교사는 생각하지 않고 연구자는 교실에 관심이 없다고 주장하려는 것이 아니다. 교사는 늘 수업 실천의 효과성을 평가하고 이들 실천을 적절히 조정한다. 이런 분석적 요소를 공식화하고 확장하려는 움직임들이 있다. 교사연구[25]와 현장연구[26] 모두 교육학 분야에서 새로운 영역을 구성하는데,

이것은 자신의 실천 맥락에서 체계적인 연구를 수행하도록 고무함으로써, 동시에 분석적 관점이 주를 이루는 대학 연구자의 연구물에 보다 규범적 접근(실천가의 목적과 문제에 토대를 둔)을 주입함으로써 교사와 다른 실천가들 사이에서 교육에 대한 보다 분석적인 접근을 촉진한다. 상호보완적으로, 연구자는 주로 학교를 개선하려는 도덕적 책임을 가지고 학문을 추구하도록 동기화된다. 연구자는 빈번하게 연구와 개발 노력을 연계하고, 그 과정에서 학교 학생의 가능성을 향상시키고 이런 노력의 효과성을 분석할 수 있는 교육과정과 교수학의 형태를 설계한다. 무엇보다, 이것이 교육과 같은 응용학문 분야에서 학문을 한다는 뜻이다.

하지만, 교사와 연구자가 수행하는 일의 특성 차이가 서로의 관점을 채택하기 위해 어느 정도 이동할 수 있고 이동해야만 하는지, 그리고 교육분야 박사과정 프로그램의 연구자 양성에 있어 두 관점을 얼마나 조화시킬 수 있고 조화시켜야 하는지에 대한 한계를 설정한다. <교육연구자>의 최근 논쟁에서 앤더슨(Anderson)은 교사와 연구자 간 격차를 메우기 위해 교사연구를 교육분야 박사과정에서 핵심 요소로 활용할 것을 제안한다.[27] 반면 메츠(Metz)와 페이지(Page)는 교사와 연구자 역할의 근본적인 차이를 지적함으로써 이러한 접근을 받아들이는 것에 대해 경고한다.[28] 연구는 교수의 일로 규정되지만 교사의 일로 규정되지는 않는다는 문제가 있다. 대학교수라는 지위는 교수에게 시간과 공간을 제공하고 연구의 양과 질에 대한 기대를 설정하고 보수와 승진으로 이러한 기대들을 강제한다. 이런 조건들의 어떤 것도 초·중등학교 교사에게 제시되지 않는다. 교사의 일은 배정된 학생에게 효과성의 적절한 수준에서 요구된 교육과정을 가르치는 것이고 이것은 연구를 수행할 시간을 허용하지 않는다. 이러한 상황에서, 교사는 그들의 현재 일에 연구를 하나 더 추가할 때에만 연구를 수행할 수 있다. 그들은 이미 많은 업무를 수행하고 있기 때문에 불공정한 부담을 지는 것이다. 혹은 그들이 자신의 교수활동을 희생하면서 연구를 수행한다면, 그것은 그들의 학생에게서 교육적으로 불공정성을 초래하는 것이다. 따라서, 현실적으로, 도덕적이고 직업적 차원의 제약들은 교사가 연구에 헌신할 수 있는 시간과 지적 노력을 제약한다. 결론적으로, 메츠와 페이지는 다음과 같이 주장한다. "대부분의 사람은 어느 것 하나도 제대로 잘 하기 어렵다. 그러면서 초·중등학교에서 필요한 교수활동 및 행정적 노력과 전문적 자질과 연구를 위해 요구되는 노력과 전문적 기술 모두를 이들 학생(교육분야 박사과정 학생인 전임 교사)이 질적 저하 없이 충분히 잘 성취할 수 있다고 주장하는 것은 무례한 것이 될 것이다."[29] 교사가 교육분야 박사과정 프로그램을 통해 연구자로 전환하는 것은 직업적 역할에 있어 주요한 변화를 조성하고 동시에 전문적 우선순위에 있어서 변화를 요구한다. 이것은 규범적인 것에서 분석적인 것(그리고, 아래 논의되듯이, 인간적인 것에서 지적인 것으로, 독특한 것에서 보편적인 것으로, 경험적인 것에서 이론적인 것)으로 강조점에 있어서의 변화로 반영된다.

인간적인 것에서 지적인 것으로

교수활동은 규범적 실천일 뿐만 아니라 특성상 굉장히 인간적 활동이다. 핵심적으로, 교수-학습은 교사, 학생, 교과에 관한 것이다. 학생이 교과와 지적 관계를 추구하는 데 있어 흔히 교사와 학생의 개인적 관계의 질이 핵심이다. 결과적으로, 우리가 제3장에서 보았듯이, 학생과 관계하는 능력은 교사에게 필수적인 기술이고, 아를리 호크쉴드(Arlie Hochschild)가 일명 "감정노동"[30]이라고 말한 특징을 띤다. 교사가 자신을 좋아하도록 하는데 성공한다면, 아마 교사가 가르칠 교과를 학생은 좋아하게 될 것이다. 혹은 배움에 대한 사랑까지는 아니더라도 교사를 기쁘게 해주고 싶은 욕망에서, 적어도 교사가 교실에서 가르치려고 하는 일종의 학습에 학생은 보다 쉽게 동조할 것이다.

학생과의 관계를 증진시키는 이런 전문성을 중요시 하는 것이 교사가 박사과정 연구에 가지고 오는 세계관의 핵심 요소이고, 이들이 박사과정 연구에서 조우하는 학문의 세계관과 어느 정도 인지적 부조화를 만들어 낼 수 있다. 교육 연구자는 필연적으로 상당한 정도로 연구의 주요 대상으로서 관계에 초점을 둔다. 관계가 학습과정에서 가지는 중요성에 비추어 볼 때, 연구자가 초점을 두지 않을 수 없다. 그러나 교육 분야의 다른 실천과 학문을 구분하고 학문에 가치를 부여하는 것은 관계가 아니라 아이디어이다. 책, 논문이나 연구보고서와 같은 학문적 작업의 질적 수준은 아이디어의 질로 측정된다. 우리가 학문적 문헌들을 평가하기 위해 사용하는 기준은 이런 사실에서 나온다. 예를 들어, 여기 내가 박사과정 학생에게 그들이 읽은 자료를 비판적으로 분석하는 데 활용하게 한 질문과 그들이 작성한 글을 평가하는 데 활용하는 질문이 있다.

- 핵심이 무엇인가요? (이것은 분석/해석의 문제다: 저자의 관점은 무엇인가?)
- 새로운 것은 무엇인가요? (이것은 부가가치 문제다: 저자는 우리가 알지 못하는 것에 어떠한 기여를 하는가?)
- 누가 말하나요? (이것은 타당성 문제다: 그 주장은 무엇(자료, 문헌)에 기반하고 있는가?)
- 누가 신경쓰나요? (이것은 의미 문제다: 이 작업이 할만한 가치가 있는가?, 중요한 것에 기여하는가?)

교사는 박사과정 공부에 입문하면서 이런 유형의 분석적 수행 기준을 접한다. 이들 기준에 맞추어 아이디어를 소비하고 생산하는 능력에 따라 그들이 교육 현상에 대해 읽고, 쓰고, 이야기하는 방식이 평가된다. 교육 아이디어를 다루는 것에 대한 일관된 초점은 개인적 관계 다루기를 중요시하는 교사 자신의 강렬한 경험과 극명히 대조를 이룬다. 박사과정 연구는 교사에게 교육에 대한 접근을 규범적인 것에서 분석적인 것으로 변화시키고 인간적인 것에서 지적인 것으로 변화시키도록 요구하기 때문이다. 교수활동의 아주 본질적인 특징인 이런 인간 중심 기술이 박사과정 프로그램에서 무시되는 것 같다. 인간 중심 기술은 예를 들어, 학생과 래포를 형성하고, 학생 간의 갈등을 조정하고, 학생을 행복하게 만드는 것과 그들이 학습하도록 고무하는 것

사이의 긴장을 조정하고, 교사 자신의 감정을 효과적이고 자연적인 교사 모습으로 바꾸는 것 등이다. 좋은 교사가 생동감있고 안정감있는 학습공동체를 형성하게 하는 전문적 역량은 굉장히 아이디어 중심적인 세계인 박사과정 프로그램에서 거의 중요시 되지 않는 것 같다.

세계관이 충돌하는 환경에서, 많은 전직 교사가 박사과정 프로그램에서 접하는 지적 관점을 취하는 것에 저항하는 것은 놀라운 일이 아니다. 교육에 대한 학문적 접근은 초·중등학교 교실에서의 생생하고 감정적 상호작용의 세계와 거의 연계되지 않은 채 냉정하고 비인간적이라는 특징을 보인다. 이러한 특징을 알고서 많은 전직 교사는 흔히 (나의 경험상) 교육분야 학자가 되기 위해 필요한 지적 기술을 받아들이는 데 주저한다. 지적 관점의 채택은 교수활동에 대한 교사의 관점을 훼손하는 것처럼 보이고, 교사와 학생을 사람이 아닌 추상적인 아이디어가 지배하는 세계에 갇힌 행위자로 전환시키는 것처럼 보인다.

독특한 것에서 보편적인 것으로

하나의 실천행위로서 교수활동의 규범적이고 인간적인 특성은 독특성에 대한 강조와 밀접하게 관련되어 있다. 모든 좋은 교사가 알고 있듯이, 개별 학생의 독특한 학습욕구를 고려하지 않고서는 효과적으로 가르칠 수 없다. 교수활동의 일반적 규칙은 크게 도움이 되지 않는다. 모든 사례가 다르기 때문에 예외가 표준이다. 이 차이는 학생의 심리학적 기질, 사회적 배경, 경제적 상황, 민족성, 젠더, 문화적 자본, 사회적 자본, 가족 내 역할 등 학생이 학습과제에 가져오는 다양한 특성에서 비롯된다. 일부는 일반 교육학, 전문가 교육, 교과내용지식, 교수법지식, 교수내용학지식, 그리고 학생만큼이나 교사에게 영향을 주는 개인적 특성 등 교사가 과업을 수행할 때 가지고 오는 독특한 특성에서 비롯된다. 그리고 일부는 학교를 둘러싼 지역사회, 학교 문화, 학교장, 학년, 교과, 교육과정, 교실 공동체, 일과, 학년, 날씨, 그리고 다양한 학습 맥락으로부터 온다.

따라서 교사에게 교육은 항상 사례로 귀결된다. 그러나 교육학자에게 강조점은 사례들을 아우르는 일반화의 개발에 있다. 교육학자는 한 명 이상의 학생 혹은 교실 혹은 학교에 적용되는 교육이 작동하는 방식에 대한 아이디어의 개발을 의미하는 이론화에 목적을 둔다. 물론 모든 교육 연구가 이런 설명에 딱 부합하는 것은 아니다. 특히 많은 질적 연구는 특정 맥락 내에서 교육과정, 관계, 체제를 설명하고 해석하는 데 초점을 둔다. 이러한 작업이 일반화에 도움이 되는 것은 아니다. 그러나 페쉬킨(Peshkin)이 지적하듯이, 우리는 그럼에도 불구하고 "모든 연구를 위한 토대가 되는 훌륭한 기술(description)을 높이 평가한다."31) 그것은 기술적 연구가 교육이 잘 이루어지는지를 이해하는 데 아주 필수적인 교사가 알고 있는 시간, 장소, 사람과 같은 독특한 특성들을 포착할 수 있기 때문이다. 사실 지난 20년 혹은 30년 간 교육분야에서 질적 연구의 빠른 성장을 부추긴 주요 요인 중 하나는 교사와 연구자 모두 (맥락의 중요성을 무시함으로써 교육을 그릇되게 한 연구로 환상이 점점 깨어지면서) 질적 연구방법이 교육의 맥락적 민감성을 표현하는 데 전반적으로 잘 활용된다는 점을 알게 된 것이다. 그러나 여전히 독특한 것에 민감성을 가지면서, 많은 질적 연구는 페쉬킨이 해석, 타당화, 평가라고 부르는 분석의 형태를 추구하기 위해 기술(記述)을 넘어서려고 한다. 이런 실행지침으로, 교육분야 질적 연구자는 무엇보다 설명하고 일반화하고 새로운 개념을 규정하고 이론을 개발하고 이론을 검증하려는 목적으로 단일 맥락을 넘어서고 있다.32)

실천으로서 교수활동의 독특한 성격을 감안한다면, 이론과 일반화에 도달하는 것이 박사과정 프로그램에 있는 교사가 반드시 원하는 것이 아니지만 실제적으로 교육이 필요한 상황에 대한 일종의 추가적인 관점일 수는 있다. 교사가 교육의 독특성을 이해하는 것은 학생의 학습을 성공적으로 이끄는 데 결정적이다. 그러나 교사 실천현장의 독창성이 교사를 잠재적으로 고립시킬 수도 있다. 교사가 특별히 협력적 학교문화에서 일하지 않는다면, 그들은 다른 교사와 학생이 있는 교실을 접근해보지도 못하고 단일 학생그룹과 교실에 국한될 수 있다. 이것은 흔히 그들의 실천이 교사 자신의 상황에서 벗어나 다른 상황에서도 작동하는 집단적 인식에 기반할 수 없다는 것이다. 교사는 또 다른 방식으로 고립될 수 있는데, 굉장히 독특한 실천으로서 교육활동에 대한 자신의 경험에 기반한 인식에 의해서이다. 이로써 교사는 자신의 독특한 교육적 문제를 해결하는데 유용한 교수활동에 대한 보편성(즉, 아이디어, 이론, 실천 방식)이 없다고 깊은 회의를 품을 수 있다는 것이다.

브리츠만(Britzman)과 로티(Lortie) 등이 지적해왔듯이, 외로운 기습대원 (Lone Ranger)과 같은 교사에 대한 인식은 교직에 대한 독특한 자기 이미지이다.33) 그러나 이런 이미지는 (교사를) 허약하게 만들고 잘못되게 할 수 있다. 교사가 전문 직업적 고립 속에서 일하면서 교수법 기제를 재개발하도록 할 수 있기 때문에 (교사를) 허약하게 만들 수 있다. 한 교실에서의 실천 문제는 종종 다른 교실의 실천과 닮은 점을 간과할 수 있기 때문에 잘못되게 할 수 있다. (어떠한 두 가지 사회적 상황도 항상 그럴 수 있듯이) 교실 간에는 사실 차이점이 있을 수도 있고, 유사한 점이 있을 수도 있다. 유사점이 있는 경우, 교사는 자기의 교수법적 필요를 충족시키기 위해 채택하거나 조정할 수 있는 실제를 발견할 가능성이 있다.

여러 맥락에 걸쳐 교육적 과정을 이해할 수 있는 연구결과(개념, 일반화, 이론)를 개발하고 그것을 교사와 다른 실천가에게 제공하는 것이 교육분야 학문이 할 수 있는 전문적 기능이다. 문자 그대로 보편적인 교수－학습에 대해 주장하려는 것이 아니라 그보다 교사가 다른 상황에서 그들이 직면하는 문제와의 유사점과 차이점을 살펴보기 위해 자신의 실천 문제를 들여다볼 수 있는 이론적 거울을 제공하는 것이다. 따라서, 이러한 점에서, 이론은 교사가 자급자족하는 교실 왕국에 의해 종종 거부되는 실천공동체에 접근하게 한다.

경험적인 것에서 이론적인 것으로

앞서 분석에서 언급된 교사 세계관의 마지막 특징은 전문적 경험의 특권적 지위이다. 이것은 실천으로서 교수활동에 대해 우리가 알고 있는 것에서 자연스럽게 나온다. 교사가 일하는 방법(주로, 교육과정 목적을 향해 진지한 개인적인 관계를 관리하는 것에 관련된 특정한 도덕적 실천으로서)을 가르치는 것에 대해 생각해보면, 그러면 실천가로서 교사 자신의 경험이 자연스럽게 전문적 지식의 저장고가 된다. 도덕적 목표에 대한 자신의 개념과 학생과의 개인적 관계에 대한 자신의 스타일에 기반을 두는 한편, 자신의 경험만이 자기 실천의 독특성과 부합한다.

이런 관점에서 교육분야 박사과정 학생은 이론적이고 경험적 연구 문헌에서 접하는 주장들과 적정한 거리를 두게 된다. 왜 그럴까? 학술논문 논의의 어떤 시점에서든, 박사과정 학생은 연구자의 어떠한 주장도 능가하는 예시를 자신의 실무 경험에서 자연스럽게 가져올 수 있기 때문이다(그리고, 나의 경험에서, 흔히 그렇다). 연구자의 자료가 아무리 많더라도 혹은 그들의 주장이 아무리 효과적이더라도, 여전히 교사의 경험이 훌륭히 그 역할을 수행한다. 교사가 자신의 교실에서 최고의 위치에 있는 것과 마찬가지로, 교사의 경험은 교실에서 일어나는 것을 해석하는 토대로서 다른 지식보다 우위를 차지한다. 교사의 관점에서, 연구자는 일반적으로 교수학습의 속성에 대해 자신들이 선호하는 것을 말할 수 있지만, 교사만이 권위를 가지고 학생의 교수학습에 대해 말할 수 있는 전문성을 가진다고 본다.

이러한 관점은 교사를 연구자로 사회화하는 데 있어 분명히 어려움을 발생시킨다. 교육 연구자에게 교사 경험은 교육에 대한 지식의 중요한 원천이지만, 그것이 규범인 것은 아니다. 교실의 내부자이자 핵심 행위자로서 교사 관점에서, 이런 지식의 형태는 강점과 약점을 모두 가진다. 이것은 특정 맥락, 개별 학습자의 특성, 그리고 교사의 목적에 대한 풍부한 지식이기 때문에 굉장히 통찰적이다. 그러나 또한 동일한 맥락, 학습자, 목적에 국한됨으로써 범위에 있어 편협한 특징을 가진다. 연구자와 같은 외부행위자는 교실의 특성에 대해 교사보다 잘 모르지만 그들은 다른 행위자와 상황을 비교함으로써, 그리고 이론의 규범적인 렌즈로 들여다봄으로써 이 특징을 균형있게 볼수 있는 보다 좋은 입장에 놓여있다. 따라서 교육분야 박사과정 프로그램에서 당면한 과제는 학생에게 교육이 연구할 만하다는 것(그들이 이미 믿고 있는)을 설득하는 것이 아니라, (그들이 회의적인 것들에 대해) 연구자로서, 그리고 외부자로서 그것을 연구함으로써 교육에 대해 배울 가치가 있다는 것을 설득하는 것이다.

◆ 문화적 차이 해결하기

교사와 연구자 간 문화적 차이 문제를 해결하는 한 가지 방법은 그것을 명확하게 인정하고 교사출신 학생에게 연구자 관점(교사의 관점을 대체하기보다는 추가하는 것으로)을 채택하는 것의 중요성을 설득하는 것이다. 또 다른 접근은 차이가 보기보다 심각하지 않다는 점과 완전히 반대되는 것이 아니라 전문적 실천에 있어 강조점의 문제라는 점을 보여주는 것이다. 교사와 마찬가지로 연구자 역시 교육적 결과에 도덕적 책임을 가진다. 그리고 교육을 이해하려는 연구자의 과업은 주로 역기능적인 교육의 폐해를 고치려는 열망에 의해 동기화된다. 교사와 같이, 연구자는 자신의 학생과 밀접한 개인적 관계를 형성하고 자신의 교과와도 관계를 형성한다. 박사과정에서 지도교수와 학생의 관계는 특히 친밀하다. 이러한 관계의 복잡성을 관리하는 것은 연구 멘토로서 연구자에게 중요한 기술이다. 교사와 마찬가지로 연구자는 맥락에 연계된 특수주의 속에서 교육을 다루어야 한다. 이것은 연구를 계획하고 연구결과를 설명하는 데 있어 연구자에게 중요한 문제는 일반화하려는 충동과 시간, 장소, 사람에 독특한 사회적 현상에 대한 일반화를 타당화하려는 욕구 간에 균형을 맞추어야 한다는 것이다. 마지막으로, 교사와 마찬가지로 연구자는 중요한 측면에서 개인적이고 직업적 전기(biographies)로 계속 축적한 자기 경험에 기반하고, 자기기록으로서의 전기는 그들의 연구에 강력하고 개인적인 영향력을 발휘한다.

세 번째 접근은 교사와 연구자 간의 문화적 격차를 좁히기 위해 연구훈련 프로그램을 설계하는 것이다. 이 프로그램은 교사가 가져온 기술과 지향에 대한 존경심을 의도적으로 나타내고 이들 프로그램 참여자들이 자의식적으로 교사 정체성을 가진 연구자로서 자신의 역할을 계발하도록 한다. 전문대학원에서의 연구 준비를 높이 평가하는 것처럼, 이것은 이론과 실천을 결합한 혼합 프로그램을 구성하는 것이다. 연구분야에서의 새로운 경력을 위해 교직을 그만두도록 교사를 강제하는 대신에, 실천에 대해 많이 알리는 동시에 교수활동 실천에서 지식을 많이 산출하는 연구 실천으로 그들을 유인하는 것을 추구한다. 이것은 뉴멘, 펄라스, 피터슨에 의해 제안된 교육 연구자 양성 모델이다.[34]

처음 논점으로 다시 돌아가 보자. 교사와 연구자 차이의 문화 격차를 좁히는 것이 가능하고 심지어 유용할 수 있다. 그러나 이것이 이런 격차가 없어질 수도 있다는 점을 함의하는 것은 아니다. 교수활동과 연구는 가치, 기술, 지향에 있어 겹치고, 그러나 관점의 제약, 인센티브, 이들 두 가지 작업 형태의 실천에 근거를 두고 있기 때문에 교수활동과 연구 간의 강조점의 차이는 실제적이고 본질적이다.

◆ 갈등하는 교육적 기대

교육 연구자로서 교사를 양성하는 데 있어 발생하는 또 다른 긴장은 갈등하는 교육적 기대로 인한 것이다. 교사는 전형적으로 교육분야 혹은 교사 자격증과 결합된 전공분야 학사학위와 교육분야 석사학위를 가지고 교육분야 박사과정 프로그램에 들어온다. 그들은 좋은 학점과 좋은 GRE 점수로 자신을 입증하면서 고등교육에서 훌륭한 경험을 하였다. 성공적인 교육경력, 그 분야의 석사학위, 그리고 동일 분야에서의 풍부한 전문적 경험으로, 그들은 박사과정 공부에 바로 들어갈 준비가 되었고 들어갈 수 있다고 생각한다.

그러나 교육대학 박사과정 프로그램의 교수는 이에 동의하지 않는 경향이 있다. 교수의 관점에서, 입학생이 일반적으로 박사과정을 효과적으로 수행하는 데 필요한 교육적 준비가 부족해 보인다. 학생은 똑똑하고, 능력있고, 전문성을 달성하였다고 인정받지만, 그들은 인문교양과목에 대한 이해가 얕고 교육이론과 연구에 대해 잘 모르는 것으로 여겨진다. 학생은 교수가 다음과 같이 말하는 것을 듣고 망연자실해지고 기분이 상하게 된다. 교사 출신 신입생들은 분석적인 글쓰기가 안 되고, 논리적인 주장을 펼치지 못하고, 혹은 비판적으로 읽고 비평하지 못한다. 그리고 미국 역사와 문화, 그리고 사회이론에 대해 제대로 알지 못한다. 또한, 교육분야의 기본적인 쟁점과 기본적 문헌들에 대한 기초적인 지식을 갖추고 있지 못하다. 교수는 앞서 얘기한 학문적 지식과 기술이 교육분야의 효과적인 연구자에게 필수적이라고 말한다. 그러나 학생들은 부정적인 코멘트, 나쁜 성적, 부정적 감정들이 빠르게 쌓이면서, 자기 능력을 의심하는 지경에 이르게 된다. 결국, 학위과정을 때려치우거나 최소한 자기가 불공평하게 대우받고 있다며 불평하기 시작한다.

왜 그런가? 이런 문제를 바라보는 한 가지 관점은 이런 문제를 전문가와 학계의 갈등이라고 보는 것이다. 교수는 향후 교육 연구자를 위한 학문적 박사과정 프로그램에서 성공하는데 절대적으로 필요한 기초학문 내용이 심각하게 부족한, 주로 협소하게 구성된 전문가 프로그램 내에서 학생의 양성이 이루어지고 있다고 불평한다. 그리고 학생은 교육전문가 과정의 박사과정 프로그램에 대한 교수의 비판이 너무 경멸적이며 학문적이라고 불평한다. 즉, 교수의 입장은 지나치게 이론적이고 비실제적이며, 교과서에 국한되고 교육실천의 실제 세계로부터 분리되어 있다고 비판하는 것이다. 그런데, 이들 간의 긴장과 갈등을 바라보는 또 다른 시각이 있다. 즉, 이 현상을 전문가와 학계 간의 갈등이 아니라 교사양성과 교육 연구자 양성이라는 단지 양립하기 어려운 두 가지 전문가 양성 형태 간의 갈등이라고 보는 입장이다. 이 두 가지 프로그램의 형태는 학생을 교사와 교육연구자 각각의 역할을 준비시키는데 좋을 수도 있고 그렇지 않을 수도 있다. 그러나, (두 가지 모두 최근에 구성된 것으로) 교사양성은 교육 연구자 양성을 위한 좋은 기반을 제공하지는 않는다.

어느 쪽이든 간에, 교사가 받는 교육과 이 교사가 교육 연구자가 되기 위해 받도록 기대되는 교육에 서로 불일치가 존재한다. 따라서 이 프로그램의 교수 관점을 취하면서, 교육 연구자 준비 프로그램에서 교사를 교육하는 데에 어떤 문제가 있는지를 좀더 자세히 들여다보자. 이것은 교육분야 연구지향 박사과정 프로그램에 있어 교육적 문제를 이해하기 위한 결핍모델 관점이다. 이러한 관점으로 문제를 검토한 후에, 이 문제가 교사에 대한 부적절한 교육의 결과인지 교육 연구자의 교육에 대한 부적절한 틀의 결과인지를 질문하는 것으로 다시 돌아갈 것이다.

교사를 교육 연구자로 준비시키는 교수의 관점에서, 미국 교사교육은 일반적으로 지적 엄격성과 학문적 풍부함이 부족한 것으로 여겨진다. 이것은 그들이 고등학교와 대학에서 받은 일반 교양교육과 교사교육 프로그램의 전문가 교육, 교육 석사 프로그램의 심화 전문가 교육 등 모든 단계의 교육에 적용된다. 이 세 가지 단계의 교사교육이 연구자 교육과 관련하여 제기한 잠재적 문제들을 살펴보자.

일반 교양교육

대부분의 교사는 교양교육을 풍부하게 받지 않았다. 그런데 대부분의 미국 대학 졸업자의 경우도 마찬가지이다. 처음에 주장한 것처럼, 앞으로 아마 교사는 미국 학부 졸업생 중 가장 높은 성취자도, 가장 낮은 성취자도 아닐 것이다. 계속되는 교사에 대한 대규모 수요로 굉장히 대규모의 학부생을 끌어들이고 있다. 이 때문에, 좋든 나쁘든, 일반적 교사는 평균적인 대학 졸업생과 많이 닮아 있는데, 이것은 학업능력 수준뿐만 아니라 학습의 질의 측면에서도 그렇다.

일반적으로 미국교육체제는 학생의 학습에 주요 강조점을 두지 않는다. 랄프 터너(Ralph Turner)는 고전적 에세이에서 "경쟁 이동성"이라는 원리를 언급하고 있다. 즉, 미국 교육이 이러한 원리를 중심으로 구성된다고 본 것이다. "경쟁 이동성"은 사회적 지위를 위한 공개경쟁을 위하여 학교교육에 대한 광범위한 접근기회를 학생에게 제공하는 것이다. 하나의 결과는 "경쟁 이동성에 따라, 미국의 교육은 사회적 지위 상승의 수단으로서 중요성을 가지지만, 교육내용 그 자체가 높이 평가되는 것은 아니"라는 점이다.[35] 또 하나의 결과는 "학교교육은 실제적인 이익 차원에서 평가되고, 초등학교 단계가 지나서는 주로 직업적인"[36] 경향이 있다는 점이다. 세 번째는 학교체제가 형식주의로 기울어 있다는 점이다. 학교체제는 출석시간을 교육성취 대용물로 사용하는 학점이수 메트릭스를 통해, 학생이 특정 교과에 대해 알고 그것을 배울 기회를 가졌을 수 있다는 점을 보증한다. 이것이 학생들로 하여금 내용보다는 오히려 학습의 상징물(평점, 학점, 학위)에 초점을 두게 한다.[37] 그 결과, 대학 졸업장 소지가 교사 또는 미국의 다른 대학 졸업자가 교양교육을 이수했다는 것을 보증하는 것은 아니다.

초기 전문가 교육

많은 학생들처럼 교사가 고등학교와 대학에서 훌륭한 보편적인 학문 지식의 정수를 습득하지 못한다면, 그들은 보통 교사양성 프로그램 과정 동안 이러한 결핍을 보충할 수가 없다. 우리가 3장에서 살펴본 것처럼 교육 실천을 수행하기 위해 요구되는 기술과 지식의 복잡성을 고려한다면, 예비교사에게 전문가 교육을 제공하는 것은 굉장히 어려운 일이다. 교사교육자는 개별 교과에 대한 깊은 이해, 문화, 언어, 역사, 이론의 광범위한 이해를 학생에게 줄 수 있는 시간뿐만 아니라 학문적 전문성을 가지고 있지 않다. 대신, 기껏해야 교사교육은 교수활동의 실제에 대한 안내를 맡고 대학의 학과에 인문교양교육에 대한 책임을 떠넘기고 있다. 최악의 경우, 그것은 실제 학생들이 다른 곳에서 습득했을 수도 있는 인문교양학습을 프로그램에서 없애고 무시하는 아주 협소하고 실제적인 훈련 방식을 제공하는 것이다.

제임스 커너(James Koerner)의 「미국의 잘못된 교사교육(The Miseducation of American Teachers)」[38]와 리타 크레이머(Rita Kramer)의 「교육대학의 어이없음(Ed School Follies)」[39]은 책 제목만으로 저자의 주장을 쉽게 이해할 수 있다. 비평가들은 이 책에서 교사교육을 조롱하는 재미를 오랫동안 누려왔다. 그리고 이들은 교사교육 교육과정의 지적 차원의 실패에 특별한 주의를 기울였다. 커너가 이 주제에 대해 한 말을 상기해보자. "교육 분야의 교과

과정은 나쁜 평판을 받을 만하다. 이론의 여지없이 그것은 대부분 유치하고, 반복적이고, 둔하고, 모호하다."40) 냉철하고 동정심 많은 관찰자들조차 교사교육 프로그램을 지적으로 풍부하고 보람있는 것으로 특징짓는 데 애를 먹어왔다. 전국 29개의 교사교육 프로그램에 대한 종합적이고 학문적인 연구에서, 존 굿래드(John Goodlad)(이전 교육대학 학장)는 "교사교육 교육과정의 개발은 주로 이루어지지 않고, 불충분하고, 원시적이고, 혹은 이 모든 것이다. 접근가능한 적절한 지식과 강력한 교육과정의 부재 속에, 교사교육자와 교사 모두 직관적이고 실제적인 해석에 맡긴다. 직관은 변덕스럽고 인간에게 부족하기 때문에, 교사교육자와 교사 모두 자신이나 다른 사람을 위해 일하는 것처럼 보이는 것에 의해, 학생으로서 자신의 경험의 일부였던 것에 의해, 잘 포장되고 상품화된 것에 의해, 혹은 권한을 가진 규제 기관이 요구하는 것에 의해 과도하게 영향을 받는다"41)고 결론 내린다.

여러 학과의 박사과정 프로그램 입학생이 학부생이었을 때 훌륭한 교양교육을 받지 않았을 수 있다. 그런 의미에서, 그들이 교육분야에서 대학원 공부를 시작하는 교사보다 자연적으로 교육적 이점을 누리는 것은 아니지만 이 학생들은 많은 교사양성 프로그램이 주는 지적으로 의기소침해지는 경험을 피하는 행운은 누린다. 특히 초등학교 교사의 경우에 굉장히 대비되는데, 이들은 소수의 교양과목을 수강하고 다른 학문분야의 학생보다 얕은 수준의 과목들을 공부했을 뿐이다. 예비 중등교사는 이러한 점에서 중간자 위치를 차지한다. 이들 학생은 보통 학부 때 교과내용을 전공한다. 이들이 초등학교 교사보다 박사과정 연구를 더 많이 추구할 가능성이 있는 주요 이유는 학문의 깊이가 더 깊다는 점이다.

심화 전문가 교육

다른 학문분야 박사과정 학생과 교육분야 박사과정 학생의 교육적 준비와 관련한 마지막 가장 큰 차이는 석사과정 프로그램에서 발견된다. 박사과정 프로그램에 입문하는 것은 보통 그 분야 석사프로그램의 성공적 이수를 가정한다. 이들 영역에서 흔히 대학원 연구는 석사와 박사과정 연구를 단일한 교육과정으로 통합하고, 박사과정 학생이 된다는 것은 논문 혹은 예비시험 혹은 두 가지 모두를 성공적으로 성취한 것으로 설명된다.

하지만, 교육분야에서 석사프로그램은 매우 다른 형태와 기능을 가진다. 대부분 교사는 교육과정과 수업, 혹은 교육행정 분야의 석사프로그램을 거친다. 그런데 석사프로그램은 그 분야의 심화된 학문적 연구를 추구하는 학자의 양성 프로그램으로 설계된 것이 아니라 학교에 계속 머물려고 하는 교육실천가를 위한 프로그램으로 설계된 것이다. 다른 학문분야와 달리, 이들의 목적은 그 분야의 이론적 경험적 문헌에 학생이 몰두하게 하는 것이 아니라 초·중등학교 교사와 행정가들의 실천을 개선하기 위한 전문성을 개발하는 데 있다. 학생은 가장 훌륭한 교육석사 프로그램으로부터 전문가적 실천을 향상시키는 데 필요한 중요한 도움을 받는다. 하지만 그 분야의 학문적 이해를 향상시키는 것과 관련해서는 거의 도움을 받지 않는다. 최악의 경우, 이들은 낮은 학문적 기대에서 비롯된 나쁜 지적 습관 이외에 어떤 것도 얻지 못할 수 있다. 그레샴(Gresham)의 법칙에서 볼 수 있듯, 최악의 석사프로그램이 시장에서 다른 프로그램을 몰아낼 우려가 있다. 많은 경우, 초·중등 교육분야 실천가가 석사학위를 추구하는 주요한 이유는 단순히 직업주의 때문이다. 학위는 자격증에 대한 주정부의 요건을 충족하도록 돕고 보수의 인상을 승인한다(주로 보수를 대학원 학점에 토대한다는 노동조합 계약 때문이다). 이러한 조건으로 인해 고객이 다른 기관에서 더 저렴한 비용으로 학점을 이수할 것이라는 우려 때문에, 교육대학은 거의 지적 요구가 없는 석사학위 프로그램을 제공하는 것에 대한 강력한 동기를 갖는다. 그리고 강좌를 수강하기 위한 온라인 기술은 지금 프로그램이 마을에 걸쳐 한 번에 쉽게 전국적으로 한 기관에 의해 이루어지는 학문적으로 낮은 수준일 수 있다는 것을 의미한다.[42]

이러한 차이가 차이를 만든다. 학생이 박사학위 후보자가 되면, 교수는 학부전공과 학문적 석사 프로그램에서 성취하고 논문과 종합시험에 의해 인정된 그 분야의 학문적 기초를 이수했다고 가정할 수 있다. 그 결과, 박사과정 연구는 특정 분야의 심화 과정, 연구방법 훈련, 논문에 중점을 두기 위해 현장을 조사하고 기초 지식을 전달하는 교육과정을 없앨 수도 있다.

교육분야 교수는 학생의 이전 지식을 거의 염두에 두지 말고 박사과정 프로그램을 만들어야 한다. 그런 프로그램에서 가르치는 사람은 그들의 학생이 인문교양과목에서 튼튼한 토대를 가지고 있다는 것을 가정할 수 없다. 대신, 그들은 광범위하고 기본적인 학습을 전문화되고 심화된 연구 프로그램에 추가하는 방법을 찾아야 한다. 그들 역시 학생이 초기와 심화 전문가 준비 프로그램에서 선택한 교육의 학문적 자료에 대한 탄탄한 배경지식을 가지고 있다는 것을 가정할 수 없다. 그보다 우리는 박사과정 연구의 일부로 학문적 기초를 제공하는 방법을 찾아야 한다. 현장에 기여할 전문화된 분야의 심화된 전문성을 박사과정 학생에게 제공하고, 박사과정 학생들을 학문적 연구 기술로 훈련시키고, 그들이 초기 학문적 산출을 지원하는 프로그램 내에 두 가지 교육형태가 공존해야 한다. 그리고 직업적 변화를 모색하는 중간경력 교사에게 박사과정 연구가 실현가능한 것처럼 보일 수 있도록 총 5년이라는 합리적으로 짧은 기간 동안 성취되어야 한다. 교육분야에서 박사 양성을 어렵게 하는 요인에 비추어 볼 때, 교육분야의 많은 학위논문이 학문적으로 약하고, 교육분야의 많은 신진교수가 연구의제를 설정하느라 고군분투하고 많은 교육 연구가 단순하고 재미가 없다는 것이 그리 놀랄만한 일은 아니다.

교수활동과 연구 간 격차 메우기의 한계

교사는 교육 연구자 양성 프로그램에서 필요한 많은 학문적 지식과 기술을 제대로 갖추고 있지 못한 반면, 교사교육에 대한 기술(記述)은 굉장히 부정적이다. 이러한 관점에서 교육적 결핍이 문제이기 때문에 적어도 이에 필요한 처방은 단기적 교육적 교정을 하는 것이다. 박사과정 프로그램이 활용 가능한 단시간에 가능한 한 부족한 기술과 지식을 많이 주입하는 것이다. 내가 주장해왔던 것처럼 이것은 이들 프로그램이 학생들이 프로그램에서 보내는 시간을 늘릴 수 없기 때문에 특히 녹녹치 않다.

결핍에 대한 또 다른 대응은 보다 일반적으로 미국 대학의 교양강좌를 개선하는 것이다. 교사교육 프로그램을 위한 학문적 풍부함을 제공하고, 학문적 엄격성과 교육 석사학위 프로그램의 깊이를 개선하는 것이다. 하지만, 학부 교육의 질을 개선하는 것은 곤경에 처해 있고 존경받지 못하는 교육대학 교수의 영향력을 넘어서는 만만치 않은 일이다. 그리고 학문적인 내용을 교사양성과 교육 석사학위 프로그램에 주입하는 것은 이들 프로그램의 직업적 목적에 위협이 될 수 있다.

세 번째 접근은 결핍 관점보다는 연구자 양성 프로그램의 학문적 요구에 대한 학생의 비판을 심각하게 받아들이는 것이다. 이러한 접근은 프로그램의 교육과정과 지식의 핵심에 대한 교수의 기대를 재설계하고, 실천으로부터 제기되는 문제와 연구를 연계하고, 학문적 기술과 내용을 다시 강조하면서 학생에게 보다 가까이 다가갈 것을 요구한다.

그러나 가르치는 것과 관련되지만 구분되는 직업상의 실천 프로그램으로서 효과적으로 기능하는 능력이 훼손되고 나서야, 프로그램은 오직 이런 방향으로 이동할 수 있다. 상당한 정도로, 교육 연구에서 성공하는데 요구되는 핵심적인 지식과 기술은 학문적이다. 교수활동, 학습, 학교교육의 타당하고 유연한 연구를 수행하기 위하여, 연구자는 풍부한 개념적 틀을 가져야 한다. 이들은 광범위하고 깊은 역사 지식, 사회의 사회적 제도의 과정과 목적, 그리고 기능들이 필요하다. 그리고 이들은 엄격하고 정확하게 읽고 쓰고 논쟁하는 것이 필요하다.

결과적으로, 박사과정 프로그램은 교사－학생에게 강력한 학문적 연구를 제공하는 것에 대한 책임을 회피할 수 없다. 그러나, 우리가 보아왔듯이, 이 프로그램은 이런 과정을 추구하려는 노력 속에서 박사과정 학생으로부터 많은 저항을 받게 될 것이다. 게다가, 우리가 다음 장에서 볼 것처럼, 이들 프로그램을 구성하는 교육분야 교수는 종종 그 직업에 대한 자격을 제대로 갖추고 있지 않다.

교육대학 교수, 어떤 지위를 차지하고 있나

교육대학 교수, 어떤 지위를 차지하고 있나

지금까지의 논의는 교육대학을 향한 사회적 요구와 그 요구가 충족되거나 충족되지 못했을 때의 사회적 지탄을 포함한 구조적 상황을 살펴보았다.[1] 이런 논의는 교육대학이 직면한 가능성과 한계, 교육대학의 책무, 교육대학을 움직이는 유인책과 방해요인을 이해하는 데 도움이 된다. 그렇지만 이런 구조적 요건이 교육대학을 구성하는 전부는 아니다. 이런 요건은 교육대학이 기능하는 구조의 틀을 규정할 뿐이다. 교육대학이 어떤 방식으로 어떤 이유로 기능하는가를 이해하려면, 교육대학의 구성원과 그들이 어떤 목표를 두고 직무를 수행하는가를 먼저 알아야 한다. 이 장에서는 교육대학의 교수진의 특성과 그들이 직면한 지위 및 직무상의 딜레마, 이 딜레마를 다루는 매우 비효율적인 처치행위들에 대해서 논의하고자 한다. 다음 장에서는 교육대학 교수의 행위 양식을 결정하는 신념 체계와 이들이 자신의 지위를 어떻게 드러내고 받아들이는지를 중심으로 살펴보겠다.

1998년 전일제 교육대학의 수는 전국적으로 약 40,000명이었다. 이 가운데 58%는 여성이고 16%는 유색인이었다. 타학과 교수를 포함한 전국 대학교수는 약 560,000명으로 이 수치를 기준으로 계산하면 교육대학에 근무하는 여성 교수진은 전국 대학교수의 31%, 유색인종 교수진은 15%를 차지했다. 교육대학 중 35%는 교사양성에 직접 참여하고 있었고, 이 가운데 여성

교수진은 64%, 유색인종 교수진은 14%를 차지했다.[2] 교육대학 교수의 연봉은 평균 48,000달러로 타학과 교수의 연봉을 모두 평균한 57,000달러에는 한참 못 미치는 수준이었다. 교수연봉 계산에 포함된 총 10개의 전공 가운데 교육대학과 수준이 비슷하거나 낮은 대학은 인문대(48,000달러)와 예술대(46,000달러) 단 두 곳뿐이었다.[3]

교육대학 교수의 지위가 낮은 이유

연봉과 여교수 비율은 직업군으로서 대학교수가 가지는 사회적 지위를 대변하는 두 가지 지표이다. 이 두 가지를 기준으로 보면 교육대학 교수는 타학과 교수보다 낮은 지위를 가지고 있음이 분명하다. 교육대학 교수의 낮은 지위에는 몇 가지 이유가 있을 수 있는데 그 가운데 교육대학이 등장하게 된 사회적 배경과 교육대학 교수의 학력, 전문적 경험, 연구 생산성 등을 대표적인 요인으로 뽑을 수 있다. 교육대학 교수는 타학과 교수에 비해 저소득, 노동자 가정 출신이 많다.[4] 드샴(Ducharme)과 앤지(Ange)의 연구에 따르면 교육대학 교수 가운데 아버지가 대졸 이상의 학력을 가진 사람은 13%에 그쳤으며 아버지의 절반은 교사 출신이었다.[5] 교육대학 교수는 대부분 집에서 가깝고 경쟁이 덜한 주립대학에 진학해서 졸업 후 교사로 근무한 경험이 있었다. 71%는 초·중등학교에서 일반교사로 일했고, 이 가운데 87%는 3년 이상 근무했다. 상당수는 교사로 재직 중에 교육학석사를 공부했으며 일부는 비전일제로 교육학박사를 취득하기도 했다.

많은 수의 교육대학 교수가 경쟁률이 낮은 대학에서 교육학을 전공했고 교수가 된 이후에도 학계의 변방을 겉도는 경우가 많기 때문에 이들이 "학계의 주변인" 취급을 받는 것은 그리 놀라운 일은 아니다.[6] 연구중심 대학의 문화는 교육대학 교수에겐 낯설고 불편하다. 경우에 따라서는 아예 연구에 손을 놓는 교수도 있고, 연구를 하더라도 수준이 낮은 연구를 하는 정도에 머무는 경우가 많다. 1970년에 출판된 한 연구는 지난 2년간 영향력이 있는 교육학 학술지 26곳 가운데 어느 한 곳이라도 논문을 게재한 교육대학 교수의 실태를 조사했는데 놀랍게도 관련 실적이 있는 교수가 재직 중인 대학은 전국 1,367개 교육대학 가운데 단 19%에 그쳤을 뿐이었다. 2년간 15개 이상의 교육학 학술지에 논문을 게재한 교수가 재직하고 있는 교육대학의 수는 전체의 7%에 불과했다. 학술지에 논문을 게재한 실적이 있는 교육대학 교수가 재직 중인 교육대학은 기껏해야 전체 교육대학의 11%뿐이었고, 이들 대부분은 박사과정을 두고 있는 교육대학이었다. 비교적 연구실적이 좋은 교육대학도, 이 가운데 44%는 다른 연구중심 대학에 비해 실적이 부족했다.[7] 지난 30년간 연구실적에 대한 압박은 전공을 불문하고 모든 대학이 경험했다. 존 굿래드(John Goodlad)의 설문연구에 따르면 교육대학 교수를 향한 연구실적 압박이 분명 증가했지만[8] 타학과 교수를 향한 압박에 비할 바는 못되었다. 1993년 전국고등교육교수설문(National Survey of Post－secondary Faculty, NSOPF)에 따르면 전년도 2개년을 기준으로 교육대학 교수는 평균 2.8편의 학술논문을 출판했는데, 이는 4년제 대학전체 평균인 3.9편과 사회과학대 평균인 4.1편에 비해 턱없이 낮은 수치였다. 교육대학 교수와 출판실적이 비슷하거나 낮은 학과로는 경영대(2.8편)와 예술대(1.5편)가 유일했다.[9] 1988년 이후의 전국고등교육교수설문조사 자료에 따르면 교육대학 교수는 재직기간 중 평균 17.5편의 학술논문을 출판하는데, 이 수치는 전체학과 평균 25.1편과 사회과학대 평균인 24.7편보다 훨씬 적었다. 교육대학 논문 출판 평균보다 낮은 학과로는 경영대와 예술대학뿐이었다.[10]

교육대학 교수에 대한 비난

교육대학에 우호적인 사람도 비판적인 사람도 교육대학 교수가 교수사회에서 낮은 지위를 차지한다는 데는 이견이 없다. 이와 관련해서 <교사교육(Journal of Teacher Education) >[11]의 한 사설에는 다음과 같은 논평이 실렸다. "교육대학 교수는 학계에서 가장 무익한 집단이다. 그들의 연구는 학문적 우수함이 결여되어 있고 수업은 내용이 허술하며 연구의 관심사는 학교의 문제로 국한되어 있다. 교육대학 교수는 인문대를 포함한 타학과 교수보다 수준이 낮다는 세간의 평이 있는데 교육대학 교수가 미치는 학계의 영향력을 놓고 보면 이 주장을 반박하기는 어려워 보인다."12) 교육대학을 옹호했던 하버드교육대학원 학장인 싸이저(Theodore Sizer)와 부학장 파월(Arther Powell)도 비슷한 논지의 주장을 폈다.

학계 고정관념 중 교육대학 교수에 대한 고정관념보다 더 한 것은 없다. 교육대학 교수는 친절하지만 별로 지적이지는 않다. 사람은 좋은 편이지만 지나치게 감성적일 때가 많다. 별로 악의가 없어 보이는 사람이지만 다소 자기방어적이다. 비유하자면 아픈 환자를 두고 우왕좌왕 제대로 된 처방을 내놓지 못하는 우유부단한 의사의 모습과도 같다. 교육대학 교수는 기능장이나 교수학습 "요리책"을 다루는 요리사 같기도 하고, 어떤 면에서는 실속없이 잡담만 늘어놓는 허풍쟁이 같기도 하다. 플렉스너(Abraham Flexner)와 릭오버(Hyman Rickover) 시절에는 '교육대학 교수'라는 말 자체가 유치한 말장난에 불과하다고 믿는 사람도 있었다. 요즘에도 교육대학 교수는 무능하기 짝이 없고 없어져야 할 집단이다라고 주장하는 사람이 많다. 아무리 좋게 말해도 교육대학 교수의 이미지는 바닥을 헤매는 실정이다.13)

1장에서 언급한, 악명 높은 평론가 제임스 커너(James Koerner)는 「미국의 잘못된 교사교육(The Miseducation of America's Teachers)」의 서장에 앞서의 평가보다도 훨씬 더 강도 높게 교육대학 교수를 비난했다.

교육을 업으로 하는 사람이 듣기에 어떨지는 몰라도 교육대학 교수의 무능은 교육학계 전체가 가지고 있는 한계를 여실히 보여준다. 내 생각에 이 사실은 당분간 변하지 않을 것이다. 물론 교육학계에도, 특히 젊은 사람 중에는, 능력있는 사람도 있지만 그래봐야 이들은 전체의 극히 일부에 불과하다. 교육학의 학문적 질을 높여야 한다는 우려가 늘 있어 왔지만 교육학계에는 여전히 반지성주의가 팽배하다.

교육대학 교수 양성과 학문적 자질 향상에 관한 심도있는 논의 없이는 교육학계
의 전망이 매우 어둡다.[14]

교육대학 교수에 대한 연구

교육대학 교수에 대한 부정적인 평가가 넘쳐나지만 이 가운데 신뢰할 만
한 자료는 그다지 많지 않다. 대부분 고등교육 연구가 교육경쟁 사다리의 상
층집단에 집중되어 있는 탓이다. 말하자면 전문대학에 관한 연구보다는 아이
비리그 대학에 관한 연구가 많고 간호학과를 대상으로 하는 연구보다는 의과
대학을 대상으로 한 연구가 많은 것과 같다. 교육대학 교수를 대상으로 하는
연구는 수도 적지만 대개의 경우 교육대학 내에서 출판되는 연구다. 규모가
큰 연구는 주로 전국교육자연합인 파이델타카파(Phi Delta Kappa)가 발간한
「불사조 되기: 교육대학 교수(To be a phoenix: The Education
Professoriate)」[15], 교육대학 교수학회(The Society of Professors of
Education)가 발간한 「교육대학 교수: 요건 분석(The Professors of
Education: An Assessment of Conditions)」[16], 미국교사교육대학연합회
(America Association of Colleges for Teacher Education)가 발간한 「교사
교육에 대한 연구(Research About Teacher Education, RATE)」[17] 조사인
「교사교육: 사실과 통계(Teaching Teachers: Facts and Figures)」가 있다. 그
리고 위즈니우스키(Wisniewski)와 드샴이 편저한 「교사교육 교수: 탐구(The
Professor of Teaching: An inquiry)」[18], 컬럼비아대출판사(Teacher College
Press)에서 출판된 드샴의 「교사교육자의 삶(The Lives of Teacher
Educators)」[19], 그리고 센(Shen)이 쓴 「교육대학: 사명, 교수 그리고 보상체계
(The School of Education: Its Mission, Faculty, and Reward Structure)」[20]가
있다. 교육대학 교수를 대상으로 한 학술연구로는 하위(Howey)와 짐퍼
(Zimpher)가 쓴 논문[21]이 유일한데 그마저도 내용의 깊이가 얕다.

드샴은 교육대학 교수를 주제로 오랫동안 연구해 왔는데 1993년에 쓴 책

을 살펴보면 관련 분야 최신 연구 동향을 이해할 수 있다. 이 책에서 사용된 실증자료나 예시들은 교육대학 교수의 실상을 잘 보여준다. 드샴은 소규모 사립대학 4곳, 과거 공립교육대학 3곳, 종합사립대학 2곳, 그리고 공립특성화대학 2곳[22]을 포함해 형태와 규모가 다른 11개 교육대학에서 34명의 교수를 인터뷰했다. 참가자 전원은 과거 초·중등 교사로 근무한 경력을 가지고 있었다. 이들이 교직에 발을 들이게 된 결정적인 이유로 교육대학 입학이 쉬웠기 때문임을 꼽았다. 남성들의 경우 우연한 기회로 교육대학에 진학했다는 답변이 많았던 반면, 여성들의 경우는 교육대학 이외에 선택지가 많지 않았다고 대답했다. 학생이나 교과목에 대한 열정을 교육대학 진학 사유로 꼽은 참가자는 단 한 사람도 없었다. 가르치는 일에 흥미를 느꼈다고 말했던 참가자도 있었지만, 이들도 결국, 직장에서의 소외감, 자율성 및 성장기회 부족 등을 이유로 교직을 떠나 교육대학 교수의 길로 들어섰다. 교육대학 교수가 된 후에는 가르치는 재미, 학생과 소통하는 보람, 직무 자율성 등의 이유로 직업 만족도가 높았지만, 교육개혁에 보탬이 되기 위해 교육대학 교수가 되었다고 말하는 사람은 없었다. 드샴에 따르면 "대부분 교수는 제자들이 앞으로 근무하게 될 학교를 개선하려 노력하기보다는 제자들이 기존의 학교에서 잘 적응할 수 있도록 지도하는데 열을 올리는 경우가 대부분이었다."[23]

인터뷰에 참가한 교육대학 교수는 연구에 대한 압박을 느낀다고 했지만, 왜 연구를 해야 하는지 교육학 연구가 어떤 가치를 가지는지를 명쾌하게 설명하지 못했다. 한 교수는 "저작활동을 좀 하긴 했죠. 발표자료를 수합하거나 교육대학 교수연합에서 일을 하기도 하고요. 근데 실질적으로 의미있는 일을 많이 하진 못했습니다"라고 털어 놓았다.[24] 대조적으로 다른 한 교수는 "저의 경우 다소 강박적인 데가 있어요. 저술만 해도 250편은 되고 이력서 길이만 25장이 넘어요"라고 말했다.[25] 참가자의 진술을 종합해보면 드샴의 말처럼 "확실한 신념도 없이 서둘러 대충 쓴 교육학 연구에 뭘 기대할 만한 것이 있겠느냐는 세간의 평가"가 옳아 보이는 부분이 있었다.[26] 드샴은 참가자에게 "좋은 교사 혹은 좋은 사람이 되는데 도움이 될 만한 책 3권을 꼽으라면 어떤 책을 고르겠느냐"는 질문을 했는데, 이 질문을 통해 그가 알고 싶었던 것은 교육대학 교수의 지적 흥미도였다.[27] 결과는 참담하게도 교육대학 교수의 빈약한 지적 지향성을 드러내고 말았다. 한 교수는 「맥베스(Macbeth)」를 언급했고 대부분은 「업 더 다운 스테얼케이스(Up the Down Staircase)」, 「퓨처쇼크(Future Shock)」, 「블랙보드 정글(Blackboard Jungle)」과 같은 소설책을 꼽았다. 한 교수는 "직접 책을 읽기보다는 책을 소개하는 글을 많이 읽는다"라고 말했다.[28] 일부는 '에릭 에릭슨(Eric Erickson)이 쓴 책'이나 「블룸북(Bloom)」, '훌륭한 역사서'와 같이 애매모호한 대답을 내놓았다. 어떤 교수는 편람을 꼽기도 했는데 추후에 위트록(Wittrock)이 쓴 「교직연구편람(Handbook of Research on Teaching)」임이 드러났다. 다섯 명의 교수는 몇 분을 고민만 하다 결국, 아무 책도 고르지 못했다.[29]

드샴의 책을 끝까지 읽다 보면 누구라도 교육대학 교수에게 실망하게 된다. 여기에서 한 가지 짚을 점은 드샴이 쓴 이 책도 교육대학 교수가 쓴 연구물 가운데 하나라는 것이다. 역설적이게도 드샴이 쓴 이 책이야말로 교육대학 교수에 대한 독자의 실망감을 두 가지 측면에서 더 증폭시킨다. 첫째, 책의 서문에 해리 저지(Harry Judge)가 내놓은 평가를 살펴보자. 교육대학 교수는 "높지 않은 입학 요건과 경쟁률에 덕에 편하게 부담없이 교직으로 들어섰다"가 시간이 지나 "일은 편하고, 직무감사는 널널한 교육대학 교수로 진로를 바꾸고" 교수가 된 후에는 교사교육 연구에 대한 "전망이나 학문윤리적 고민" 없이 그저 교수로서의 신분 유지에 필요한 "약간의 비용"을 치르듯이 연구를 한다. 이 책은 이런 교육대학 교수의 실상을 여실히 보여준다.[30]

둘째, 드샴의 책은 그 자체가 교육대학 교수의 형편없는 연구 실력을 잘 보여주는 하나의 예이다. 이 책은 구성이 허술하고 분석마저도 빈약한데, 교육대학 교수의 연구가 세간의 비난을 사는 이유가 바로 이것 때문이다. 드샴의 서른네번째 연구 참가자는 편의표집된 참가자인데 이 교수는 다른 참가자로부터 "교육대학 교수에 대한 이미지를 자유롭게 떠올렸을 때"[31] 집단을 대변할 수 있는 "훌륭한" 사례로 지목받은 교수였다. 드샴은 40−65분가량 진행된 인터뷰에서 참가자에게 "저학년 수업을 한다면, 어떻게 수업을 구성하겠습니까?"와 같은 11개의 질문을 던진 후 "어떤 것에도 구애받지 않고 자유롭게 응답할 수 있도록"[32] 했다. 드샴이 사용한 연구방법이라고는 이것이 전부였다. 인터뷰자료 분석 방법도 꽤나 간단하고 비체계적이었는데 참여자들이 한 말을 정리한 수준을 못 벗어났다. 이렇게 단순한 연구를 하면서도 드샴은 자신의 논지를 제대로 전하지 못했다. 임의적이고 비전형적인 연구참가자 선정만큼이나 연구데이터 수준도 절망적이었고, 연구의 목적 혹은 주제에 관한 지적인 논의는 그 어디에서도 찾아볼 수 없었다. 게다가 드샴은 자신의 연구에서 드러난 증거와는 반대되는 결론을 내렸다. "나는 교육대학 교수의 품위, 진실성 그리고 가치관에 매료되었다. 교수는 예비교사를 위해 제대로 된 추천 도서 목록을 가지고 있지는 않았다. 그러나 그들이 보여준 교수직에 대한 흥미, 발전 의욕, 학생에 대한 높은 기대, 사려깊음, 삶에 대한 열정은 미래의 교사를 꿈꾸는 젊은이들을 가르치는 사람이 지녀야 할 자질을 잘 보여주었다."[33]

이와 관련해 해리 저지는 풍자 섞인 서문을 썼는데, 그는 저자인 드샴의 낙관적인 논조를 지적하면서, "성공한 프랑스 여성학자"의 "비교적 관점은 그의 낙관을 어느 정도 완화해 줄 것"[34]이라고 말했다. 해리는 더 나아가 교육대학 교수의 직업만족도가 높은 진짜 이유는 "편하고 한가로운 근무환경, 서로에 대해 무비판적인 동료교수, 무엇인가 좋은 일을 하고 있다는 느낌"[35] 때문인 듯하다고 논평했다. 해리는 드샴의 책이 가지는 진정한 가치는 "독자로 하여금 책에서 제시된 연구자료를 각자의 방식으로 해석할 기회를 제공"[36]한 데 있다고 비꼬았다.

◆ 교육대학 교수에 대한 비난은 정당한가

이쯤 되면, 독자는 아마 교육대학 교수에 대한 모든 비난이 다소 지나친 것은 아닌가 의심을 해볼 수도 있을 것이다. 내가 보기에도 그런 부분이 없지 않다. 이 장의 목적은 교육대학 교수의 지위 관련 문제를 좀 더 깊이있게 들여다보고, 독자가 가진 관련 의문을 해소하는 데 있다. 지위의 높고 낮음은 사회적 힘과 연관이 있는데, 사회적 존중을 더 받거나 덜 받는 지위의 특성들은 누가 사회적으로 더 힘을 가졌느냐에 따라 결정된다. 당연히, 가장 힘을 많이 가진 집단일수록 사회적 존중을 가장 많이 받는 지위 특성들을 독점한다. 그리고 이런 힘겨루기는 누가 지위 경쟁에서 유리한 고지를 선점했느냐에 따라 결정된다.

2장에서 살펴보았듯이, 교육학은 미국고등교육학계의 후발주자이다. 18세기에 처음으로 사립대학이 들어섰고, 주립종합대학이 19세기 초중반을 전후로 하나둘씩 생겨나기 시작했다. 교육학은 19세기 후반까지도 대학에서 독립교과로 개설되지 않았다. 교육학 교수가 대학에 고용되기 시작했을 때에는 이미 교수사회에서 지위체계가 거의 완성된 후였다. 그리고 이 지위체계는 학과의 특성이나 학문적 전문성에서 이미 유리한 고지를 선점한 단과대학이 중심이 되어 구성되었기 때문에 뒤늦게 신설된 교육대학에는 불리한 구조였다. 뿐만 아니라 우수한 학생이 알아서 몰려드는 아이비리그 대학의 교수는 지위 경쟁에서도 높은 보상을 받았는데, 이들 대학은 애초부터 중상층 이상의 우수한 학생이 몰려드는 곳인데다 학과 편성도 전문직 인력 양성에 초점을 둔 경우가 많았다. 반면, 교육대학 교수는 마치 돈은 있지만 교양은 없는 졸부마냥 4년제 종합대학이나 단과대학에 어설프게 자리잡아, 근로자계층 여학생을 대상으로 준전문직 인력을 길러내는 수준이었다. 또한, 고등교육의 보상체계에서 수업실적은 연구실적보다 낮게 평가받았다. 실생활에 바로 응용되는 지식보다 복잡한 순수지식일수록 더 많은 보상을 받은 셈이다.

학과 지위 체계가 점점 구조화되어 갈수록 교육학 교수의 지위는 낮아져 갔다. 이런 지위 체계가 반드시 공평함을 담보한 것은 아니었다. 단지 타학과 교수는 우수한 학생을 받아 가르칠 기회가 많았고, 학문공동체가 선호하는 형태의 논문을 더 많이 출판했기 때문에 교육학 교수보다 상위의 지위를 획득한 것이었다. 누군가는 예비교사를 양성하는 일은 매우 중요하고 교육연구야말로 사회에 필요한 지식이라고 주장할 수도 있을 것이다. 3장에서 짚어

봤듯이, 사회적으로 선망받는 타학과와 비교해 보더라도, 교사양성 프로그램을 효과적으로 운영하기란 결코 만만한 일이 아니다. 그리고 교사가 얼마나 많은 학생에게 영향을 미칠 수 있는 직업인지를 생각해보면, 교육대학 교수의 영향력은 타학과 교수가 사회에 미치는 영향력에 비해 결코 적지 않다. 4장에서는 심화된 순수지식을 다루는 타학문에 비해서, 신뢰할 만한 교육학 논문을 출판하는 것이 얼마나 복잡하고 까다로운지 논의했다. 뿐만 아니라, 타학과 논문과는 달리 교육학 논문은 응용지식을 추구하기 때문에 현실 적용성 측면에서는 오히려 더 뛰어난 면도 있다. 교육대학 교수가 하는 일에 비해 타학과 교수의 일이 얼마나 추상적이고 편향적이며 실제 활용도가 떨어지는지를 따지고 들자면, 이 장 전체를 할애해도 부족하다.[37]

드샴의 연구에 참가한 교육대학 교수가 보여준 미흡한 연구실력이나 드샴의 책 자체에서 드러나는 수준 낮은 교육학 연구물은 교육대학 교수가 세간의 비난을 받는 주된 이유다. 그러나 지금의 학과 지위 체계가 형성되는데는 상당 부분 시대적 우연이 작용했음을 잊어서는 안 된다. 연원이야 어찌되었든 고등교육 지위체계에서 교육대학 교수의 처지는 볼품없다. 이들은 지위 체계의 맨 아랫자리에 머물러 있고 늘 외부의 공격과 비난에 처해있는 신세다.

◆ 교육대학 교수 사이의 지위 격차

교수직의 지위 격차는 대학 간뿐만 아니라 대학 내에도 존재한다. 교육대학 교수를 분류할 수 있는 네 가지 기준을 생각해보자. 이 중 두 가지는 타학과 교수도 가지고 있는 기준이고, 다른 두 가지는 교육대학 교수에 국한되는 기준이다. 타학과 교수와 마찬가지로 교육대학 교수는 각자가 근무하는 교육대학이 제공하는 학위의 수준이나 교육대학이 단과 대학으로 소속된 종합대학의 순위, 혹은 어떤 연구단체에 적을 두고 있느냐에 따라 지위가 구분된다. 이와는 달리 교육대학 내에서는 교사양성 프로그램을 직접 운영하는 대학인지 아닌지 혹은 현재 근무하는 대학의 전신이 교사양성기관이었는지 아닌지에 따라 다른 지위를 갖는다.

박사학위를 제공하는 교육대학은 석사학위나 학사학위만을 제공하는 교육대학보다 높은 지위를 가진다. 이 간단한 기준이 때로는 교수의 연봉을 결정하기도 한다. 2001년과 2002년 사이 미국 전역에 박사학위를 제공하는 대학에 근무하는 정규직 교수의 평균 연봉은 72,000달러였다. 반면, 학사학위만을 제공하는 대학의 정규직 교수 연봉은 52,000달러, 그보다 규모가 큰 종합대학의 정규직 교수 연봉은 58,000달러였다.[38] 두 번째 분류 기준은 첫 번째 분류 기준과도 연관이 있는데, 소속대학이 얼마나 연구중심 대학의 성격이 강한지를 보여준다는 점에서 관련성이 있다. 연구중심 대학의 성격이 강할수록 교수의 지위도 올라간다. 연봉 수준이 이러한 구분의 대략적인 잣대가 되기도 한다. 가령, 1998년과 1999년 사이 연구중심 공립대학의 교육학과 정규직 교수 연봉은 53,000달러였지만 박사학위를 제공하긴 하지만 연구중심이 아닌 공립대학의 교육학과 정규직 교수 연봉은 46,000달러에 그쳤다.[39] 같은 학과 내에서도 연구실적에 따라 교수의 지위가 나뉘기도 한다. 그리고 이런 경향은 연봉에도 반영된다. 1988년 전국고등교육교수설문조사 데이터를 사용한 한 연구에 따르면 당시 연구중심 공립대학 소속 교수 가운데 30편 이상의 논문을 출판한 교수는 두 편 이하의 논문을 출판한 교수와 비교해 27% 이상 높은 연봉을 받았다. 연봉 격차는 연구중심 사립대학교에서는 무려 70% 이상까지 벌어졌다.[40]

위의 사실이 교육대학 교수에게 시사하는 바를 생각해보자. 1999년과 2000년 사이 미국에는 박사학위를 제공하는 교육대학은 245곳이 있었고, 학사학위만을 제공하는 교육대학은 이보다 다섯 배 많은 1,146곳이 있었다.[41] 쿠바(Guba)와 클락(Clark)의 연구에 따르면 현재 박사학위를 제공하는 교육대학 가운데 겨우 절반만이 활발히 논문을 출판하고 있다.[42] 결과적으로, 오직 소수의 교육대학 교수만이 논문 실적이 높고 박사학위를 제공하는 대학에 근무하는 셈이다. 그리고 이들은 다른 교육대학 교수에 비해 매우 높은 지위를 가진다. 높은 지위만큼 높은 임금과, 좋은 근무조건의 혜택도 함께 누린다.

학위 수준과 연구중심 경향성은 교육학 내에 교사교육 프로그램이 차지하는 지위에도 영향을 미친다. 레이니어(Lanier)와 리틀(Little)은 이 관련성을 상당히 설득력 있게 설명한다.

> 교수의 지위 특권과 교사교육 기여도에는 부적 상관관계가 있다. … 인문사회계 교육대학 교수가 교사교육에 매진한다는 것은 진급이나 종신직을 포함해 일반적으로 교수가 누리는 혜택을 포기한다는 의미를 내포한다. 교육대학 교수는 타학과 교수에 비해 낮은 수준의 학문적 존경을 감수해야 하는데, 그 이유는 교육대학이 가지는 낮은 지위가 교육대학 교수직에도 영향을 미치기 때문이다. 실제로 예비 초·중등교사를 직접 지도하는 교육대학 교수는 교수 지위 체계의 하단부에 위치한다.[43]

교사교육과 관련한 교육대학 교수의 낮은 지위는 교사교육과 관련한 논문에 자주 등장한다.[44] 앞서 언급한 바와 같이 35%의 교육대학 교수는 예비교사양성 프로그램에 종사하지만 소속 대학의 등급에 따라 그 비율은 차이가 난다. 박사학위를 제공하는 연구중심 대학일수록 교사양성에 종사하는 교수의 비율이 낮다.

교사양성 프로그램에 직접 참여하지 않는 교수는 다시 두 무리로 분류된다. 보통 교육학과의 지위는 행정대학의 지위에 연계되어 있고, 교육학이 가지는 지적 권위는 교육심리학과의 지위에 연계되어 있다. 20세기 전반 교육개혁이 한창이던 시절에는 행정적 진보주의를 주장하던 사람이 주도권을 쥐었다. 그들이 내건 진보주의는 단위 학교에도 영향력을 미쳤는데, 지도부 상당수가 학교행정직과 교육대학 교수직을 겸한 탓이었다. 이 기간 동안, 교육행정학과는 경력있고 주목받는 교감, 교장들로 채워졌다(더 자세한 내용은 다음 장에서 다루기로 하겠다). 학교행정가로서의 경험과 학교교육에 대한 영향력, 그리고 진보 교육개혁가로서의 이들의 입지는 교육대학의 행정체계에도 적잖은 영향력을 행사하는 데 밑거름이 되어 주었다. 최근까지도 교육대학 총장은 교육행정학과 출신이 많았다.

동시에 교육심리학과의 경우 교육학 출신 교수로 학과의 리더십을 구성했다. 교육학의 학문적 연원이 심리학과 맞닿아 있고 애드워드 쏜다이크(Edward Thorndike)나 스탠리 홀(Stanley Hall)과 같이 교육학의 성장을 이끌었던 학자가 교육심리학을 전공했던 것과 연관이 있다. 심지어 존 듀이(John Dewey)의 초기 연구도 심리학에 기반을 둔 것이 많았다. 지금도 교육학 논문들은 미국심리학회의 논문형식을 차용하고 있다. 심리학은 주로 개인의 특성, 유아발달 혹은 학습이론을 중점적으로 다루는데 이들은 교육학의 근간을 마련하는데 큰 역할을 했다. 말하자면 교육심리학은 교육학이 등장하고 독립된 학문으로 성장하는 과정에 큰 기여를 한 학과로서, 교육대학 내 타학과와는 달리 교사양성이 아닌 순수 학문연구를 중심으로 하는 학과로서의 지위를 누리고 있다. 뿐만 아니라, 교육대학 전체를 통틀어 타대학으로부터도 가장 높은 인정을 받는 학과이기도 하다. 이에 비해 교사양성을 전문으로 하는 교육대학 교수는 대학 경영면에서나 학문적 인정면에서나 교육대학 소속 전체 교수 가운데 가장 낮은 지위를 가진다.

교육대학 교수의 낮은 지위는 비단 교사양성 프로그램 자체가 가지는 이미지의 영향도 있지만, 대부분 교육대학의 전신이 사범학교였던 탓도 크다. 2장에 다루었듯이, 미국에서 교사양성은 19세기 후반 사범학교를 중심으로 이루어졌다. 사범학교는 당시 사회적 요구에 맞춰 등장했는데, 사람에게 더 많은 교육기회를 제공하고 자격증 취득에 필요한 지식을 넘어선 심화된 지식을 전수하는 것을 목표로 했다. 그 결과, 사범학교는 점차 학사학위를 제공하는 주립 교육대학(teachers colleges)으로 바뀌었고, 곧이어 교과목의 범위를 넓혀 주립대학이 되었으며, 종국에는 종합대학으로까지 발전했다. 각 단계마다 타전공 교과들이 조금씩 유입되었고 그 결과 교육대학은 대학의 중심부에서 변방으로 점점 밀려났다. 모습이 바뀌었다고 해도 사범학교의 흔적이 완전히 지워진 것은 아니었다. 미국고등교육 전체를 두고 보면 교육대학은 타대학에 비해 등장이 늦었고, 시간이 지나면서 교육 관련 여러 학과가 편입되어 현재 우리가 아는 교육대학의 모습을 갖추기까지 많은 변화를 겪었지만 교사양성이라는 핵심 기능만은 변치않고 남아 있었다. 이와는 대조적으로 현재 명문 종합대학으로 자리 잡은 대학은 점차 교사양성의 기능을 축소해갔다.

이로서 교육대학 교수의 지위 구조를 간단히 살펴보았다. 교육대학 내에서 가장 낮은 지위를 가진 교육대학 교수는 과거 사범학교에서 이루어진 교사교육에 초점을 둔다. 대다수의 교육대학은 대학원 과정 운영이나 연구논문 실적에 관심을 가지지 않는다. 동시에, 높은 지위나 명성을 가진 교육대학 교수는 사범학교보다 앞서 등장했거나 혹은 초기에 분리 독립한 교육대학 (사립대학, 거점 공립대학 혹은 연방정부에서 무상으로 토지를 임대받은 주립종합대학) 소속이다. 그리고 이들은 교사양성보다는 박사학위 과정 운영이나 학문연구에 전념한다.

이 책의 주된 관심사가 연구중심 교육대학의 교수라면, 본 장의 주된 관심사는 교육대학 교수 지위 구조에서 두 번째로 높은 지위를 차지하는 교수다. 본격적인 논의에 앞서 몇 가지 질문에 대해 고민해보자. 앞서 살펴보았듯, 교육대학 교수는 교육대학에서 교사양성에 직접 참여하는 교수와 명문대학에 적을 두고 대학원 운영과 학문연구에 매진하는 교수로 나뉘어진다. 이두 집단의 차이를 고려치 않고 교육대학 교수 전체를 싸잡아 비난하는 것은정당한가? 이미 타대학에 비해 특혜가 낮은 교육대학의 교수에게 이중으로비난의 화살을 돌리는 것은 정당한가? 한마디로 답하자면 정당하다. 안타깝게도 세상사가 늘 공정하기만 한 것도 아니고 교육대학 교수를 둘러싼 지위문제도 마찬가지다. 앞에서도 말했지만, 지위라는 것은 공정의 문제가 아니다. 오히려 사회적 실상의 산물에 가깝다. 교육관료, 교육자, 교사의 눈에 교육대학은 대개 거기서 거기다. 교육대학 교수의 지위는 교육대학 교수에게나중요할 뿐 외부에서 봤을 때는 누가 더 많은 논문을 출판했는지, 누가 어느대학에 근무하는지 따위에는 관심이 없다. 결국, 교육대학 교수 전체가 사회적으로 낮은 지위를 가진다는 사실은 변함이 없다. 지위 문제는 사람으로 하여금 사회적으로 중요한 것에 집중하고 그렇지 않은 것에는 관심을 덜 가지도록 한다. 그 결과 사람은 자신의 지위와 동등하거나 높은 사람을 구분하는데는 관심을 기울이지만 자신의 지위보다 낮은 사람은 그 차이가 무엇이든 모두 같은 것으로 취급한다. 지위가 낮은 집단이 자신에게 미칠 영향은 거의 없다고 보기 때문이다. 비유하자면, 종업원 한 사람 한 사람에게 어떤 크고 작은 차이가 있는지는 최고 경영주에게 크게 중요하지 않은 것과 같다.

명문대 교육대학 교수라 할지라도 교육대학 교수를 바라보는 외부 시선을 어찌할 수는 없다. 교육학 자체가 가지는 낮은 학문적 위상 탓에 명문대학에 소속된 교육대학 교수일수록 오히려 타대학 교수로부터 업신여김을 당하거나 차별받는 일에 더 많이 노출된다. 명성이 낮은 대학에서는 우수한 교육학과가 대학의 위신을 높이는 데 도움이 될지 몰라도, 명문대에서는 학교의 명예에 누가 되지 않도록 노력을 해야 할 처지일 뿐이다. 명문대에서는 오히려 "교육학과를 굳이 유지할 필요가 있는가" 하는 질문이 자주 등장하고, "없애는 것이 낫다"고 주장하는 사람도 적지 않다. 가령, 예일대학은 1950년 초반, 존스홉킨스대학은 1950년 후반, 듀크대학은 1980년, 시카고대학은 1990년에 각각 교육학과를 없앴다. 버클리대학은 1980년에 교육학과를 없애는 것을 고려했다가 결정을 뒤집었지만, 같은 시기 미시건대학은 교육학과 재정을 대폭 삭감했다. 하버드대학은 겨우 교육학과를 유지하곤 있지만, 교육철학 박사과정은 제공하지 않고 있다. 콜럼비아대학은 독립된 교육학과 대신에 인문사회대학원에서 교육철학 박사과정을 운영하고 있다.

지위 문제에 대한 처신

연구중심 대학에 소속된 교육대학 교수는 자신이 처한 지위 문제에 나름의 방법으로 처신하는데, 이들이 사용하는 방법은 내용이나 효과성 측면에서 한계가 있다. 두 가지 대표적인 처신 방법을 알아보자. 첫 번째 방법은 대학교수라면 누구에게나 요구되는 역할에 충실하면서 교사양성에 관심을 덜 가지는 것이다. 두 번째 방법은 교육자로서의 학생지도에 열과 성을 다하고 대학으로부터의 다른 요구에 눈치껏 대처하는 것이다. 각각의 방법에 대해서 좀 더 자세히 살펴보자.

첫 번째 처신 방법은 1980년 중반부터 1990년 중반에 걸쳐 명문대 교육대학장들로 구성된 교육개혁기구인 홈즈 그룹(Holmes Group)에서 출판한 「내일의 교사」45) 개간호에 소개되었다. 두 번째 처신 방법은 제라드라인 숀식 클리포드(Geradline Joncich Clifford)와 제임스 구뜨리(James W. Guthrie)가 공저한 「교육대학: 전문가교육 지침서(Ed School: A Brief for Professional Education)」46)에 소개되었다. 두 문서 모두 교육대학의 낮은 지위가 교육대학 교수에게 요구되는 역할을 수행하는데 방해가 된다는 점을 지적하고, 문제해결을 촉구했다. 또한, 두 문서 모두 교육대학의 전문성 강화를 문제해결의 핵심으로 꼽았다. 그러나 전문성 강화를 위한 구체적인 방법을 둘러싼 둘의 입장은 달랐다. 홈즈 그룹은 교육대학과 대학본부의 협력 강화를 주장했고, 클리포드와 구뜨리는 교육대학의 기능을 교사양성에 집중해야 한다고 주장했다.47) 같은 문제에 서로 다른 해결책을 내어놓은 이 두 문서를 다음에서 좀 더 자세히 비교해 보자.48)

◆ 「내일의 교사(Tomorrow's Teachers)」

이 보고서는 서두에 교사교육을 둘러싼 지위 문제를 집중적으로 조명하고 이 문제가 교직에 어떤 영향을 미치는지 분석한다. "안타깝게도, 교직과 교사교육은 모두 오래된 난제이다. 교사교육은 지적기반이 약하고, 이것은 교직에 대한 이미지에 악영향을 미침으로써 우수한 인력이 교직으로 진출하는 것을 막는다. 낮은 급여와 과도한 업무도 무시할 수 없는 요인이다. 게다가 교육대학에 입학한 학생의 학구열은 경쟁률이 높은 타전공에 비해 높지 않다.49) 20세기 들어 악화일로에 선 교사교육 문제를 해결하는데 앞서 제시된 해결책들이 실효성이 없었던 이유는 "교육대학과 교직의 연관 수준을 제대로 분석하지 못한 것"에서 비롯된 것이다.50) 교직과 교사교육의 관계가 서로에게 악영향을 미친다면, 이 둘 모두를 개선하는 것이 필요하다. 주디스 레이니어(Judith Lanier)는 보고서의 서문에 "홈즈 그룹은 교사교육개혁과 교직사회개혁 두 가지 목표 달성을 위해 조직되었고" 교직사회 개혁이라 함은

"교직을 단순한 직업이 아닌 전문직의 위치로 격상시키는 것"[51]을 의미한다고 밝혔다.

교직 전문화를 위해서는 교사의 역할과 보상체계에 근본적인 변화가 필요했다. 위의 보고서가 발간된 시기 홈즈 그룹의 구성원은 약 백여 개의 연구중심 교육대학에 적을 두고 있었음에도 불구하고 학교 내 교사의 역할과 보상체계를 바꾸는 데는 영향력을 행사할 수 없었다. 이 문제는 지역학교위원회의 소관이었기 때문이다. 그래서 보고서의 저자들은 연구중심 대학 소속 교육대학이 교직 전문화에 기여할 수 있는 부분에 대해 집중적으로 논의했다. "우리가 제안하는 것은 학습과 연구, 가르치는 일과 같이 대학의 기본적 역할에 기반을 둔 것이다. 새로운 제안이라면 교사교육을 둘러싼 문제를 해결하는데 대학이 가진 역량을 적극적으로 활용하자는 것과 이 일에 대한 우선순위를 강조한 부분이다."[52]

교육대학은 의대나 법대의 프로그램 운영방식을 교사양성 프로그램에 차용해 볼 수 있다. "오늘날 전문직이라 불리는 직종들은 오랜 시간에 걸쳐 지식을 쌓아왔고, 이런 지식을 전문화된 교육과정과 실습을 통해 전수해왔다. 전문직이라 인정받게 된 것은 이런 오랜 기간의 투자와 노력의 뒷받침이 있었기에 가능했다. 교직 전문화라는 개념은 최근에 등장했다. 교직사회 개혁과 교직 전문화는 전문적 지식과 그 지식을 전수할 수 있는 적절한 교육 과정이 동반되어야 한다."[53] 다행히도 "지난 20년간 듀이나 쏜다이크와 같은 유수의 학자 덕분에 교육학 지식에 많은 진전이 있었다."[54]

결론적으로, 「내일의 교사(Tomorrow's Teacher)」가 내세운 주장의 요지는 교사교육을 둘러싼 오명은 빈약한 학문적 기반과 교직 자체가 가지는 낮은 지위와 관련되어 있으며, 그 결과 교사교육 개선에는 교직 전문화가 반드시 필요하다는 것이다. 대학의 입장에서 보자면 교직 전문화를 이루는 가장 실효성 있는 방법은 교육대학의 기능을 전문지식 연구 중심으로 재편성하는 것이다. 이런 방법은 사범학교에서 이루어지던 교사교육이 대학과정으로 격상된 역사적 흐름과도 부합한다. 교사교육을 담당하는 사람은 교수학습에 대한 과학적 연구를 업으로 하는 대학교수다. 그러니 지적, 학문적 근거 없이 오로지 관행만 답습하는 작금의 교사교육을 과학적으로 검증받은 지식을 중심으로 개선하지 못할 이유가 없다. 교수학습을 과학적으로 연구하고 새로운 지식을 예비교사에게 전수하는 것은 대학교수로서 해야 할 마땅한 사명이고 대학의 입장에서도 이런 선순환은 바람직한 일이다. 이러한 지식생산 전수의 가치는 교사교육자와 교사에게도 전달될 것이고, 결과적으로는 그들의 지위를 높이는 데 도움을 줄 것이다. 교사교육자와 교사 모두에게 이익이 되는 대학의 역할을 극대화한다는 점에서 시장 원리에도 충실한 해법이다.

아쉽게도 이런 접근법에는 두 가지 약점이 있다. 첫 번째 약점은 홈즈 그룹의 주장대로 전문화된 교육과정이 반드시 교사의 지위 향상으로 이어지지 않는다는 것이다. 이런 가정이 성립하려면 지식의 유용성이 특정 직업이 가지는 지위를 결정짓는 핵심 요인이고, 한 사람의 지위는 그 사람이 가진 지식 정도에 따라 달라짐이 전제되어야 한다. 그러나 시장에서 직업의 지위를 결정짓는 것은 교환가치이다. 의대와 법대가 높은 지위를 갖는 것은 전문화된 교육프로그램 때문이 아니다. 오히려 그 반대로 의대와 법대의 졸업장이 시장에서 높은 보상을 받기 때문에 지원자들이 몰리는 것이다.

비인기 직종에 학위 이수 조건을 까다롭게 하는 것은 진입비용만 높이고, 실제로 그 직업이 가지는 힘이나 명성, 급여에는 아무 영향을 미치지 못할 공산이 크다. 실제로 최근 간호대학에서 신입생의 입학 조건을 학사학위 소유자로 제한하는 등의 시도를 하고 있다. 그러나 이런 변화가 의사보다 낮은 간호사들의 지위를 바꾸지는 못 할 것이다. 기껏해야 정간호사 자격증 소지자와 간호조무사 자격증 소지자를 구분하고, 정간호사가 간호조무사와 같이 처우받지 않도록 하는 정도의 결과만을 가져올 것이다.[55] 만약 전문화된 교육과정이 중요한 지위 결정 요인이라면, 약사들도 높은 지위를 갖지 못 할 이유가 없다. 약사들이 하는 일의 대부분은 기껏해야 약을 배합하는 정도이지만 약사가 되기 위해서는 고도로 전문화된 약학 지식을 배워야 한다. 그러나 현실적으로 전문화된 교육과정이 교사나 약사에게 의미하는 것은, 하는 일에 비해 지나치게 까다로운 준비를 요구하는 것 그 이상도 그 이하도 아닐 때가 많다.

홈즈 그룹이 「내일의 교사」에서 주장한 교직과 교사교육 지위 향상을 위한 방안은 교육대학 교수의 지위 개선에는 도움이 될지 몰라도 교사의 지위 개선에는 별 실효성이 없다.[56] 학문연구를 전문화된 교육과정의 핵심 요소로 만들려는 시도는 대학교수에게 과도한 힘을 실어 줌으로써 현장 전문가의 경험적 지식이나 교육전문가로서의 교사의 입지를 축소시킬 수도 있다. 다시 말해, 홈즈 그룹이 제안한 교육대학 교수 지위 향상은 교사의 지위 강등을 대가로 한 것이다. 게다가 교사교육자들의 학자 혹은 지식 생산자로서의 기능을 지나치게 강조함으로써 교육대학 교수 지위 향상의 문제를 대학 내부에서의 교수지위 향상 문제로 제한하는 부작용도 있다. 일단 대학에서 다른 교수에게 인정을 받고 나면 그 이상을 넘어서는 지위 향상 견인책이 없는 탓이다. 클리포드(Clifford)와 구뜨리(Guthrie)는 「교육대학(Ed School)」에서 바로 이런 이유로 홈즈 그룹과는 다른 대안을 제시한다.

◆ 「교육대학(Ed School)」

1986년 하버드대 총장은 「내일의 교사」에 실린 주장과 비슷한 논지의 주장을 폈다. 클리포드와 구뜨리는 그들의 책 서문에 이 총장의 말을 인용했다. 당시 하버드대 총장도 클리포드나 구뜨리와 마찬가지로 대학이 교육대학에 대한 투자를 아끼지 않는다면 교직은 제대로 된 전문직으로 거듭날 것이라 주장했다. 더 나아가 그는 "대학에 사범학교를 편입하고 학사학위를 개설하는 것은 우수한 교원을 배출하는 밑거름이며 교직의 명예를 높이는 데도 기여할 것"[57]이라 확신했다. 클리포드와 구뜨리의 책은 이 주장에는 동의하지 않았다. 그 이유는 지난 130년간 이 주장을 뒷받침할 만한 근거를 그 누구도 찾지 못했기 때문이다.

이 책은 "대학소속 사범학교"에 관한 책으로 이들 사범학교의 기원, 역사적 변천, 문제 그리고 미래 전망에 대해 다룬다. 교육대학, 특히 명문대학에 속한 교육대학은 대학 내의 연구와 정치 문화에 물들어 본연의 역할을 잊어버렸다. 주변부에서만 맴도는 모양새이다. 대학이 요구하는 학문적 엄격함도 실용적 지식도 찾아볼 수 없다. 학문연구에 치우치면 치우칠수록 학교현장과는 괴리가 생긴다. 반대로, 현장에만 너무 많은 관심을 가지면 대학 내에서 교육대학의 입지는 좁아진다.58)

이 주장에는 사범학교가 대학으로 편입한 것에 대한 호의적 시선보다는 상위학위를 추구하는 교육소비자들로부터의 강력한 압력에 대한 대학 총장으로서의 시선이 잘 드러난다. 그러나 클리포드와 구뜨리가 보기에 교사교육이 대학에 편입됨으로써 교육학 교수는 "미국 사회 고질적인 '지위 불안'" 문제에 봉착하게 된 것이었다. 불행히도 "교육현장에 거리를 두고 학문연구에 충실히 임할 수 있는 환경이 조성되지 않았다. 오히려, 교사교육은 타전공에 비해 중요성이 떨어진다는 타학과 교수의 불만만 쏟아졌다."59)

교육학 교수 지위 문제를 둘러싼 「내일의 교사」와 클리포드와 구뜨리의 논의는 크게 두 가지로 요약된다. 첫째, 교사교육이 고등교육 분과학문으로 등장하게 된 배경에는 교직 전문화에 대한 요구보다 교육대학 교수의 지위 상승에 대한 욕구가 더 크게 작용했다. 따라서, 홈즈 그룹의 보고서에서 최초로 언급된 "교수학습의 체계화"의 문제도 애초 교사교육보다는 대학 내 학문적 문화에 적응하기를 원했던 교육대학 교수가 교직 전문화를 주장하는 과정에서 생겨난 부작용의 결과였다.60)

둘째, 교육학을 둘러싼 여러 가지 시도는 처참한 실패로 끝났다. 교육대학 교수는 연구지원금을 받아 과학적인 분석방법으로 연구하고, 대중서보다는 학술논문을 출판하는 등 "가능한 모든 학문적 노력"을 기울였다. 그럼에도 불구하고 교육대학의 전신이 사범학교라는 부정적 인식을 걷어내기에는 역부족이었다. 교육대학 교수의 지위는 그들이 통제할 수 없는 요인에 영향을 많이 받았다. 후발주자로서 교육대학 교수는 끊임없이 지위 향상을 추구할 수밖에 없는 처지에 놓여있다. 교육대학 교수 대부분이 사범대학에서 대학으로 승격된 대학에서 근무하기 때문에 이들 대학의 낮은 지위가 교수의 지위에도 영향을 미쳤다. 교육대학 교수가 하는 일은 실용지식과 교사양성과 관련한 직업교육인데 대학에서는 이것을 보잘 것 없는 것으로 취급한다. 교직이 갖는 낮은 지위가 교육대학 교수의 지위에도 부정적인 영향을 미치는 것이다.

이런 이유로 클리포드와 구뜨리는 교육대학이 헛되이 학문적 지위를 추구하기보다 교사교육에 집중하는 것이 교육대학의 지위 상승에 가장 효과적인 방법이라 믿었다. 교육대학이 (「내일의 교사」의 주장과는 반대로) 대학 내에서 높은 지위를 추구하기보다는 현장의 요구에 더 민감하게 반응해야 함을 주장한 것이다.

교육대학은 학계가 아니라 교육과 교직의 문제에 집중해야 한다. 간학문적 문제를 고민하고 연구하는 것이 교육대학의 강점이라고 주장만 하는 것은 한계가 있다. 이런 주장들은 반세기가 넘도록 있어 왔지만 교육전문화에는 실질적인 영향을 미치지 못했다. 이제 교육대학이 의미있는 변화를 도모할 때이다.

변화의 방향은 교사교육에 더 초점이 맞추어져야 하고 교육대학 교수는 학교교육이 가지는 실질적이고 실험적인 문화를 이해하려는 노력을 해야 한다. 학문연구와 교사양성 사이에서 갈팡질팡하는 것은 이제 멈춰야 한다. 현행 교육대학 교사 선발 기준이나 승직 심사 기준을 이에 맞게 수정, 보완하는 것도 좋은 방침이다.[61]

클리포드와 구뜨리는 홈즈 그룹이 주장한 대학기반 교사교육개혁 방안이 가지는 문제점을 잘 보여주었다. 그러나 교수의 역할에 초점을 둔 개혁안도 단점이 없는 것은 아니다. 문제의 핵심은 역시 교수의 신분 문제와 관련한 것이다. 교육대학 교수에게 대학에서 높은 지위를 포기하라고 하는 것은 현재 처한 낮은 지위를 기꺼이 감수하라고 요구하는 셈이니 비현실적이고 자칫 역효과까지 초래할 수 있다. 비록 교육대학 교수가 대학에서 잘 대접받고 있는 것은 아니지만, 교수라는 직업 자체가 가지는 외부로부터의 지위 혜택들이 분명 존재한다. 교육대학 교수가 대학의 명성에 작게나마 기여하는 부분이 있다면 이마저도 부인할 필요는 없다. 반대로「내일의 교사」가 지적한 대로, 교직에 대한 좋지 못한 세간의 인식은 교육대학 교수에게도 영향을 준다. 클리포드와 거뜨리의 책은 이 점을 간과하고 있다.

박사학위를 운영하는 연구중심 대학은 교육대학 교수의 신분 문제와 관련해서 앞서 소개한 두 가지 해결책 방안 가운데 하나를 이용한다. 최종적으로 어떤 방안을 선택하느냐는 대학 내에 교육대학이 차치하는 위치에 달려있다. 명문대학일수록 대학 내의 요구나 문화에 더 긴밀하게 반응하고 교육학을 전문적으로 연구하는 대학원으로서의 정체성을 더 강조한다. 이들 교육대학은 교사교육이나 다른 교육대학과 거리를 두면서 교사양성 기관이 아니라 학문기관으로서의 교육학 연구나 교육학 연구 인력 육성에 더 집중한다. 대표적인 대학으로는 하버드대, 스탠포드대, 노스웨스턴대, 버클리대, 캘리포니아대, 미시간대, 위스컨신대, 펜실베니아대, 컬럼비아대가 있다. 이들 대학보다 다소 순위가 떨어지는 대학은 교육학 연구와 교사교육을 적절히 조합해서 교육대학이 가지는 학문연구와 교사양성의 기능 모두를 소화하려 애쓴다. 대표적인 대학으로는 미시간주립대, 오하이오주립대, 루이지애나주립대 등이 있다. 나머지 약 250개의 대학은 직업 관련 실용지식을 주로 다루는 대학으로 교사양성에 중점을 두면서 박사과정을 겸해서 운영한다. 그러나 대학의 구분과 상관없이 각 대학 내에 교수 간 지위의 서열은 어디에나 존재한다. 어떤 교수는 연구와 박사생 지도에 더 집중하고, 어떤 교수는 교사나 교육행정가 혹은 다른 형태의 교육전문가 양성에 더 집중한다. 그리고 이들 교수의 분포는 각 대학의 서열에 따라 차이가 난다.

연구중심 대학에 근무하는 교육대학 교수의 신분 딜레마를 해결하기란 쉽지 않다. 홈즈 그룹이나 클리포드와 구뜨리가 제시한 두 가지 방안 모두 완전한 해결책이 아니다. 교직과 분리된 채로 약간의 학문연구를 병행하는 것으로는 교육대학이 왜 필요한가에 대한 적절한 설명을 내놓을 수 없다. 순위가 높은 대학에 속한 교육대학일수록 외부의 비판에 더 자주 노출되는 것도 이런 이유다. 말하자면, 교육학 연구나 박사학위 과정과 교사양성을 병행하는 대학의 경우 교사양성에 대한 진정성을 더 크게 의심받게 되는 것이다. 간혹 이 두 가지를 훌륭히 소화해내는 대학도 있지만, 그 과정에서 신뢰를 유지하는 것은 매우 어렵다. 학계와 교육현장 양측 모두의 의구심을 불사하려면 연구도 교사양성도 모두 두 배의 노력을 기울여야 하기 때문이다. 이런 상황에서 양자 사이에서 균형을 유지하기란 쉽지 않다. 그 결과 대부분 교육대학 교수는 어느 쪽이든 한 쪽을 택해야만 하는 처지에 놓이는데, 무엇을 선택하든 다른 한쪽의 비난을 피하기란 불가능에 가깝다.

교육대학, 진보주의와 사랑에 빠지다

교육대학, 진보주의와 사랑에 빠지다

교육대학 교수는 어려운 형편에 처해 있다. 하지만 그렇다고 그들이라고 해서 아무런 비전이 없는 것은 아니다.1) 교사교육자로서, 연구자로서, 연구자의 교육자로서 우리 일은 만만치 않다. 우리는 크나큰 전문적, 학문적 신뢰를 얻는 것도 아니고 또 대단한 존경을 받는 것도 아니다. 하지만 우리도 비전이 있다. 우리 대부분은 교육에서 무엇이 잘못 되었는지, 그리고 그 해결책이 무엇인지 우리가 알고 있다고 확신한다. 그리고 이 사실을 교육관련 당사자들(교사, 행정가, 학부모, 정책결정자, 의회의원, 교육과정개발자, 교과서 저자, 모의고사 설계자, 언론)에게 설득시키고 싶어 한다. 우리가 제안하는 교육의 비전은 약 백년도 넘는 역사를 갖는 소위 "진보주의 교육"이라는 것이다.

많은 비평가가 미국 교육의 만악의 근원이 마치 교육학 교수의 진보주의 이념에서 초래되었다고 주장하는 최근 교육을 둘러싼 정치적 지형에서, 교육학 교수와 이들이 가진 신념과의 관계는 특히 중요하다. 교육학 교수의 낮은 지위로 인해 그들은 비난의 대상을 찾으려는 비평가의 손쉬운 목표물이 되기 쉽다. 그리고 교육학자가 특별한 고민 없이 표방하는 진보주의 신조들은 교육학자에 대한 혐의 제기의 신뢰성을 강화한다. 이 마지막 장에서 볼 수 있듯, 만일 교육대학이 자신의 진보주의 비전을 실행으로 옮길만한 강력한 힘이 있는 기관이었다고 한다면 학교에 실제로 피해를 줄 수 있었을지도 모른다. 그러나 교육대학은 그러기엔 너무나 미약했다. 이 장에서는 진보주의 비전의 본질과 진보주의와 교육대학의 긴밀하게 얽힌 역사의 구조적 근원에 대한 분석을 통해, 어떻게 그리고 왜 진보주의는 교육대학의 지배적인 관점이 되었는지 살펴볼 것이다.

교수-학습에 대한 두 가지 비전

19세기 후반부터 지금에 이르기까지, 현저하게 다른 두 개의 이념은 미국 학교에 대한 주도권을 두고 경쟁해 왔다. 이 경쟁하는 이념은 때로는 친숙한, 혹은 모호하기도 한, 전통교육 vs. 새교육,[2] 교육과정중심 vs. 아동중심,[3] 공식적 vs. 비공식적,[4] 모방적 vs. 혁신적,[5] 지성적 vs. 반지성적,[6] 습득 메타포어 vs. 참여 메타포어,[7] 직접적 vs. 간접적, 외재적 vs. 내재적 동기, 교과서 기반 vs. 프로젝트 기반 등의 다양한 이름으로 불린다. 이러한 다양한 범주의 접근 가운데 가장 보편적인 명칭은 교사중심 vs. 아동중심, 전통적 vs. 진보주의 접근이며, 현재 교육대학에서 가장 널리 통용되는 명칭은 전통적 vs. 구성주의적 수업이라는 접근이기도 하다. 단순함, 보편성, 역사적 차원의 메시지 등을 고려하여 본 장에서는 이러한 접근을 전통적 접근과 진보주의 접근으로 통칭할 것이다.

두 접근의 기본적 차이는 다음과 같다. 두 접근의 전형적인 차이는 듀이(Dewey)의 「아동과 교육과정(The Child and the Curriculum)」에 잘 대비되어 나타난다.

한 학파는 교육과정에서 교과의 중요성에 주의를 고정하는 한편, 다른 학파는 아동 스스로의 경험 내용에 주목한다...(중략) ... 교과는 목적을 제공하고, 목적은 방법을 결정한다. 어린이는 그저 성숙이 필요한 미숙한 존재이다. 아이는 깊어질 필요가 있는 피상적인 존재이다. 그의 협소한 경험은 넓어져야 한다. 수용하고, 받아들이는 것이 그의 것이다. 이러한 그의 몫은 유순하고 유연할 때 실현될 수 있다. 다른 학파는 전혀 그렇지 않다고 대응한다. 어린이는 출발점이고, 중심이고, 목적이다. 어린이의 발달, 성장이 이상이다. 오직 그것이 표준을 제공한다. 어린이의 성장 앞에 모든 교과는 부수적인 것이다. 교과는 성장의 요구를 도와주기에 가치 있는 수단이다. 인성, 성격이 교과보다 더 중요하다. 지식이나 정보가 아니라 자아실현이 목적이다... 게다가, 교과는 절대 외부로부터 어린이에게 강요되어서는 안 된다. 학습은 적극적인 것이다. 그것은 마음속으로 닿는 것이다. 내부로부터 시작된 유기적 동화의 과정이다.[8]

듀이는 이원론에 반대하는 자신의 철학적 입장에 기반을 두고 계속 두 접근의 차이를 해체하려고 노력했다(이러한 듀이의 입장은 「아동 또는 교육과정」이 아닌, 「아동과 교육과정」이라는 소책자의 제목에 잘 형상화되어 있다). 상이한 두 입장의 차이를 두고 논쟁이 끊이지 않던 중에, 차이 자체를 해체하려는 이 같은 시도는 교육학 세계의 흑백논리를 승화시키려는 듀이의 합리성을 강조하는 효과적인 수사학적 제스처이기도 했다. 일단 절충 쪽으로 매듭이 지어지자, 논쟁에 참여한 사람들은 늘 그렇듯이 성급하게 기존의 입장으로 회귀하려는 양상을 보였다. 듀이 역시도 예외가 아니어서, 교육과정을 그대로 가르치는 전통적 접근을 추구하는 것에서 비롯되는 "세 가지 전형적인 악"에 대한 공격으로 자신의 에세이를 마무리하기도 했다. 아동과의 유기적 연결 부재, 학습 동기의 부재, 그리고 무의미한 사실로의 지식 환원[9] ("이를 습득하기 위한 우발적 강화, 부자연스러운 연습, 유혹을 위한 인위적 뇌물(보상)")이 그것이다.[10]

이러한 두 가지 접근이 주는 시사점을 구체화하는 데 있어 진 챌(Jean Chall)이 교수-학습의 주요 요소와 관련하여 전통적 접근과 진보주의 접근의 차이에 대한 대비를 통해 진보주의에 대한 통렬한 비판을 한 「학문적 성취 도전(The Academic Achievement Challenge)」을 인용할 것이다.[11] [표 7.1]은 챌 교수의 책[12] 내용을 요약, 수정하여 제시한 것이다. (더 구체적인 내용은 부록 참조).[13] 두 접근의 차이를 일람하는 이 표는 이 장과 다음 장에 걸쳐 후속 논의를 위한 유용한 기초가 되어 줄 것이다.

표 7.1 전통적 vs. 진보주의 수업

특징	전통적 수업	진보주의 수업
교육과정	각 학년별 표준이 설정됨. 특정 교과 영역은 상이하게 가르쳐짐.	학생의 흥미를 따름. 교과영역별로 내용을 통합함.
교사의 역할	교사는 학급의 리더로서 내용, 수업 진행, 암송, 기능, 자습, 숙제 부여 등을 수행함.	교사는 학습의 촉진자로서 자료 제공, 학생의 학습 계획 세우기를 돕고, 학습자 활동 기록 문서를 보관함.
자료	상업적 교재 활용	다양하고 풍성한 학습 자료 활용(구체물 조작을 포함)
활동범위	교사에게 의해 처방되는 적은 범위의 활동	학생 개인의 흥미에 기반한 광범위한 범위의 활동
학생 그룹핑	학급 전체가 동일한 교육과정을 대체로 동일한 속도로 이동함. 때때로 소그룹 활동과 개별 활동을 하기도 함.	학생은 소그룹 내에서 자기주도적으로 때로는 개별적으로 또는 교사의 안내를 받아 학습함.
수업대상	학급 전체	개별 학생
활동	아동-아동 상호작용이 제한적임.	자유로운 이동과 협력이 허용됨.
시간	일과가 각 교과별 시간으로 명확하게 할당됨.	일과 시간 활용은 대체로 학생에 의해 결정되고, 방해받지 않는 공부 시간이 허용됨. 전체적으로 유연함.
평가	규준 지향 평가와 학년 표준, 비공식적/공식적 시험	학년 표준이나 동급생이 아닌 개인의 진보에 기초를 둠. 진단 평가 선호, 공식적 시험을 덜 강조함.
진급	연령별 학년 배정	차별화된 비율로 학생이 진급함.

출처: 챌(chall)의 〈표 1〉을 요약·수정한 것임(2000, 표 1, p. 29)

진보주의를 향한 교육대학의 헌신

20세기와 현재에 걸쳐 미국 교육대학에서 진보주의적 비전은 좋은 교육을 규정하는 원형으로 간주되어 왔다. 이러한 전통 속에서, 교사양성과 현직교육의 목적은 교사로 하여금 전통적 접근에서 탈피하여 진보주의적 가치에 충실히 복무하게 하는 것으로 틀 지워졌다. 교육대학 안에도 챌과 같이 진보주의적 가치를 거부하고 반대 의견을 공공연히 표방하는 사람도 있었지만 그들은 소수였고, 이단과도 같은 입장으로 간주되었다. 하지만 여기서의 쟁점은 교육대학 교수나 그들의 반대편 비평가도 서로 동의할 만한 심각한 입장차이가 존재했다는 것이 아니다. 그보다 더 중요한 점은 이러한 교육대학과 진보주의와의 로맨스가 마치 고교시절의 짝사랑 정도로 기껏해야 피상적인 수준에 지나지 않았다는 점이다. 이 장과 다음 장에서 살펴볼 것처럼, 미국의 교육 연구와 교사교육의 주된 추진력은 진보주의라기보다는 대체로 전통적 교수-학습 방법을 따르는 기존 학교 체제의 행정적 요구에 부응하기 위한 차원에서 오히려 도구주의적 특성에 가깝다고 할 수 있다. 그러나 비록 교육연구와 교사교육의 실제는 전통적 교육구조에 의해 조형되었음에도 불구하고, 이를 규정하는 언어는 한결같이 진보적이었고, 연구논문과 교사교육 프로그램의 개념적 틀과 언어적 색채도 변함없이 진보적인 빛을 띠었다. 로렌스 크레민(Lawrence Cremin)이 교육적 진보주의의 역사 마지막 부분에서 묘사했듯, 1950년대 무렵에 진보주의는 교육자들만의 전문 용어가 되었다.[14]

이와 같은 교육대학의 진보주의 신조를 잘 형상화해 주는 것은 실천보다 원리에 초점을 맞춘 제도나 기관의 사명에 대한 진술들에서 찾아볼 수 있다. 이 가운데 가장 널리 알려진 것은 1992년에 미국 주 연합 신규교사 평가 및 지원 컨소시움(Interstate New Teacher Assessment and Support Consortium, INTASC)의 사명이 제시된 「신규 교사 자격 및 성장의 모델 표준(Model Standards for Begining Teacher Licensing and Development)」이라는 보고서다. 이 기관은 교육대학과 교원노조의 지원 하에 교사양성 및 교사 자격 표준을 정립하기 위한 목적으로 미국 각 주의 학교 담당 최고 관리자 협회에 의해 설립되었다. 그리고 이 보고서는 저명한 교육학 교수인 린다 달링 해몬드(Linda Darling Hammond) 교수가 이끈 위원회에 의해 작성되었다. 이 보고서 서문의 첫 문장은 진보주의 신념에 대한 강력한 진술로 시작된다.

미국의 학교를 지식기반경제가 요구하는 대로 재구조화하기 위해서는 학교교육의 사명과 가르치는 일의 의미를 재정의할 필요가 있다. 단순히 "교육을 제공"하는 것이 아니라, 학교는 이제 모든 학생의 높은 수준의 성취를 보장해야 한다는 기대에 부응해야 한다. 이제 교사는 그저 교육과정대로 운영하는 것보다 모든 학생의 요구에 맞게 맞춤형의 지원을 제공하도록 기대된다. 이러한 새로운 사명은 현저히 다른 차원의 교사 지식과 기술뿐만 아니라 보다 학생이 중심이 되는 학교 조직으로의 탈바꿈이 요구된다. 수업과 학교 차원에서 이와 같은 학습자 중심 접근을 실천하기 위해서는 역으로 정책적 차원에서 교사양성, 자격 체제 및 기관 평가, 인증을 지원하기 위한 변화가 수반되어야 한다.15)

이 보고서에서는 교사 자격 표준과 이러한 각각의 표준에 교사가 부응하기 위해 수반되는 지식, 성향, 성과 항목들을 규정하는 열 가지 원칙을 제시했다. 이러한 원칙은 진보주의 가치에 대한 명료한 진술이기도 하다.

원칙1. 교사는 중심 개념, 탐구 도구, 교과의 구조를 이해한다. 그리고 이러한 측면의 교과 내용이 학생에게 의미 있게 다가가도록 하는 학습 경험을 구성한다.
원칙2. 교사는 학생이 어떻게 배우고 성장하는지 이해하고, 학생의 지적, 사회적, 인격적 발달을 지원하는 학습 경험을 제공한다.
원칙3. 교사는 학생의 상이한 학습 패턴을 이해하고 다양한 학습자에게 적합한 학습 기회를 제공한다.

원칙4. 교사는 학생의 비판적 사고, 문제 해결, 수행 기능을 조장할 수 있는 다양한 학습 전략을 이해하고 활용한다.

원칙5. 교사는 긍정적 상호작용, 적극적 학습 참여, 자발성을 조장하는 학습 환경을 조성하고 개인, 집단의 동기 유발 기제를 잘 활용한다.

원칙6. 교사는 학생의 적극적 탐구, 협력, 교실 내 지원적 상호작용을 조장할 수 있는 언어적, 비언어적, 매체를 통한 소통 전략에 대한 지식을 효과적으로 활용한다.

원칙7. 교사는 교과, 학생, 공동체, 교육과정 목표 등에 대한 지식을 기반으로 수업을 계획한다.

원칙8. 교사는 학생의 지속적인 지적, 사회적, 신체적 발달을 평가할 수 있는 공식적, 비공식적 측정 전략을 이해하고 활용한다.

원칙9. 교사는 학습공동체의 학생, 학부모, 교사에 대한 자신의 선택과 행동의 결과를 계속해 평가하고, 끊임없이 전문적 성장을 스스로 추구하는 반성적 실천가다.

원칙10. 교사는 학생의 학습과 복지를 지원하기 위한 학교 및 지역 공동체에서의 교사, 학부모, 지역전문가와의 관계를 증진한다.16)

이 가운데 오직 두 개의 원칙(1, 7)만이 교과의 지식에 초점을 맞춘다는 점에 주목할 필요가 있다. 다른 모든 원칙은 고전적 진보주의 관심사에 초점을 맞춘다. 학습 경험의 창조(#1), 아동 발달 이해(#2), 학생의 차이(#3), 수업 전략 구사(#4), 개인적, 집단적 동기 유발 및 적극적 참여(#5), 적극적 탐구, 협력, 지원적 상호작용(#6), 학생과 공동체 이해(#7), 학습자 발달을 위한 평가 활용(#8), 반성적 실천하기(#9), 그리고 학생의 학습과 복지 이해 관계자들과의 관계 증진(#10)이 그것이다.

이와 같은 교육대학과 진보주의 수사 사이의 강력한 연결 때문에 대부분의 교육대학 문화 내부자들은 진보주의에의 문화적 집착을 조명할 유인이나 대안 모색 차원에서 이러한 집착을 분석할 관점 모두 결여되어 있었다. 그러나 특히 보수적 관점의 미국 교육대학의 비평가는 둘 다를 가지고 있었다. 진보주의 어젠다의 정치적 반대편으로, 그들은 진보주의 이념을 금새 알아차릴 수 있었고, 보다 이상적 대안으로 전통적 방법을 기꺼이 표방했다. 교육대학 내부에서 진보적 입장에 대한 비판적인 연구가 부재한 까닭에, 나는 대부분이 결코 정치적 보수주의자라고 보기 어려운 외부자들에 의해 쓰인 문헌들에서 유용한 시사점을 얻었다. 다른 자료들과 마찬가지로, 이러한 문헌들의 분석적 가치는 교육대학에 대해 그들이 묘사한 내용의 진실성에 있다기보다는, 그들이 아니면 간과했을 자료와 이슈들을 드러내는 데 있다. 왜냐면 그들의 묘사는 교육대학의 교수가 긍정적 측면을 과장하는 것만큼이나 부정적 측면을 과장하는 경향이 있었기 때문이다. 사법 시스템에서 상대편 옹호 전략을 활용하는 변호사처럼, 이러한 비평가는 반대편의 오점을 파헤치고 자신에게 유리한 주장으로 만들어 강력하게 피력한다. 이러한 접근은 교육대학에 대해 균형 잡히거나 정당한 묘사를 제시하지는 않는다고 해도, 교육대학 교수가 보지 못하거나 덮어두고 싶은 문제를 확실히 드러내 준다는 특징이 있다.

　　예를 들어, 교육대학의 내부자들은 교육학 교수의 교육에 대한 진보주의적 신념과 일반 대중의 교육에 대한 신념 사이의 격차를 드러내기 위해 교육학 교수를 대상으로 여론 조사를 할 생각을 못할 것이다. 그런데 바로 이것은 1997년에 토마스 포드햄(Thomas Fordham) 재단에서 공적 어젠다 개발을 위해 의뢰를 받아 실시한 여론조사로 실현되었다. 포드햄 재단은 오랜 기간 미국 교육체제에 비판적이었고, 레이건 행정부에서 교육부 차관을 지낸 체스터 핀 2세(chester Finn Jr.)이 이끌었다. 여론조사원들은 900명의 무선 표집된 교육 전공 교수에게 전화 조사를 하였고 그들 가운데 40명을 대상으로는 포커스 그룹 인터뷰를 실시했다. 최종 보고서는 「또 다른 드러머: 교사교육자들의 공교육에 대한 시각(Different Drummers: How Teachers of Teachers of Teachers View Public Education)」[17]이라는 제목으로 출판되었다. <에듀케이션 윅(Education Week)>[18] 주간지는 이 여론조사를 기반으로 작성된 이 보고서를 포함하며 이전 두 연구보고서의 내용을 잘 요약한 기사를 실었다[19]. 다음에서 살펴 볼 기사의 발췌 내용은 교육대학 교수의 진보주의 신념을 잘 묘사해 준다.

몇 주 전에 발표된 보고서에 따르면 교육학 교수는 학부모, 일반인, 교사, 학생의 인식과는 "매우 동떨어진 무지"에 가까운 이상화된 공교육 관점을 가지고 있는 것으로 나타났다. 교육학 교수와 학부모, 교사, 학생 간의 신념과 견해의 단절은 충격적일 정도다. 보고서에 따르면 교수는 "학습하는 방법을 배우는 것"을 소중히 여기는 이상화된 세계를 위해 교사를 준비시키는 한편, 핵심적인 지식 체계의 숙달을 경멸하고 학급경영과 같은 기본적인 것은 대수롭지 않게 여기는 경향이 있다.

한편, 이전의 공적 의제 관련 연구에 따르면 일반 대중은 학교에서 기본적인 것을 추구해 줄 것을 원하는 것으로 나타났다. 공적 의제들은 종종 다양한 영역에서의 보통 미국인들의 생각과 지도층들 사이의 인식 차이를 드러내곤 하지만, 보고서에 따르면 "교육과 같이 일반 대중의 마음에 친숙한 이슈에서 이 정도로 심각하게 인식의 격차를 발견하기는 매우 드문 일"이라고 했다.

보고서에 따르면, 교육학 교수는 수업의 본질이 학생에게 배우는 법을 보여주는 것이라고 정의한다. 이런 차원에서, 교육학 교수는 내용보다 과정을 압도적인 정도로 강조하는 경향이 있다고 했다.

예를 들어, 수학과 역사를 가르치는 것과 관련하여, 86%의 교수는 정답을 찾기 위한 힘겨운 노력 과정 자체가 중요하다고 지적한 반면, 12%의 교수는 오히려 바른 정답을 아는 것이 더 중요하다고 지적했다.

포커스 그룹에 참여한 보스턴의 한 대학교수는 "학생에게 이제 컴퓨터에서 다 얻을 수 있는 그 많은 정보를 알려주는 것보다 '도구'를 제공하는 것이 아마도 더 중요하다"라고 주장했다.

보고서에 따르면 여론조사 참여자들은 주도적 학습을 강조한 가운데, 10명 중 6명의 교사는 다루기 힘든 학급에 직면한 채 수업에 학생의 주의를 사로잡는 데 실패하는 것으로 나타났다.

60%에 육박하는 교수는 유급제나 낙제 접근을 통해 학습에 대한 두려움이 아니라, 내재적 배움에 대한 열정이 학생의 학습 동기를 유발해야 한다고 주장했다. 이와 비슷하게 그들은 경쟁을 통한 학생 동기유발 접근에도 비판적인 견해를 보였다. 단지 33%의 교수는 우등상과 같은 보상 접근을 학생의 학습을 조장할 수 있는 소중한 유인가로 간주하면서, 64%의 교수는 학교는 학생의 경쟁을 지양해야 한다고 주장했다. "나는 학생이 별 도장을 받기 위해 교실에서 열심히 한다는 그런 이야기를 듣고 싶지 않아요."라고 시카고 출신의 한 교수는 주장했다. 단편적인 정보를 암기하는 것과 표준화된 객관식 시험도 교수에게 높은 점수를 얻지 못했다. 78%의 교수는 선다형 문제를 별로 선호하지 않는다고 했다. 80%의 교수는 학생 성취와 관련하여 포트폴리오나 보다 진정한 측정, 평가 도구를 옹호했다. 교사에게 절대적으로 필수적인 자질과 관련하여, 84%의 교수는 평생학습자와 지속적인 능력 계발 자질을 강조한 반면, 이보다 적은 정도인 57%의 교수만이 교사는 교과 지식에 대한 깊은 수준의 지식을 갖출 것을 강조했다.[20]

이 보고서에 나타난 교육대학 교수와 일반 대중과의 인식의 대비는 다소 과장된 측면이 있다. 여론조사 결과에 따르면 일반인은 교육학 교수보다 기본적 능력, 표준, 안전, 훈육 등을 더 강조하는 것으로 나타났다. 하지만 일반인의 92%는 초등학생에게 학교는 흥미 있고 즐길 만한 곳이 되어야 한다는 것을 강조하기도 했다(고등학생의 경우에는 86%). 그리고 일반인의 84%는 학교가 초등학생으로 하여금 자기효능감과 자존감을 느낄 수 있도록 강조할 필요가 있다고 인식했다(고등학생의 경우는 81%).[21] 그런데 이 두 가지는 진보주의 교육의 대표적인 관심사이기도 하다. 이것은 포드햄 재단과 같이 정치적 성향이 분명한 경우, 여론조사를 통해 상대편이 불리한 답변이 더 많이 나오도록 유도할 수 있음을 잘 드러내는 것이라고도 할 수 있을 것이다. 그런데 이 책에서 주목하는 이 여론조사 결과는 그보다는 교육학 교수가 진보주의 원칙을 표방한다는 명백한 사실을 그야말로 확증해 준다는 것이다.

진보주의 비전의 본질과 근원

공적 의제 연구에 나타난 교육학 교수의 신념 체계는, 허쉬(E.D. Hirsh, Jr.)가 말한 소위 교육대학 "세계관"이라고 지칭한, 진보주의 비전의 요약판이라고 할 수 있다. 그에 따르면, "교육계 내에서는 현재 상상할 수 있는 대안이 마땅치 않다.[22] 이러한 세계관의 근본적인 가정이 진보주의 원칙이 옳다고 전제하기 때문이다."「우리가 필요한 학교는 왜 존재하지 않는가(The School We Need and Why We Don't Have Them)」라는 저서[23]에서 허쉬는 그의 정치적 자유주의와 교육적 보수주의에 기반을 둔 이전 저서「문화적 문해(Cultural Literacy)」에 기초하여 진보주의의 비전과 지적 근원에 대해 통찰력 있는 분석을 하였다.[24] 이 분석은 진보주의가 교육대학과 왜 강한 결합을 갖게 되었는지 설명해 줄 수 있는 출발점이 된다. 다음에서는 우선, 수업과 학습의 이론으로서의 진보주의를 살펴보고, 이어서 사회적 개혁을 위한 일련의 가치로서의 진보주의에 대해 살펴볼 것이다.

◆ 교수와 학습 이론으로서의 진보주의

부분적으로, 진보주의는 교육과정과 이에 수반되는 교수법 이론으로 구체화되는 수업과 학습의 본질에 대한 논증으로 구성된다. 허쉬는 교육과정에 대한 진보주의적 접근은 형식주의로, 교수법은 자연주의로 가장 잘 묘사될 수 있다고 주장했다. 다음에서는 이에 대해 차례차례 살펴보겠다.

교육과정 형식주의

홀(Hall)은 교육과정에 대한 진보주의 접근의 특징을 학습의 내용보다 형식에 더 치중한다는 차원에서 "형식주의"라고 묘사했다. 여기서 그는 다른 측면을 발견했다. 듀이가 앞서 제시한「아동과 교육과정」에서 지적했듯이, 진보주의 교육은 교육과정이 아닌 아동에서 시작된다. "지식이나 정보가 아니라 자아실현이 목적이다." 이것이 의미하는 것은 교육을 교육과정 지식의 전수로 바라보는 전통적 교육 방식을 탈피하고, 그 대신 학생 개개인의 비판적 사고, 문제해결력, 수행 능력 증진에 집중하라는 INTASC의 원칙 4와 동일하다. 학생으로 하여금 확실한 지식의 축적에 치중하도록 하기보다, 미래에 필요한 지식 획득에 적용할 수 있는 학습 능력에 더 초점을 둔다. 요약하자면, 목표는 바로 배우는 법을 배우는 것이다. 앞서 교육대학 교수에 대한 여론조사에서 나타났듯이, 내용보다 과정에 우선순위를 두는 것으로, 정답을 아는 것보다 정답을 찾아내기 위한 과정이 더 중요하다. 설문에 참여한 한 교수가 언급하듯, "이제 컴퓨터를 통해 얻을 수 있는 정보를 아는 것보다 도구를 제공하는 것이 더 중요하다"고 본다. 이러한 접근에 대해 다이앤 래비치(Diane Ravitch) 교수가 <대달루스(Daedalus)>라는 학술지를 통해 진보주의는 "셀 수 없는 교육과정"을 양산했다고 비판했다.[25] 이러한 비판에 대해 하워드 가드너(Howard Gardner) 교수는 전형적인 진보주의적 답변을 제시했다. "나는 다이앤 래비치, 허쉬, 그리고 이 책의 여러 확신에 찬 공헌자들과 다른 견해를 갖고 있습니다. 나는 특정 주제나 교과가 이 교과를 통해 가르쳐지는 (또는 가르쳐지지 않는) 사고의 방법만큼 중요하다고 생각하지 않아요. 이런 사고의 방법을 획득한다면, 학생은 그들이 원하는 어떤 내용이라도 익힐 수 있을 것입니다. 이러한 훈련한 마음 없이는 오직 알프레드 노스 화이트헤드(Alfred North Whitehead)가 말한 '생기 없는 지식'만을 축적하게 될 것입니다."[26] 여기서 두 가지 상이한 교육과정에 대한 간결한 묘사를 볼 수 있다. 진보주의는 전통적 교육과정을 "생기없는 지식"이라고 여기는 반면, 반대편에서는 진보주의 교육과정을 "무수히 많은" 것이라고 불렀다.

교수학적 자연주의

허쉬는 교수법에 대한 진보주의 접근을 교육이 개별 아동의 다양한 내재적인 형식과 리듬에 부응하는 자연스러운 과정이라는 점, 그리고 이 과정이 자연스러운 실생활의 목표와 환경에 연결될 때 가장 효과적일 수 있다고 간주하는 신념에 기반하고 있다는 점에서 "자연주의"라고 불렀다.[27] 이러한 신념의 핵심에는 아이들이 학습에의 자연스러운 흥미를 가지고 있다는 개념이 자리 잡고 있다. 따라서 진보주의 교수법의 목적은 학생이 스스로 학습을 모색할 수 있도록 이와 같은 흥미를 증진하고 자극하는 것이다. 한편, 전통적 교육과정 기반, 교사중심 교수법에 대한 진보주의 접근의 핵심적 비판은 이러한 접근은 학생의 흥미를 억압하고, 학습으로부터 이탈하게 만든다는 것이다. 듀이는 진보주의를 다음과 같이 묘사했다. "학교에서 죽은, 기계적인, 형식적인 모든 것은 아이들의 삶과 경험을 교육과정에 예속시키는 바로 그 지점에서 생긴다. 바로 이 때문에 '공부'는 짜증나는 것, 일과 동의어가 되었다."28) 따라서 교사는 학점, 경쟁, 외재적인 보상이나 벌(듀이의 소위 "우발적 지렛대", "단편적 훈련", "인공적 뇌물(보상)")에 의존하는 학생의 교관이 아니라, 학생의 내재적 흥미를 통해 학습 동기를 이끌어내는 코치가 될 필요가 있다. 또한, 학생은 수동적인 지식의 수취인이 아니라 적극적인 학습자로 간주될 필요가 있다. 이러한 아이디어는 INTASC 원칙 1, 4, 5, 그리고 6에 잘 형상화되어 있다.

허쉬에 따르면, 진보주의 교수법에 내재된 자연주의의 중요한 두 요소는 바로 발달론과 총체적 학습이다. 만일 학습이 자연스러운 것이라면, 가르침은 학습자의 자연스러운 발달론적 역량에 맞출 필요가 있다. 이를 위해서는 학습자의 발달 단계에 적합한 특정 교과내용과 기능을 제공하기 위한 주의깊은 노력이 요구된다. "발달론적으로 적합한(developmentally appropriate)" 실천과 교육과정은 진보적 비전에 핵심적인 것으로, INTASC 원칙 2, 4, 8에 잘 나타나 있다. 이와 밀접하게 관련된 이슈는 수업을 개별 학생의 발달 단계에 맞춰야 한다는 INSTAC 원칙 3이다.

이러한 자연주의적 교육 접근의 두 번째 핵심 아이디어는 학습이 개별 교과 형태로 분리되어 가르칠 때보다 주제별로, 프로젝트 형태로 복수영역의 지식과 기능이 통합되어 총체적인 형태로 접근될 때 더 효과적으로 이루어진다는 것이다. 따라서 진보주의 접근은 다학문적 접근, 주제별 단위, 그리고 프로젝트 교육방법을 매우 강조한다는 것을 알 수 있다.

진보주의가 자신의 자연주의적 교수법을 전통적 교수법의 형식주의에 대한 공격으로 간주하는 것에 주목한다면, 허쉬가 진보주의적 교육과정의 특징을 "형식주의"라는 용어를 활용하여 규정하는 것은 의도적인 역설이라고 할 수 있다. 진보주의에서 형식주의는 전통적 교수법이 학생의 자연스러운 흥미나 특성을 고려하지 않고 강의와 교과서를 통해 정교하게 구조화된 지식을 전달하기 위해 수업의 형식적 패턴을 완고하게 고수하려는 것을 가리키는 것이다. 따라서 위의 인용처럼, 듀이는 "형식적"이라는 의미를 "죽은", "기계적인" 것과 동일한 것으로 간주했다. 다시 말해, 진보주의자들에게 형식주의란 자연스럽지 않은 교수법이다. 한편 허쉬에게 형식주의는 내용 없는 교육과정을 의미했다. 형식주의 용어 사용상의 허쉬와 진보주의 사이의 차이는 가르침의 두 가지 요소인 교육과정과 교수법 가운데 어디에 강조점을 두느냐에 있다. 허쉬는 교육과정 내용을 강조한 반면, 진보주의자들은 교수 기법을 중요시했다.

낭만주의의 근원

허쉬는 진보주의 교육의 근원을 유럽 낭만주의와 미국의 후예로부터 찾았다. 그는 진보적 교육의 심장에 자리하고 있는 두 가지 낭만적 신념에 주목했다. "첫째, 낭만주의는 인간의 본성이 선하다는 신념에 따라 인간은 인위적인 사회적 신념이나 관습에 오염되지 않고, 자연스러운 본성을 추구하도록 조장되어야 한다고 믿었다. 둘째, 낭만주의는 어린이를 어른의 무지한 버전의 축소판이나 조형되어야 할 무형의 점토가 아니라, 그 자체로 독특하고, 신뢰할 만하며, 심지어 거룩한 본성을 가지고 있는 특별한 존재로서 그들의 본성을 발전할 수 있도록 허용되어야 한다."[29] 이와 밀접하게 관련된 신념은 "문명이라는 것은 순진하고, 흥겨우며, 덕을 고양하기보다는 오히려 어린이에게 부정적인 영향을 준다."[30] 이러한 관점 하에, 전통적 교육은 비효과적인 것일 뿐만 아니라 교사의 의지에 의해 어린이에게 일련의 고정된 지식을 강요한다는 측면에서 해롭고 오도된 것이라고 간주되었다. 낭만주의적 대안으로 아이들의 요구, 흥미, 역량으로부터 출현하고 이에 부응하려는 자연주의적 교수법과 아이들에게 본인들이 원하는 지식을 획득하도록 하는 데 초점을 두는 기능 기반 교육과정이 제안되었다.

진보주의 교육의 근원으로 낭만주의에 주목한 것은 허쉬만이 아니었다. 데이비드 코헨(David Cohen)은 공식적인 학교교육과 이에 수반된 것들(교사, 교과서, 책상, 훈육 등)에 대한 뿌리 깊은 혐오와 자발적이고, 자연스러우며, 자기 주도적 형태의 교육에 대한 깊은 애정으로부터 미국 진보주의의 전통을 분석했다.[31] 이것은 그의 논문 "윌러드 월러: 혐오하는 학교와 사랑하는 교육에 대해(Willard Waller: On Hating School and Loving Education)"에 잘 묘사되어 있다. 역사학자 윌리엄 리즈(William Reese)는 「진보주의 교육의 기원(The Orgins of Progressive Education)」이라는 저서에서 아동중심 교육 계열의 진보주의는 유럽의 낭만주의자들인 루소(Rousseau), 워스워드(Wordsworth)와 그들의 미국 계승자인 에머선(Emerson), 소로우(Thoreau)로부터 출현하게 되었고, 유럽의 낭만주의 교육자인 페스탈로찌(Pestalozzi), 프뢰벨(Froebel)을 거쳐, 미국교육개혁가 만(Mann), 버나드(Barnard), 파커(Parker), 쉘던(Sheldon)과 듀이를 경유하며 각각의 특성이 결합되었다. "서로 간의 차이에도 불구하고 '새교육'의 지지자들은 어린 학생의 교육은 친절하고 자연스러워야 하고, 교과서가 아닌 실제 대상과의 접촉과 감각적 경험을 통해 추구되어야 한다."는 점에서 공통점이 있었다.[32]

또 다른 진보주의 교육 비전에 내재된 낭만주의의 유산은 반지성주의 경향이다. 리즈는 "반지성주의적 계열은 다양한 감각적 경험을 교육의 근본으로 간주하고, 초월, 직관, 감정 등을 강조하는 아동중심 교육자들의 근본적인 특징이다." 그들은 어린이의 교육에 있어서 책, 교과서, 문법, 교리문답과 같은 방법의 중요성에 문제를 제기한 유럽 낭만주의자들의 저작을 능숙하게 인용할 수 있었다.[33] 이것은 허쉬[34]나 래비치[35]에서 흔히 볼 수 있는 진보주의 교육에 대한 단골 비판 메뉴였다. 물론, 앞 장에서 보았듯이 이런 관점은 리즈와 호프스태터(Hofstadter)[36]와 같은 학자의 연구에도 등장한다. 앞장에서 살펴보았듯이 교육대학에서의 지적 논의 결여 문제를 모두 진보주의 탓으로 돌리는 것은 공정하지 않은 것이다. 드샴(Durcharme)에게 한 교수가 다음과 같이 말한 것을 떠올려 보자. "나는 책보다 오히려 책에 '대해' 더 많이 읽었다."라고 그 교수는 자조했다.37) 싸이저와 파월은 교육대학 교수의 문제를 반지성주의라기보다는 오히려 "비지성주의"라고 생각하는 것을 선호했다. 교육대학 교수의 초상을 (놀랍게도 긍정적인 의미에서) 이렇게 성찰 없고, 아무런 문제제기도 없는 형상으로 그려지는 것은 슬프게도 늘 똑같았다.38)

◆ 일련의 사회적 가치로서의 진보주의

비평가는 진보주의의 교수-학습 이론에 대한 공격에 집중한 반면, 다른 비평가는 진보주의가 표방하는 사회적 가치의 공략에 집중했다. 예를 들어, 교사교육 인증 국가위원회(NCATE)에서 활용하는 교사교육 프로그램의 표준에 대한 논평에서, 스톤(J. E. Stone)(이스트 테네시주립대 교수, 포드햄 재단 보고서 집필 참여) 교수는 이 표준에 진보적 비전의 일부인 사회적 가치가 스며들어 있다고 보았다. "NCATE의 표준은 학습자 중심 수업을 명백하게 표방한다기보다는 오히려 교육의 학습자 중심 비전에 노골적으로 집착한다. 이런 측면에서, 학교교육은 미국사회의 보다 확실한 평등, 다양성, 사회정의 구현 없이 성공을 기대하기 어렵다고 간주된다. 따라서, 교사교육에는 올바른 마음의 사회적, 정치적 가치 투입이 필요하다는 것이다."39) 그는 "글로벌 관점"과 "다문화 관점"을 필수로 지정하는 표준으로부터 예시들을 든다.40)

보다 동조하는 관점에서, 퍼터 뉴샘경(Sir. Peter Newssam)(전 런던대 교육대학 학장 겸 런던 도심 교육청 고위 관리)은 그의 「앤카르타 백과사전 2000(Encarta Encyclopedia 2000)」의 교수-학습 파트의 서문에서 진보주의 교육 비전에 내재한 사회적 가치에 대한 간결한 요약을 다음과 같이 쓰고 있다.

가치와 관련하여, 진보적 접근은 학생에게 더 의미 있게 다가가는 가치를 형상화할 수 있는 학교를 창조하는 것이 수업을 통해 이러한 가치를 가르치거나 개선하려는 것보다 오히려 더 효과적이라고 여기는 경향이 있다. 따라서 중요성이 개인, 성인, 학습자 모두 서로에게 행동하는 양식에 부여되었다. 외부에서 부과된 것이 아닌 절제된 환경은 이러한 과정의 직접적인 결과라고 할 수 있었다. 학생 능력의 차이에 상관없이 사회적 가치, 경쟁보다는 협력, 동등한 가치를 추구할 것이 강조되었다. 마지막으로, 원칙의 하나로, 모든 학생은 어떤 측면에서 어느 정도로는 모두 성공할 수 있다고 가정되었다. 19세기 교육자가 주장한 것처럼, "모든 이들은 각자의 측면에서 특별한 재능을 타고났다." 어린이를 재능과 적성 정도에 따라 상이한 학교 또는 학급으로 배정하는 철저하게 수준별 교육 형태와 이 원칙은 충돌한다. 타인의 판단에 따라 학생은 강제적으로 더 낮은 수준의 학교 또는 학교에 배정하여 실패감을 유도하는 것은 전체적인 학업성취 수준을 억압할 뿐만 아니라 동기를 상실한 학습 부진 학생을 양산한다는 것이다.[41]

따라서 진보주의 비전 속에 내재된 가치는 단순히 효과적 학습에 필요한 것을 넘어 일련의 이상과 지향들을 아우른다고 할 수 있다. 사회적 관계에 있어 경쟁보다는 협력을 강조하고, 민주적 의사결정, 사회적 평등, 모든 학생의 성공, 다문화주의, 세계시민주의 등이 그러한 가치들이라고 할 수 있다. 가장 포괄적인 차원에서, 진보주의는 학교를 민주적 공동체의 모델로 삼고, 사회정의와 민주적 평등이라는 원칙을 중심으로 교육개혁을 통한 사회 전반의 개혁을 모색하는 것을 이상으로 삼았다. 보수적 비평가는 이러한 진보주의 내 정치적 성향에 특히 주목했다.

어떻게 진보주의는 교육학 교수의 이념이 되었는가

교육학 교수는 오랜, 깊이 뿌리내린, 그리고 널리 공유된 진보주의 비전에 대한 수사학적 헌신을 보인다. 왜 그런 것일까? 그 해답은 20세기 초반 교육대학의 역사와 아동중심을 강조한 진보주의 계열의 수렴에서 발견될 수 있다. 역사적 여건은 서로가 분리될 수 없을 정도로 강하게 결합시켰다. 그 결과, 진보주의는 교육학 교수의 이념이 된 것이다.

교육대학은 이 과정에 있어 자신만의 전설을 갖고 있다. 그것은 교육을 살리려는 이상과 이러한 이상을 실현하기 위해 감행해야 할 미개한 전통주의 세력과 투쟁할 투사와의 천상의 결혼이라는 감동적인 이야기이다. 전설이 그렇듯, 이 속에는 일말의 진실이 담겨있다.

하지만 난 여기서 다른 이야기를 하려고 한다. 그것은 교육대학의 역사로부터 생겨난 것이면서 그 기관의 지위와 역할에 미친 역사의 영향에 대한 이야기이다. 이 이야기 속엔 진보주의와 교육대학의 연합이 단순히 서로 간의 끌림 때문이라기보다는 더 지속적인 서로 간의 필요 때문이었음이 드러난다. 이 결합은 강자의 결혼이라기보다 약자의 혼인이었다. 각자의 영역에서 둘은 모두 실패자(loser)였다. 아동중심 진보주의는 미국 학교에 대한 통제력을 얻기 위한 투쟁에서 실패했고, 교육대학은 미국 고등교육에서 존경을 획득하는 데 실패했다. 한 명은 안전한 피난처를 찾아, 또 다른 이는 의로운 사명을 찾아 서로가 서로를 필요로 했다. 그 결과 교육대학은 도전의 여지없이 광범위하게 확산된 진보주의에 대한 수사적인 헌신을 확립하게 되었다. 한편, 이 과정에서 진보주의 비전은 많은 학교에서의 교수학습의 실제는 말할 것도 없고, 심지어 교육대학 내의 연구자나 교사교육자의 실천에도 실질적인 영향을 미치지 못했다.

이러한 독특한 형태의 진보주의에 대한 교육대학 헌신의 근원을 조명하기 위해서는 우선 20세기 전반의 미국 진보주의 교육운동의 역사를 살펴볼 필요가 있다. 이를 통해 교육대학과 진보주의 이념이 서로 어떻게 끌어안게 되었는지 이해할 수 있을 것이다.

◆ 듀이는 어떻게 패배했는가?: 진보주의 교육의 짧은 역사

교육대학과 진보주의 사이의 관련성에 대해서 이해하기 위해서 선행되어야 할 것은 미국에서의 진보주의 교육 운동이 단일한 존재가 아니라는 것이다. 진보주의 역사의 결정판을 쓴 로렌스 크레민은 책의 서문에서 "이 운동

은 착상될 때부터 다원적, 때로는 모순적인 특성을 띤 것이 그 특징이었다. 따라서 진보주의 교육이 무엇인지 요약해서 정리해놓은 것을 아무리 찾으려 해도 허탕만 칠 게 뻔하다. 아무 것도 존재하지 않고, 앞으로도 그럴 것이다. 진보주의의 역사를 통해, 진보주의 교육은 다른 사람에게 각기 다른 의미로 해석되었기 때문이다.[42] 허버트 클리바드(Herbert Kliebard)는 이에 대한 연구에서(그의 연구는 이후 본 장의 논의의 중심적인 토대를 제공함) 진보주의 운동을 단 하나의 아이디어로 규정하려는 것은 "공허하고 해로운" 것이라고 했다.[43] 역사학자는 이 운동 내 다양한 경향성을 분류하기 위해 다양한 분석 틀을 활용했다. 데이비드 타이액(David Tyack)은 행정적 진보와 교수학적 진보 유형을 제안했다.[44] 로버트 처치(Robert Church)와 마이클 세드락(Michael Sedlak)은 보수주의, 자유주의 진보라는 용어를 활용했다.[45] 클리바드는 사회 효율성, 아동 발달, 사회재건이라는 세 유형을 제시했다.[46] 나는 이 장에서 가장 널리 활용된다고 여겨지는[47] 행정적 진보주의와 교수학적 진보주의라는 개념을 활용할 것이다. 보수주의와 사회 효율성 그룹은 행정적 진보주의에 부합하고, 자유주의적, 사회재건 그룹은 대체로 교수학적 진보주의에 부합한다고 여겨진다. 아동 발달 그룹은 양자 사이에 걸쳐있다.

진보주의와 교육대학 사이의 연결과 관련하여 알아야만 하는 또 한 가지 중요한 점은 행정적 진보주의가 라이벌인 교수학적 진보주의를 완파했다는 것이다. 엘렌 레이즈만(Ellen Lagemann)은 이를 놀랄만큼 정확하게 다음과 같이 설명했다.

"나는 종종, 부분적으로 왜곡이 있지만, 쏜다이크(Thorndike)가 승리하고 듀이가 패배한 이유를 이해하지 않고는 미국 20세기의 교육을 제대로 이해할 수 없다고 학생에게 주장하곤 한다. 이러한 주장은 물론 지나치게 단순하지만, 그럼에도 불구하고 다음의 몇 가지 이유에서 일말의 진실이 있다. 첫째, 쏜다이크와 듀이 모두 진보주의라는 말을 사용했지만 둘 사이에는 현저한 차이가 있다는 것이다. 이에 더해, 이 두 사람의 아이디어가 독자에게 수용된 방식의 차이에도 주의를 기울일 필요가 있다.

듀이는 일부 교육자들에게 존경을 받고 특히 학문적인 영역—심리학, 정치학, 사회학 등등—에서 큰 영향을 끼친 반면, 쏜다이크의 사상은 교육계에서 더욱 영향력이 있었다. 그의 연구는 교육에 대한 연구뿐만 아니라 공교육의 실천을 형성하는 데 큰 영향을 끼쳤다."[48]

본 장의 취지와 관련하여, 이것이 의미하는 것은 교수학적 진보주의는 교육 담론에 가장 큰 영향력을 행사한 반면, 행정적 진보주의는 학교교육의 구조와 실제에 지대한 영향을 미쳤다고 할 수 있다는 것이다. 교수학적 그룹이 행사한 지적 영향력의 단적인 증거는 그들의 언어가 우리가 현재 진보주의라고 지칭하는 것을 정의했다는 것, 그리고 현대 교육대학의 진보주의 이념이 그들의 유산이라는 점이다. 동시에, 학교의 일상적인 실제를 개혁하는 데 실질적인 영향력을 행사한 그룹은 행정적 진보주의였다는 것이다.

교수학적 진보주의

우리는 교육대학의 진보주의 사명에 대한 면밀한 검토를 통해 교수학적 진보주의 그룹의 목표와 이상에 대해서 이미 알 수 있었다.[49] 이 계열의 진보주의의 초점은 교실에서의 교수-학습 과정이었다. 이미 살펴본 것처럼, 교수학적 진보주의는 학생의 발달 단계, 요구, 흥미를 기반으로 수업을 설계하려고 했고, 특정 지식 체계의 전수가 아닌 어떤 교과든 다 배울 수 있도록 학생에게 학습 기능을 가르치는 것에 초점을 두었다. 적극적인 참여를 통한 발견과 자기 주도적인 학습을 증진하려고 하였고, 학생의 목표를 표현할 수 있고 사회적으로 의미 있는 주제 통합식 수업이 가능한 프로젝트 학습을 표방하였으며, 공동체, 협력, 관용, 정의, 민주적 평등의 가치를 고양하려 했다. 이념에 의해 추동되고 또 교육사상에 강력한 영향을 준 운동 특성에 걸맞게, 교수학적 진보주의는 장 자크 루소, 프리드리히 프뢰벨, 하인리히 페스탈로치, 요한 헤르바르트(Johann Herbart), 호레이스 만, 에드워드 쉘던, 윌리엄 제임스와 같은 이념적 선구자들로부터 심대한 영향을 받았다.

이 운동의 주요 행위자로는 프랜시스 파커(Francis Parker), 존 듀이(John Dewey), 스탠리 홀(Stanley Hall), 윌리엄 허드 킬패트릭(William Heard Kilpatrick), 죠지 S. 카운츠(George S. Counts), 헤럴드 러그(Herald O. Rugg), 그리고 보이드 보드(Boyd H. Bode) 등이 있다. 홀은 심리학의 과학적 방법론을 적용하여 아동의 발달단계에 초점을 두고 아동의 요구와 흥미에 교육을 맞춰 설계하려는 아동 연구 분야를 개척했다는 차원에서 이 분야에 큰 공헌을 했다. 킬패트릭은 교수학적 진보주의의 신조(행위 교육과정, 체험 교육과정)에 담긴 다양한 요소를 형상화하는 프로젝트 기법을 발전시키는 데 선도적인 역할을 하였고, 이 과정에서 (컬럼비아대의 전신인) 티처스 칼리지(Teachers college)가 진보주의 운동의 주역이 되도록 했다. 카운츠는 사회정의, 사회개혁, 민주주의의 가치 등을 강력하게 표방하며 클리바드가 사회적 재건주의라고 규정한 계열의 교수학적 진보주의에 주력했다. 러그는 사회 재건주의와 아동중심학교를 지지하는 저술 활동을 했다. 보드(Bode)는 듀이와 마찬가지로, 두 계열의 진보주의 모두를 비판했지만(예를 들어, 교수학적 진보주의의 발달론적 접근과 프로젝트 학습에 대한 과도한 표방), 행정적 진보주의 계획안에 대한 아주 구체적이고 강력한 비판은 보류했다.[50]

행정적 진보주의

교수학적 진보주의를 결합시킨 것은 보편적인 낭만주의적 비전이라고 한다면, 행정적 진보주의를 결합시킨 것은 철저히 실용주의였다. 전자가 교실에서의 교수-학습에 주목했다면, 후자는 거버넌스, 구조, 교육과정의 목적에 주목했다. 실용주의적 성향으로 인해 행정적 진보주의는 교수학적 진보주의에서처럼 학문적 선구자들의 긴 목록은 없었다. 이들은 실천주의자들이었고, 이 개혁주의자 대열에 뛰어든 이들은 듀이 계열의 진보주의자들보다 수적으로 월등히 앞섰다. 쏜다이크 외에도 20세기 전반부에 이 대열에 참여한 이들은 데이비드 스네덴(David Snedden), 로스 핀네이(Ross L. Finney), 에드워드 로스(Edward A. Ross), 챨스 피터스(Charles C. Peters), 챠터스(W.

W. Charters), 존 프랭클린 보비트(John Franklin Bobbit), 찰스 프로서 (Charles Prosser)와 교수학적 진보주의자이기도 했던 스탠리 홀(G. Stanley Hall) 등을 들 수 있다.

이 그룹으로부터 출현한 다양한 개혁 시도의 조직 원리는 '사회적 효율성'이었다. 어떤 측면에서, 이것은 비즈니스 경영 실천과 궤를 같이 하고(이때는 효율성 전문가의 시대였다는 것에 유념할 필요가 있음), 공공 재원의 신중한 투자 요구에 대응한 보다 효율적인 경영을 위한 학교 조직과 거버넌스의 재구조화를 의미하는 것이기도 했다. 이를 위한 주요한 전략은 학교 행정을 정치적 압력으로부터 보호하기 위해 교육위원회를 임명하기보다 주민 선거로 선출하는 것과 관리를 전문적 행정가들의 손에 맡기는 방식으로 중앙 집중화하는 것이었다. 특히 후자를 추진하기 위해 구(ward-level) 단위 교육위원회를 단일 시(citywide) 단위 교육위원회로 통합하고, 위원수를 줄였으며, 농촌 지역의 소규모 학교 구를 대규모 학교구로 통합하고, 새롭게 교육감을 고용하여 학교 경영을 관장하게 했다. 또 다른 전략은 계속 학년 승급을 못하는 나이 많은 학생을 지칭하는 "지체"라는 개념에 대한 공격이었다. 행정적 진보주의자들은 이와 같은 학업 성적에 따른 유급은(당시 많은 교육청에서 보통 학생이 8학년을 마치는 데 10년이 걸리는 것이 일반적이었음) 사회적으로 매우 비효율적인 제도라고 간주했다. 그들은 학생의 승급을 학업 능력이 아니라 나이대로 하도록 하는 사회적 승급을 대안으로 제안했다.

또 다른 의미에서 사회적 효율성의 의미는 학생을 지역사회, 가정, 일터에서 보다 효율적으로 성인의 역할을 담당할 수 있도록 하여 사회와 경제의 요구에 부응하는 방식으로 교육체제를 재조직하는 것을 의미했다. 이와 같은 실용주의적 비전은 학교로 성인의 수습생이 아닌 어린이의, 또 미래가 아닌 현재의 요구와 경험을 강조한 교수학적 진보주의의 낭만주의적 관점과는 현저하게 다른 것이다. 이는 행정적 진보주의가 미국 교육에 가장 두드러진 공헌이라고 할 수 있는 과학적 교육과정 설계로 이어졌다. 이 교육과정의 개념은 '차별화' 원칙에 기반을 둔다. 이 접근은 심리학자인 홀(Hall)의 연구에 잘 제시되었듯이 학생의 사회적, 지적 성장의 상이한 지점에서의 발달적 차이로부터 출발한다. 또한, 동년배 학생 간의 지적 능력의 차이(새로운 IQ 테스트 운동과 같이 명백히 객관적 방법으로 간주되는)에서 착안한다. 이러한 개별 학생의 능력 차이와 복잡한 산업 사회에 요구되는 광범위한 직업적 역할을 맞추자는 것이 바로 이 접근의 아이디어라고 할 수 있다. 이 양자를 결합시키려는 교육과정 접근은 심리학자 쏜다이크의 저명한 학습이론으로부터 막대한 영향을 받았다.

쏜다이크에 따르면, 특정 학습 과업에서 습득된 기능은 다른 종류의 과업으로 손쉽게 연결되지 않는다고 본다. 이것은 전통적 학문 교과 공부를 지배하는 원리로서 교과는 정신 형식 훈련에 효과적이고, 이렇게 연마된 형식은 쉽게 다양한 실질적인 영역으로의 이동이 용이하다고 본 19세기 형식 심리학의 주장에 정면으로 반대되는 견해였다. 이것은 학생의 배움을 위한 학습을 가장 중시하고, 교과는 학습의 내용 그 자체보다는 학습 기능을 획득하는 중간 매체 차원에서 부차적인 것으로 간주한 교수학적 진보주의의 심리학이론과도 모순되는 것이었다. 전통적 학문중심 교과를 정당화한 형식 심리학과 교수학적 진보주의의 기능 기반 학습 이론 사이에는 놀랄만한 유사점이 있었다. 형식 심리학은 교수학적 진보주의와 행정적 진보주의가 그렇게 반대한 전통적 교육과정의 토대라는 측면에서 이는 역설적이라고 할 수 있었다.

쏜다이크의 관점은 교육과정에 엄청난 결과를 초래했다. 클리바드가 지적하듯, "만약 전통적으로 믿었던 것보다 전이가 훨씬 제한적이라고 한다면, 교육과정은 삶에 직결되는 내용으로 설계되어야만 한다."[51] 따라서, 쏜다이크의 말대로, "학생이 실생활에서 수행해야 하는 일을 충분히 고려하지 않고, 또 그들을 이러한 요구에 부합하게 하려는 노력을 기울이지 않는 어떤 학교도 성공적일 수 없다."[52] 즉, 소수의 학문적 교과에 집중된 중핵 교육과정은 곧 성인의 역할에 근접하게 된 중등학교 수준에서는 거의 전혀 의미가 없는 것이나 마찬가지였다. 그보다는 학생의 능력과 미래 직업에 필요한 능력에 따른 교육과정 선택권의 광범위한 확장과 차별화가 필요했다. 또한, 학생이

다룰 수 있고 직업이 요구하는 그런 특정 지식과 기능에 집중해야 했다. 이러한 관점에서 본다면, 모든 교육은 직업교육이라고 할 수 있었다.

이러한 모든 차이에도 불구하고, 이 두 가지 진보주의 사이에는 서로를 용납할 수 있거나 때로 연대하도록 하는 몇 가지 핵심적인 공통점들이 있었다. 한 가지는 발달론적 관점에 대한 공유된 믿음이었다. 비록 기본적인 입장이나 방향이 다르긴 했지만, 이들에게 교육은 학생의 지적, 사회적 발달을 둘러싼 특정 단계의 역량에 부합하도록 설계되어야 했다. 이 점에서 두 진영은 같았다. 행정적 진보주의자들은 이 발달론적 접근을 동급생 내 능력별 차별화 교육과정을 제공하는 전략과 결합하였고, 교수학적 진보주의자들은 발달론적 접근을 표준화된 교육과정에 반대하고 학생의 흥미와 주도성에 의해 만들어지는 교육과정을 지지하는 차원으로 활용했다. 양대 진보주의 진영 사이의 가장 강력한 결합 지점은 전통적 학문중심 교육과정에 대한 불만과 적극적인 적대감이었다. 이 교과 기반 학교 교과에 대한 공격을 통해, 양 진영은 서로를 향한 비판 지점이 달랐음에도 불구하고 단결했다. 행정적 진보주의자들은 학문적 교과는 사회적, 경제적 역할을 효과적으로 수행하는 데 걸림돌이 된다고 보았고, 교수학적 진보주의자들은 이러한 교과를 학생의 흥미를 방해하고 자기주도적 학습을 저지하게 만들 성인의 지식 구조의 강제적인 부과라고 간주했다.

「카디널 원칙(Cardinal Principles)」 보고서를 통한 개혁 의제의 설정

1918년 미국 교육부는 (전미교육협회에 의해 임명된) 중등교육재편위원회가 작성한 보고서를 편찬했다. 이 보고서는 행정적 진보주의의 교육과정 개혁에 대한 가장 포괄적이고 권위있는 내용으로 구성되었다. 「카디널 중등교육 백서(Cardinal Principles of Secondary Education)」로 알려진 이 보고서는 지난 세월 진보주의 비평가의 펀칭 백이 되었다. 왜 그랬는지 아는 것은 어렵지 않다. 제안된 교육과정의 범위는 이례적으로 광범위했다. 위원회가 제안한 교육의 목적은 1. 건강, 2. 근본적 과정에 대한 유창성, 3. 가치있

는 가족 구성원, 4. 직업, 5. 시민의식, 6. 레저의 가치 있는 활용, 7. 윤리적 인격 등이다.[53] 이 가운데 오직 2번만이 완곡하게 학문 교과를 언급했다. 제안된 교육과정은 고도로 차별화되었고 또 직업적 지향성을 띠었다. "교육과정의 범위는 학교가 효과적으로 제공할 수 있을 만큼 넓어야 한다. 교육과정 차별화의 기초는 넓은 의미에서 농업, 경영, 산업, 사무, 예술과 같은 직업에 기반을 두어야 한다. 특별히 학문적 관심과 요구가 높은 학생을 위한 교육과정도 제공되어야 한다."[54] 명백한 이유에서, 비평가는 마지못해 학문적 학습을 교육과정의 요소로 추가한 마지막 문장을 인용하는 것을 특히 즐겼다.[55] 게다가, 위원회의 보고서는 학생의 승급, 18세까지 모든 학생의 재학, 중학교의 설립 등을 표방했다. 중학교 제도에 대한 매력은 중학교의 설립으로 7학년 때부터 향후 사회적 역할에 따라 교육과정을 차별화하고 학생을 분류할 수 있다는 점이었다.

「카디날 원칙」 보고서는 진보주의 양 진영의 발달론적 접근에 대한 선호와 전통적 교과에 대한 반감을 드러냈지만, 교수학적 진보주의 관점은 미미한 형태로만 드러났다. 28명으로 구성된 위원회에 참여한 8명의 교육학 교수 가운데 낭만적 진보주의 진영의 떠오르던 리더였던 윌리엄 킬패트릭이 있었다. 그런데 그 위원회는 행정적 진보주의의 지도급 인물이었던 스네덴의 수제자였던 클라렌스 킹슬리(Clarence Kingsley)에 의해 주도되었다. 교수학적 진보주의자들이 가장 좋아하는 흥미라는 단어는 보고서에 34번이나 등장했다. 하지만 이 용어는 종종 보고서가 표방하는 기본 입장인 학생을 유능한 성인의 역할에 준비시킨다는 것을 재강조하는 차원에서 개인의 흥미와 사회적 이익을 연결시키는 방식으로 쓰였다. 보고서의 지배적인 주제는 압도적으로 사회적 효율성이었다.[56]

1940년까지 행정적 진보주의가 학교에 미친 영향

「카디날 원칙」 보고서가 진보주의 운동의 개혁 의제 설정에서 행정적 진보주의의 승리를 대변하는 것이라고 한다면, 이러한 의제를 실행하는 데 이 그룹은 얼마나 성공적이었을까? 진보주의 운동의 전성기인 1940년을 분기점으로 삼아 진보주의 운동의 영향에 대해 살펴보도록 하자—이 시기는 교육대학이 형성되고 교수학적 진보주의 신조에 대한 헌신이 가장 두드러졌던 시기였다. 큰 도시들에서 행정적 진보주의는 소수, 엘리트 위주로 교육위원회를 장악함으로써 정치적 압력을 차단하고, 학교 경영을 전문적 행정가들로 관료제로 채우는 데 대단히 성공적이었다. 이러한 방향의 움직임이 농촌 지역에서는 다소 더딘 경향이 있었지만, 여기에서도 대규모 학교구로의 통폐합이 20세기 초까지 계속 추진되었다. 연방정부에서 이에 대한 통계 자료를 수집하기 시작한 1932년과 1940년 사이에 미국 내 학교구는 10,000여 개로 감소했다.[57] 행정적 진보주의가 미친 영향을 알 수 있는 또 다른 증거는 학년 진급의 확대이다. 예를 들어, 필라델피아의 연간 8학년의 유급율이 1908년의 18%에서 1945년에는 2%로 감소하였고, 고등학교의 유급율은 23%에서 15%로 감소했다.[58]

행정적 진보주의가 학교 거버넌스나 진급에 미친 영향에 비해 교육과정에 미친 영향은 판단이 다소 엇갈리는 면이 없지 않지만 여전히 상당했다. 영향력이 미친 내용 중 하나로 전통적 학문적 교과(수학, 과학, 역사, 영어)를 「카디날 원칙」보고서의 목적인 폭넓은 사회적 효율성에 맞춰 보다 폭넓게 설정하고, 지나치게 협소하지 않은 학문으로 재 정렬한 것을 들 수 있다. 가장 대표적인 성공 사례는 역사를 사회로 재구성한 것이라고 할 수 있지만, 일반수학과 일반과학의 도입과 확산도 같은 선상에 놓을 수 있다. 또 다른 사회적 효율성 관련 영향력의 사례로는 고전 언어 강좌의 현저한 쇠락, 그리고 현대 언어 강좌 등록에 있어서 완만하지만 여전히 상당한 정도의 양적 감소를 들 수 있다.[59]

하지만 교육과정 관련한 가장 중대한 영향이라고 한다면 교육과정의 목적이 직업 중심으로, 그 구조는 차별화하는 방식으로 재편된 것이었다. 20세기 고등학교 강좌 등록을 연구한 데이비드 앵거스(David Angus)와 제프리 마이럴(Jeffrey Mirel)의 연구에 잘 나타난 것처럼, 1930년대에 학생이 등록한 대부분 강좌는 새로운 직업, 건강, 가정 경제 강좌라기보다 명목상 전통적 학문 교과들이었다.[60] 하지만 학문적 강좌의 성격이 보다 사회적 효율성을 반영하는 형태로의 근본적인 변화를 겪고 있었다(예를 들어, 사회나 일반 과학 강좌처럼). 또 전체적인 교육과정의 목적도 강좌명이 무엇인가에 상관없이 학생을 노동자와 가정주부의 역할을 충실하게 수행하도록 준비하는 방식으로 서서히 재편되고 있었다. 무엇보다 중요하게도, 앵거스와 마이럴은 교육과정이 상이한 직업적 경로와 학문적 능력이 있는 다양한 학생의 요구에 부응할 수 있도록 다양한 수준별 학문적 또는 비학문적 강좌들을 제공하는 방식으로 확대되었다는 것을 발견했다. 이러한 교육과정의 차별화는 성(性), 사회계층에 따른 교과 공부의 분리 양상을 초래하였는데, 이것이 사회적 효율성 의제가 학교에 남긴 가장 강력하고 끈질긴 결과라고 할 수 있다.

이러한 변화들 가운데 일부는 교수학적 진보주의자들에 의해 환영을 받기도 했다. 학년 진급은 그들의 순위, 경쟁, 외재적 보상이라는 우려를 불식시키는 데 잘 맞아떨어졌다. 또한, 교과를 전통적 학문의 테두리에서 벗어나 확대한 것은 교사의 재량으로 남겨졌던 교과 간의 경계가 느슨해지게 했고, 결과적으로 교사가 자신의 교실을 열어 학생의 흥미와 주도성에 맞추도록 했다.

하지만 직업 훈련과 수준별 수업을 강조한 사회적 효율성 중심의 교육과정의 가장 핵심적인 전략은 교수학적 진보주의의 핵심 원칙과 180도 반대되는 것이었다. 이 교육과정에서는 후자들이 그렇게 혐오하는 바로 그 하향식 교육과정을 강요하여, 학생에게 사회가 필요로 하는 요구에 부합한 특정 기술과 지식을 배우도록 강제하고, 또 학교에서 성인의 사회적 역할을 하도록 사회화하면서 학교생활을 하도록 강제했기 때문이다. 이것은 배우는 법을 학습하는 것이 아니라 특정 교과를 배우는 데 우선순위가 부여된 것이고, 학생의 흥미보다 오히려 사회와 학교 행정가의 이해관계를 더 중시한 것이었다. 이는 교실을 아동기의 탐험의 장이 아닌 성년기의 준비 장소로 만들어 버린 것이다. 또한, 사회적 혜택이라는 명목으로, 학습에 대한 어린이의 관심과 세상에 대한 호기심을 제거해 버리는 것이다. 이것이 듀이가 비난한 "외부적으로 주입된 내용이고, 어린이와 동떨어진 관점과 태도로부터 착상되고 생성된 것이며, 어린이에겐 이질적인 동기로부터 발전된 것이라고 할 수 있다."[61]

사회적 효율성 중시의 교육과정은 교수학적 진보주의에서 소중히 여긴 자연스러운 학습 과정을 위협하는 것일 뿐만 아니라, 동시에 그들의 핵심적인 신념이기도 한 사회정의, 평등한 공동체와 같은 가치를 위협하는 것이기도 했다. 이 교육과정은 전통적인 학문적 교육 개념에 대해서는 격렬하게 도전했으나, 기존 사회적 질서와 이런 질서 아래 사전에 결정된 자리로 학생을 기꺼이 준비시키려 했다는 측면에서 뼛속 깊이 보수적이라고 할 수 있었다.[62] 이들은 미국학교에 수준별, 능력별 수업을 도입했고, 학생을 적절한 등급으로 분류하기 위해 시험과 진로상담이라는 것을 가져왔으며, 계급, 성, 인종의 차이로 인해 교육적 차이가 수반되고 또다시 강화되는 시스템을 창조함으로써 사회적 불평등의 교육적 재생산을 제도화했다고 할 수 있다.

교수학적 진보주의가 미국 학교에 미친 영향

행정적 진보주의가 그들의 프로그램을 실천하는 과정에서 상당한 정도의 지속적인 성공을 거둔 반면, 교수학적 진보주의는 그러지 못했다. 전반적으로 볼 때, 그들의 영향력은 미미했고 덧없는 것이었다. 래리 큐반(Larry Cuban)과 아서 질버스밋(Arthur Zilversmit)이 연구한 결과에 따르면 모두 제2차 대전 전까지 아동중심교육이 교실에 끼친 영향은 그다지 크지 않았다. 래리 큐반은 덴버, 워싱턴 D. C., 뉴욕시와 같은 다양한 교육구의 교수학습 실제를 살펴보았고,[63] 질버스밋은 시카고 인근 교육청들의 사례를 살펴보았다.[64]

큐반이 정의한 진보주의에 대한 조작적 정의는(그와 질버스밋 모두 아동중심교육을 의미) 진보주의적 수업 실제의 행동적 형식이나 교수 시간 할당만으로 진보주의 교육의 범주에 포함할 수 있다는 측면에서 느슨한 편이었다. 예를 들어, 학급 배치(클러스터형 좌석 배치), 그룹 구성(소그룹 학습), 발언(학생 주도의 상호작용), 움직임(책상에서 벗어난 활동) 등을 예로 들 수 있다.[65] 이 기준을 활용하여, 그는 뉴욕에서 1920-1940년 사이에 4명 중 한

명의 초등학교 교사와 그보다 훨씬 소수의 고등학교 교사가 다양한 정도로 진보적 수업 실천을 수용했다고 보았다.[66] 가장 흔한 진보주의적 수업의 가시적인 근거는 활동과 움직임이었다.[67]

질버스밋은 초기 연구를 다음과 같은 평가로 요약했다. "1920년대와 30년대의 진보주의 교육에 대한 열정적인 논쟁에도 불구하고, 또 몇몇 교육구에서의 주목할 만한 진보주의적 실천과 주 교육부와 교육대학에서 더 중시되어 온 진보주의적 교육 사상에도 불구하고, 1940년까지 진보주의 교육은 미국 교육의 전반적 양상을 현저하게 바꿨다고는 볼 수 없었다. 아동중심 학교에 대한 요구는 대체로 간과되었다."[68] 전반적으로, 그는 듀이가 1950년대의 관점에서 진보주의 운동을 회고한 표현을 활용하여, "진보주의의 많은 부분에서의 표면적 성공에도 불구하고 결정적인 실패는 이것이 수사에 지나지 않았다는 것이다. 일부 학교와 교사가 듀이의 아동중심 교육을 열렬히 숭배했지만, 그것은 대체로 기존의 실천을 유지한 채 립서비스에 그친 경우가 많았다."[69] 진보주의 교육을 깊이 있고 진지하게 수용한 학교는 많지 않았고, 그렇다고 하더라도 그 실천은 대체로 지속되지 못했다. 진보주의적 실천을 하는 초등학교는 갑자기 등장해서, 잠시 번창하다가, 전형적으로 학교 창립 리더가 떠나면 기존의 학교 형태로 회귀하는 패턴을 보였다. 괄목한 만한 혁신적 도약을 이룬 교육청이나 교육시스템도 마찬가지로 점차 전통적 학문 교육과정으로 되돌아갔다.

쏜다이크의 성공 비결

왜 행정적 진보주의는 그들의 경쟁자인 교수학적 진보주의보다 20세기 전반에 학교에 더 많은 영향을 미칠 수 있었던 것일까? 첫째, 그들의 개혁 메시지는 권력이 있는 사람에게 매력적으로 다가갔다. 경제, 정치 분야의 지도자들에게 낭비를 없애고, 학교를 보다 효과적으로 조직하고 경영하며, 고용자의 요구 맞춤형 교육내용을 제공하고, 이민자 자녀를 미국화하며, 그리고 사회의 미래의 역할을 수용하고 실행할 수 있는 태도와 기능을 학생에게 함양하려는 행정적 진보주의의 개혁 방식에 끌릴 수밖에 없었다. 이 개혁을 집행할 수 있던 이들에게, 이것은 시의적절한 메시지였다.

둘째, 행정적 진보주의의 실용주의적 의제들은 교수학적 경쟁자들의 낭만적 비전에 비해 훨씬 더 구매력이 있었다. 그들은 학교가 사회의 요구에 잘 부응하도록 하는 구체적인 솔루션을 제공한 반면, 교수학적 진보주의는 보다 자연스럽고, 내재적으로 주의를 끌며, 진정성 있는 학습 방법을 제공했다. 실용과 낭만 사이의 경쟁에서, 실용이 이기기 마련이다. 실용은 우리가 단지 좋아할 지도 모를 무엇인가가 아닌 꼭 필요한 것을 준다고 약속했다.

셋째, 행정적 진보주의는 그들의 의제가 과학적 권위에 기반하고 있다고 주장했다. 교수학적 진보주의도 그렇게 표방하였으나(예를 들어, 듀이는 「교육과학의 원천(The Sources of a Science of Education)」이라는 책을 1929년에 간행함), 그들은 발산적인 개념인 아동중심 교육이나 프로젝트 학습의 실증적 효율성을 과학적으로 증명해 보이는 데 훨씬 더 애를 먹었다. 한편, 사회적 효율성주의의 지도자들은 그들의 개혁의 가치를 증명하기 위해 넘쳐나는 학교설문조사 자료와 시험 결과, 통계 자료들을 능숙하게 동원했다.

넷째, 레이지만(Lagemann)이 지적했듯이, 듀이가 이 전투에서 패배한 이유는 부분적으로 이 분야에서의 그의 조기 은퇴 때문이기도 했다.[70] 그가 학교에 직접 관여한 것은 1896년에 실험학교를 설립하고 1904년에 컬럼비아대 철학과로 옮긴 단지 8년뿐이었다. 이후, 그의 교육에 대한 연구는 기억으로부터 뽑아져 나와 이론으로 직조되어, 추상적이고 학문적인 공기를 부여했고, 이러한 특징은 교수학적 진보주의의 끈질긴 유산이 되었다. 반면, 행정적 진보주의는 행정가, 정책입안가, 교육과정개발자, 교육 연구자, 교사교육자로서 학교에 깊이 관여했다. 실증적 토대에 기반하고, 인간적으로 관여하며, 또 단호한 실용주의적 특성으로, 그들은 자신의 개혁 의제를 주창하는 데 엄청난 신뢰를 구가할 수 있었다. 이러한 여건 하에서, 듀이의 주요 영향이 미친 부분은 교육적인 수사인 반면, 쏜다이크의 영향력이 미친 영역은 교육 실제였다는 것은 전혀 놀랍지 않다.

마지막으로, 행정적 진보주의가 학교 경영과 교육과정의 구조에 주목한 것은 교사와 교사의 교실 실천에 주목한 교수학적 진보주의에 비해 유리한 입지를 점유하는 데 용이했다. 교사는 그들의 반대자들이었던 학교행정가와 정책결정자들을 대상으로 변화를 실행하는 데 불리한 입장이었다. 특히 그들이 교사가 수행해야 하는 행정적, 교육과정 구조를 규정한다면 이는 더욱 더 그러했다. 교사가 설령 아동중심교육을 추구하고 싶어도 수준별 수업과 직업중심의 교육과정을 강요하는 관료적인 학교 시스템 속에서는 그것은 현실적으로 어려운 일이었다. 이러한 환경 하에서라면 교사는 교실에서 듀이 방식의 의제를 곧이곧대로 실천하기보다, 교수학적 진보주의 진영으로부터는 "수사"만을 차용하여, 상징적인 방식을 부분적으로 실천하게 되기 십상이었다.

◆ 어떻게 교수학적 진보주의의 수사는 교육대학에 안착하게 되었나

행정적 진보주의가 학교를 지배하는 투쟁에서 승리했다면, 어떻게 교수학적 진보주의는 교육대학의 마음을 얻는 투쟁에서 승리하게 된 것일까? 20세기 초반에 교육 비즈니스는 호황을 맞고 있었고 후일 교육대학이 된 다양한 기관들의 급격한 확장기이기도 했다. 2장에서 보았듯이, 사범학교는 교육대학으로 변화하는 과도기에 있었다. 이는 부분적으로 고등학교, 직업학교, 전문대학의 성격을 띤 변칙적인 기관이 학문적인 학과와 학사학위를 갖추고 교사양성을 위한 전문적 사명을 띤 학부중심대학(liberal arts colleges)을 모델로 삼은 기관으로 변모한다는 것을 의미했다. 하지만 두 가지 형태의 시장압력은 전문학교로서의 이 새로운 대학의 정체성을 흔들리게 했다. 하나는 저비용으로 대량의 교사를 신속하게 양산하고 싶어 했던 주정부와 교육청의 압력이었고, 다른 하나는 단순히 교사양성을 넘어 다양한 사회적 기회를 열어줄 것을 바라는 교육수요자인 대학생의 압력이었다. 이러한 압력들은 신생대학의 전문적 프로그램의 질을 끌어내렸고 기관으로서의 사명을 산만하게 만들었다.

동시에 대학 학과와 나중에 교육대학으로 빠르게 증가되었다. 이런 학과

들은 처음에는 19세기 후반 철학과의 부속학과로 출현하여, 대체로 일반적이고 이론적인 강좌들을 개설했다.[71] 강조점은 철학, 역사, 사회학, 심리학과 같은 학문 영역으로부터 교육에 대한 광범위한 주제들에 주어졌다. 20세기로의 전환 시점에, 이 학과들은 고등학교 교사양성에 필요한 체계적인 전문적 프로그램들을 제공하기 시작했다(이 학과들에 진학한 학생은 주로 초등학교 교사양성이 중심이 되는 사범학교에 진학하기를 꺼리는 이들이었다). 그리고 이 학과에서 점차 두 가지 다른 기능, 학교 행정가와 교육 연구 수행을 추가했다.[72] 이러한 새로운 기능의 성장은 이 대학에 재직했었던 행정적 진보주의자들(쏜다이크, 스네덴, 보빗, 주드, 큐벌리)의 교육개혁 노력에 자극받은 바가 컸다.

◆ 교육대학을 위한 새로운 사회적 효율성의 역할

마이클 캇츠(Michael Katz)에 따르면 이러한 변화는 대학의 역할이 "이론 중심에서 조사 중심"으로 이행하게 되면서 교육대학의 정체성에 커다란 중압감을 주었다.[73] 교육에 대한 이론적 해석을 정립하기보다, 교육대학의 교수는 일련의 학교 조사 연구를 수행하게 되었다. 이 조사 연구는 행정적 진보주의 운동의 주된 도구이기도 했는데, 개별 학교 시스템의 실제에 대한 구체적인 통계적 기술(記述)이 주를 이루었다. 이 연구의 취지는 이 학교 시스템들의 사회적 비효율성을 드러냄으로써 개혁의 명분과 토대를 제공하는 것이었다. 이러한 변화는 교육을 지적인 학문(교육을 총체적으로 이해하고 성찰하려는 학문적 관점)으로 간주하는 지향이 제도적인 책임감의 영역으로 간주하여 교수로 하여금 이 분야에 대해 조사하고 다양한 실천, 요소를 목록화하도록 요구하는 방식으로 교육학을 바라보는 관점이 달라졌음을 시사한다. 이러한 지적 차원의 변화와 함께 조직 차원의 변화도 수반되었는데, "프로그램과 강좌 개설의 준거 틀이 총체적인 교육 현상과 각 하위 요소의 연관성에서 교육 관료제의 직업적 부서 중심으로 바뀌었다."[74]

이 결과로, 1920년대에 교육은 기존의 학과로부터 분리되어 대학 구조 속에서 의학, 법학과 같은 전문직 학교로 규정되었다. 이러한 결과는 현 시점에 우리에게 너무나도 명백하고 당연하게 여겨진다. 교육대학이 이 분야의 직업적 역할을 중심으로 조직되는 전문직 학교가 아닌 다른 무엇이 어떻게 될 수 있다는 것인가? 하지만 카츠는 이러한 변화 과정에서 초래된 기관 본질의 변화로 인해 교육대학은 실로 엄청난 비용을 치러야 했다고 주장한다. 교육대학은 교육시스템의 양심으로서의 지위를 포기하고 시스템의 하인으로 전락했고, 교육에 대한 지식의 통합자의 역할을 포기한 채, 다양한 실상의 수집가로 전락하게 되었다는 것이다. 상실된 것은 무엇보다도 중요한 규범적 지향이었다. '교육이 존재해야만 해서'가 아니라 '교육이 존재하기 때문에'라는 것이 교육 영역의 새로운 준거가 되었다. 상실된 또 다른 것은 교육의 세계에 대한 일관성 있고 단일한 개념을 창조할 기회였다. 교육은 내적 논리 없는 파편화된 일련의 전문성으로 환원되었다.[75]

교육대학은 비판적 관점과 지적 일관성을 회복하기 위한 헛된 노력을 기울였고, 그 결과 교육학 "기초"(역사, 철학, 사회학)가 만들어졌다. 하지만, 이것은 적절하지 못한 솔루션으로 판명되었다. 새로운 전문화의 영역으로, 이런 기초들은 지적이고 프로그램상의 일관성을 강화하기보다 오히려 더 심화된 파편화와 지적인 벽지(학문 영역에서도 현장에서도 존중받지 못하는)의 출현이었다. 카츠가 결론으로 제시하듯, "이와 같은 직업적인 준거 틀은 실제로 현상 유지를 고착시켰다. 교육대학은 너무나 밀접하게 기존 교육의 구조와 섞이게 되어 변화를 추동하는 역량을 상실한 채 현 체제를 강화하는 데 복무하게 되었다."[76]

따라서 1920년대까지 교육대학(teachers college)과 종합대 내 사범대학은 공통된 조직 모델로 수렴되기 시작했다. 양 기관의 교수학습 프로그램과 교수의 지적인 작업들은 교육 관료제의 직업적 역할을 중심으로 조직되었고 (교사, 행정가, 상담사, 심리학자, 대학 행정가), 학문적 이슈나 보다 거시적인 주제는 교육학 기초라는 게토에 갇히게 되었다. 대학에서 이와 같은 기관은 대체로 교육대학이었다. 교육대학(teachers college)의 경우에는 이후 수

십년간 다목적의 주립대학, 지역 거점대학으로 진화함에 따라, 교육은 그저 대학 내 여러 프로그램 영역 가운데 하나일 뿐이고, 점차 전문직 학교 구조라는 틀 속에 갇히게 되었다.

교육대학 교수에 대한 듀이의 매혹

이러한 변화의 결과로, 진보주의 개혁 운동과 교육대학의 진화, 미국 교육학 교수는 1930년대에 점차 불편한 지위에 처하게 되었다. 행정적 진보주의는 미국 학교의 조직과 교육과정을 개혁하는 데 성공하였고, 이 과정에서 교육대학의 조직과 교육과정도 재편했다. 이러한 결과로 교육대학 교수는 그다지 매력적이지 않은 역할인 교사와 그 밖의 교육자들을 새롭게 달라진 학교 체제에 맞게 준비시키는 것만을 담당하게 되었고, 대학 내 사범대학에 근무하는 교수는 학교 체제를 발전시키는 데 유용한 연구를 수행하는 명확하게 규정된 역할을 담당하게 되었다. 이것은 분명히 일이었지만 사명과는 거리가 멀었다. 이것은 교육대학 교수를 대학의 직원으로 규정했다. 사회 효율성을 위한 교육기계의 톱니일 뿐, 그들은 더 이상 '천명하거나 주장할' 것이 없었다. 행정적 진보주의는 냉정하고 과학적인 형태의 교육 효율성을 약속했다. 행정적 진보주의자들 자신이 교육심리학, 행정, 평가 전공의 교육학 교수였기 때문에 이것은 당연한 명분이었다. 그런데 교육과정과 수업, 교사교육을 전공하는 대부분의 교수에게 이러한 명분은 아침에 잠자리에서 나와 직장으로 달려가게 만들 그런 명분은 아니었다.

카츠가 지적하듯, 그들의 일은 이제 더 이상 교육 전반에 대한 중대한 비전을 제시하고, 더 정의로운 세상을 만들기 위한 교육개혁을 모색하는 사회개혁가의 일과는 멀어졌다. 20세기 초반 진보주의 운동 초기에 교수는 바로 이와 같이 중요하고 영향력이 큰 사명을 수행했고, 바로 이것이 교사교육자가 이 운동을 강력하게 지지한 요인 중 하나이기도 했다. 제대로 된 대접과 존경을 받아본 적이 없는 미국의 교육학 교수를 둘러싼 거시적 맥락의 역사에 비춰볼 때, 초기 진보주의는 그들에게 일시적이나마 상당한 정도의 영향력과 지위를 제공해 주었고 이 까닭에 이러한 혜택의 상실감은 그들에게 더 크게 받아들여졌다. 1920, 1930년대 새로운 교육대학 내에서, 교수의 역할은 단순히 새롭게 개편된 사회적 효율성 중심의 교육체제에 학생을 잘 적응시키고 순응하게 만드는 것이었다.

격하되고 탈숙련화된 교육학 교수의 역할에 비춰볼 때, 행정적 진보주의의 성공이 교수로 하여금 어떻게 교수학적 진보주의에 매혹되게 했는지 어렵지 않게 이해할 수 있다. 교육학 교수의 심장을 뛰게 만드는 것은 교육에 대한 비전이었다. 교수학적 진보주의는 단순히 학교를 효율화하는 것 그 이상을 표방했다. 학생에게 교육과정을 강요하는 것이 아니라 그들의 목적과 흥미가 이끄는 교육과정을 추구함으로써 교육의 판을 뒤집을 것을 촉구했다. 교수학적 진보주의는 학교를 옭아매는 인위적 한계와 고집스러운 교과의 족쇄로부터의 자유를 추구했고, 학생의 자연스러운 학습 충동을 풀어주었다. 또한, 학습자의 민주적 공동체로 학급을 재창조하여 이를 통해 사회의 불의를 줄이고 민주적이고 평등한 사회를 건설하는 방편이 될 것을 주장했다.

이러한 종류의 학교에 대한 진보주의 비전에 대한 요구는 20세기 초반보다 진보주의가 날개를 막 펴기 시작한 양 대전 사이에 더 강화된 것으로 보인다. 큐반이 주장하듯, 행정적 진보주의는 미국 교육의 구조를 변혁시켰지만, 전통적 교수법은 새로운 과학적 교육과정 속에서도 별다른 구애 없이 그대로 작동하고 있었다. 교실 수업은 여전히 교사중심, 교과서 중심으로, 수동적인 학생에게 사전에 정해진 교과 내용을 전달하는 것이었다. 새로운 사회 효율성 교육과정의 수준별 수업, 직업 중심주의는 아동중심주의, 흥미중심, 자연주의적, 내재적인 동기 중심의 수업을 차단한 학교의 요소를 오히려 악화시켰다. 교수학적 진보주의는 바로 이런 종류의 학교교육에 대해서 노골적으로 경고했다. 그들은 교과내용의 효과적 전달에 지나치게 치중하는 것은 학생의 흥미를 억압하여 학습을 저해할 수 있다고 주장했다. 또한, 학생은 분류하고 지식에 대한 접근성을 차별화하는 것은 모든 학생에게 내재된 학습의 잠재력을 봉쇄하는 것이라고 주장했다. 그리고 어린이의 요구와 흥미를 인정하기보다 성인의 역할에 적응하도록 그들에게 강요하는 것은 교육을 받아들이기보다 오히려 거부할 것을 조장할 뿐이라고 했다.

따라서 교수는 오래된 적인 전통적 교수법이 여전히 건재하다는 것을 알게 되었고 행정적 진보주의의 개혁은 새로운 교수학습 문제를 양산했으며, 이 두 가지 이유로 인해 아동중심교육이 제공한 치유책이 간절히 요청된다는 것을 인식하게 되었다. 이런 상황은 미국 교육의 역사에 일반적이다. 모든 개혁 운동은 본래 사명의 일부를 달성하지 못하고 남겨둔 채 또 다른 해결책을 간구하는 새로운 교육 문제를 만들어냈다. 따라서 문제 해결과 문제 양산의 끊이지 않는 사슬 구조 속에서 한동안 개혁은 또 다른 개혁을 다시 불러들였다. 이런 까닭에 교육개혁은 엘모어(Elmore)와 맥로프린(McLaughlin)의 말처럼 언제나 "쉽게 이루어지지 않는 일"이었다.[77]

따라서 교수학적 진보주의는 학교와 심지어 교육대학에서의 교육 실천을 위한 주도권 다툼에서는 패배했을지 몰라도 교육의 비전에 있어서는 여전히 건재했고, 교육대학은 거기로부터 이념적 차원의 안전한 피난처를 발견했다. 교수학적 진보주의는 새롭게 개편된 교사교육자와 교육 기계의 공원이라는 축소된 역할 하에서 그들이 필요로 했던 '의미'를 부여해 주었다. 그들의 몸은 비록 쏜다이크가 규정한 구조 속에서 가르치고 연구하는 일을 수행했지만, 그들의 심장과 영혼(마음)은 듀이에게 속했다. 듀이의 사진이 그 오랜 기간 동안 교육대학의 연구실에 걸리지 않는 데에는 충분한 이유가 있었다. 교육대학 내 교수학적 진보주의의 수사학적 정착은 행정적 진보주의의 성취에 심각한 위협이 되지 않았다. 초기에, 양 진영의 진보주의 운동은 서로 간에 하나는 지상을, 또 다른 하나는 공중을 점유하는 식으로 영역을 나눠 가졌었다. 행정적 진보주의는 조직에 주목했고, 교수학적 진보주의는 수사학에 집중했다. 레이지만이 제안하듯, 행정적 진보주의의 조직, 교육과정, 학교교육 실제 장악은 너무나 확고해서 교육학 교수가 아동중심교육의 신조에 대해 떠들어대는 것 정도는 여유 있게 눈감아 줄 수 있었다. 교수는 예비교사에게 듀이의 언어들을 소개하고, 자신의 학구적인 자질을 장식하며, 학교 워크숍에서 이에 대해 주장할 수 있었다. 교사 또한, 교수학적 진보주의에 대해 주장할 수 있었지만, 그들 역시 교수처럼, 행정적 진보주의에 의해 만들어진 학교교육의 구조 하에 수준별, 직업 중심 교육을 실천해야 했기 때문에 이러한 시도가 기존 체제에 미치는 영향은 미미했다.

별반 영향력 없는 수사학적 형태의 교수학적 진보주의의 교육대학 내 존속은 새롭게 구축된 행정적 진보주의의 질서 속에서, 교수학적 진보주의는 그 구조에 빈곤하기 짝이 없는 이념적 포장을 제공했기 때문에 유용한 것으로 여겨졌다. 사회 효율성 교육은 미국의 민주적 평등과 개인적 기회를 강조하는 전통에 비춰본다면 그다지 매력적인 모습은 아니었다. 사회적 과정이라는 명목으로, 사회 효율성 교육은 학생을 부분적으로는 그들의 출신에 따라, 또 부분적으로는 그들이 능력을 고려하여 가능한 만큼의 지식수준에 따라 수준별 학급으로 분류하고, 학업 성적을 토대로 학생을 직업 피라미드상의 특정 위치에 배치했다. 교육적 과정에서, 이러한 접근은 기계적이고, 소외되고, 따분하기 그지없는 단순한 교육과정의 재미없는 교수법에 지나지 않았다. 이것은 냉혹한 실용주의적, 사회 재생산 차원의 학교교육의 비전이었다. 학생에게 제공한 이와 같은 제안—기술을 배워 일터에서 본인의 자리를 잡으라는—은 가슴 뛰게 하는 것이기는 커녕 오히려 거부하기 쉬운 것이었다. 이러한 효율성 지향의 비정한 환경에, 교수학적 진보주의의 낭만주의적 교육에 대한 비전은 자연스러운 학습, 학생 중심의 수업, 흥미 중심 교육과정, 그리고 개인적 자아실현과 사회 개선과 같은 환영할 만한 요소를 소개해 주었다. 교육대학이 예비교사로 하여금 이처럼 매력적이고 낙관적인 형태의 교수－학습에 대한 헌신에 스며들게 만드는 것은 사회적 효율성 교육을 둘러싼 전체적 전망이 유망하고 매력적으로 보이도록 하는 데 기여했다.

진보주의와 전문성주의

20세기의 전환점에, 교육대학의 역할을 규정하는 데 선도적인 리더십을 발휘하고 다가올 미래에도 그 리더십을 유지할 한 기관이 등장했는데, 그것은 컬럼비아대의 티처스 칼리지(Teachers College)이었다. 이는 상당 부분 1897년부터 1927년 동안 학장을 역임한 제임스 얼 러셀(James Earl Russell)의 리더십에 기인했다고 할 수 있다. 러셀이 강조한 교육대학의 핵심 공식은 크레민의 관점에서 볼 때, 진보주의와 전문성주의의 생산적 결합이었다.

> 따라서 러셀은 티처스 칼리지(Teachers College)를 설립하는 데 유용했던 전문성주의와 진보주의를 본격적인 개혁적 교사양성 철학과 합병시켰다. 이것은 미국교육에 엄청난 의미를 가진 합병이라고 할 수 있었다. 진보주의로부터 교사는 자신의 지위 획득 추구를 고상한 용어로 품격 있게 정당화해 줄 수는 이념을 발견할 수 있었다. 한편, 전문성주의로부터 진보주의는 더 가치 있고, 사랑스럽고, 또 조화로운 사회를 건설할 수 있으며, 보다 과학적으로 훈련된 교육자를 양성해야 한다는 요구에 대한 열쇠를 발견할 수 있었다. 이러한 합병은 후속하는 진보주의 역사 전부를 새롭게 채색하였고, 러셀 총장 재임기간에 티처스 칼리지(Teachers College)의 혜성 같은 부상으로부터 발군의 비상을 설명하기에 충분했다.78)

이 문장에는 우리의 논의와 관련하여 두 가지 흥미로운 모호함이 있다. 우선, 크레민은 교사의 전문성주의의 정립에 있어서의 진보주의의 역할을 지적했지만, 내 견해로는 진보주의는 오히려 교사교육자와 교육대학 교수의 전문성주의를 정립하는 데 오히려 더 큰 역할을 했다고 본다. 진보주의의 도래로 "혜성과 같은 부상"을 경험한 것은 교직이 아니라 바로 티처스 칼리지(Teachers College)이었다. 예나 지금이나 교육학 교수는 간절히 지위에 주의를 기울였고, 진보주의 이념은 그들이 원하는 것을 제공해 주었다. 진보주의는 고상한 목표와 과학적 방법이라는 완벽한 조합을 선사해 주었는데, 이것은 제대로 된 진정한 직업을 결정하는 두 가지 특징인 공적 봉사라는 높은 이상과 임상적으로 검증된 효과적인 방법론에 부합하는 것이었다. 티처스 칼리지(Teachers College) 교수는 건너편 120번가의(미국에서 가장 폭이 넓은 거리라고 알려짐) 컬럼비아대학 교수한테 괄시를 받곤 했다. "교육학 교수는 가르칠 진짜 내용에 대해 공격을 혹시나 받게 된다면 진보주의 과학에서 완벽한 만병통치약을 얻을 것이라는데 추호도 의심이 없었다."[79] 진보주의에 자신을 연결시킴으로써, 교수는 높은 대중적 인지도와 전문적인 잠재력을 얻을 수 있었고, 자신의 전문적 지위를 확고하게 하는 커다란 혜택을 누릴 수 있었다.

위 인용구의 두 번째 모호함은 그가 언급하고 있는 진보주의가 과연 어떤 진보주의인가 하는 점이다. 진보주의의 다원적인, 그러면서 종종 모순적인 특성 때문에 크레민이 진보주의를 정의하는 것을 거부한 것을 되새겨 보고, 그리고 티처스 칼리지(Teachers College)는 듀이[80]와 킬패트릭으로 형상화되는 캠프와 쏜다이크와 스네덴으로 대표되는 캠프 양 진영 모두에 의해 잘 대표된다고 할 수 있다. 여기서 크레민은 진보주의 운동의 고상한 목적과 행정적 진보주의의 과학적 접근 양 진영을 모두 언급하고 있는 것으로 보인다. 이는 양 측이 진보주의의 의미를, 경우에 따라 넓게 또는 협소하게 규정하면서 꼭 의도한 것은 아니지만, 상대방의 강점을 자신의 이익을 위해 효과적으로 활용했음을 잘 보여주는 것이다. 이미 앞에서 지적했듯이, 행정가들은 교육자들의 고상한 아동중심 자연주의를 자신의 본질적으로 기계적이고 사회 재생산적인 교육에 대한 접근을 위장하는 수단으로 활용하는 경향이 있었다. 동시에, 교육자들은 행정가들의 강점인 과학의 권위를 때때로 자신의 기본적으로 낭만적인 교육관을 위장하기 위해 활용하곤 했다. 아동중심 교수-학습 접근이 탄탄한 과학적 근거에 기반하고 있다는 주장은 이러한 주장을 표방하는 교수의 신뢰도를 위한 버팀목이었고, 대학 그리고 학교현장에서 자신의 지위를 보강하는 유용한 전문성주의의 기품을 발할 수 있도록 도와주었다.

이 지점에서, 나는 초점을 20세기 전반 40년의 역사적 맥락으로부터 현재 시점으로 전환하려고 하고, 이 과정에서 아동중심교육의 비전을 규정하기 위해 다소 번잡한 개념인 "교수학적 진보주의"라는 개념을 폐기하려고 한다. 비록 이 계열의 진보주의는 학교에 대해 영향력을 행사하는 데에는 실패했지만, 진보주의라는 이름을 딴 다양한 시도에 대해 수사학적 영향력을 행사하는 데에는 놀라울 정도로 성공했다. 이러한 수사학적인 성공은 부분적으로 실천적 실패에 기인한 측면이 있다. 1940년까지 행정적 진보주의는 미국교육 현장의 실제를 형성하고는, 많은 성공적 개혁들처럼 빠르게 보이지 않는 형태로 변했다. 수준별 수업(차별화 전략)과 직업중심주의는 타이액과 큐반이 말한 소위 "학교교육 문법"의 일부가 되었고,[81] 그런 만큼 이것은 이제 더 이상 논쟁, 또는 가치 있는 논평거리가 되지 않았다. 한편, 교수학적 진보주의는 교육대학에서 치열하게 자신의 비전을 주창해야 했고, 이 상황은 현재도 크게 달라진 것이 없다. 교수학적 진보주의는 학교 조직과 실천에 뿌리내리지 못한 채 오직 수사학적 차원에만 머물러 있었기 때문에, 지속적인 반복 없이는 사라져 버릴 수 있었다. 그러나 교수학적 진보주의자들의 멈추지 않는 반복과 더불어 전통적인 행정적 진보주의의 의기양양한 침묵에 힘입어 교수학적 진보주의는 자신에게 유리한 쪽으로 논쟁의 언어들을 정교화할 수 있었다. 진보주의는 이 과정에서 아동중심교육을 의미하는 것이 되었고, 이런 측면에서 나는 이 용어의 활용에 대해 다시 살펴보겠다.

◆ 교육대학과 진보주의 결합의 또 다른 이유들

진보주의와 교육대학 간의 앞에서 살펴본 역사적 분석의 기초를 바탕으로, 둘 사이의 연결을 강화시켰던 몇 가지 다른 요인에 대해 살펴보자.

내용, 과정, 그리고 진보주의

2장에서 살펴보았듯이, 교육대학이 직면한 한 가지 만성적이고 구조적인 문제는 교과내용 지식에 대한 책임이 다른 사람의 손에 있었다는 것이다. 이 것은 교육대학이 진보주의 이념에 집착을 강화한 또 한 가지 중요한 요인이 기도 했다. 교사는 교과내용을 가르치고, 교사교육자는 교사에게 교과내용을 어떻게 가르칠 것인지를 가르치지만, 교과내용 자체에 대한 결정적인 전문성은 수학, 영어, 자연과학, 역사, 사회과학과 같은 각각의 학문 분야 교수가 갖고 있었다. 교육학 교수는 교육내용에 대한 통제권이 없다 보니, 그들은 그 대신 자신에게 남겨진 영역인, 교육방법에 자신의 에너지를 집중했다. 그리고 진보주의는 교육의 과정에 주목한 교육 비전이자, 교육의 과정을 고도의 예술이면서 좋은 수업의 정수로 승격시킨 장본인이었다. 교과내용과 교사양성의 분리가 언제나 당연시되었던 것은 아니었다. 19세기 사범학교에서는 교수는 교육방법적 지식과 교과내용 모두를 다뤘다. 두 가지 형태의 지식은 하나의 교육과정으로 통합되어 사범학교 교수에 의해 운영되었다. 그런데 20세기에 사범학교가 교육대학(teachers college), 주립 단과대학, 주립대 등으로 진화하는 과정에서 조직 및 학문적 영역에 분과별 학과와 교육대학 교수 간에 분리가 이루어졌다. 이와 달리 기존 대학에 교육대학이 새롭게 출현한 경우에 내용과 교사양성 간의 분리는 첫 출발점부터 이루어졌다. 어떤 측면에서, 이와 같은 두 지식 유형의 분리는 특정 역사적 우연성의 산물이기도 하다. 사범대학 소비자로부터 생겨난 시장의 압력은 사범학교로 하여금 자신의 독특한 전문적 사명인 교사양성에만 치중하기보다, 교사양성을 비롯하여 다양한 전공들을 망라하는 종합대학으로 변모하도록 했다. 만약 정부가 이들 사범학교에 대해 더 강력한 지배권을 행사했거나 학생에게 영향력이 덜 주어졌다면, 정부는 어쩌면 사범학교로 하여금 교사양성이라는 전문적 사명을 고수하게끔 할 수 있었을 지도 모른다. 전문대학 사례가 바로 이 경우다. 사범학교 사례를 교훈 삼아, 50개 주에서는 대부분 전문대학이 종합대학으로 개편, 확대하여 연방정부의 원조를 받는 학교 부지를 무상으로 불하받은 주립대나 사범대학의 전철을 밟게 되는 것을 허용하지 않았다. 그 대신, 전문대학은 전형적으로 준학사 학위만을 제공하도록 제한했다. 다른 측면으로 본다면, 내용학과 방법학의 분리는 학문 내외에서 점증하는 지식의 전문화 추세에 비추어 본다면 불가피한 결과라고 할 수 있었다. 개별 학문분야에서, 전문화 양상은 한 분야에서 한 개인 연구자가 믿을만한 전문성을 획득할 수 있다고 여겨지는 수준을 훨씬 넘어 발전했다. 이러한 상황에서, 예를 들어, 교육대학에서 과학교육 교사양성을 담당하는 교수가 이와 동시에 물리학, 생물학, 화학 분야에 전문가라고 자처하는 것은 현실적으로 어려웠다. 비록 사범학교가 순수한 전문적 사명을 완수하기 위한 독자적인 기관으로 생존했다고 하더라도, 사범학교의 과학, 수학, 사회과학, 영어과 교수는 그 학문 분야의 학자와 대등한 수준으로 여겨지기 어려웠을 것이다. 또한, 사범학교를 졸업한 교사는 오늘날 종합대 내의 사범대학 졸업생에 비해 교과내용 측면에서 아마도 정당한 이유로 역량이 취약하다고 여겨졌을 것이다.

교과내용 전문성을 분리해냄으로 인해 교육대학 교수들은 곤경에 빠졌고, 진보주의는 이러한 상황에 탈출구를 제공했다. 그들은 순수학문 전공 교수가 가지고 있는 학교 교과 내용에 대한 깊이 있는 지식을 갖추지 못했다. 그런데, 진보주의는 그들에게 그럴 필요가 없다고 주장했다. 교사가 교과 내용에 대한 전문적인 지식을 갖고, 이것을 학생에게 전수하는 것은 그다지 중요하지 않다는 점 때문이었다. 기실 그것은 전통적인 교수법의 단적인 측면이다. 왜냐면 이런 접근은 학생을 소외시키고 그들의 학습을 저해할 뿐이기 때문이다. 그 대신, 교사에게 꼭 필요한 것은 학생이 자기 주도적으로 학습을 추구할 수 있도록 솜씨 있게 호기심과 욕망을 유도하는 것이라고 주장했다. 학생은 자신이 배우는 법을 배울 수 있도록 도와주는 교사를 필요로 한다. 진보주의 교육에 있어 교과내용은 오직 이와 같은 목적을 위한 수단일 뿐이다. 일단 학생이 배우는 법을 적절하게 습득하기만 한다면 학생은 더 이상 특정 교과에 대한 교사의 전문성에 의존할 필요가 없다. 교사에게 전통적 모델에서 요구되었던 수준의 교과내용 전문성이 요구되지 않기 때문에, 교사교육자도 마찬가지로 그럴 필요가 없었다. 하지만 교사교육자는 학습과정에서 학생의 참여를 촉진하는 이론과 실제에서는 전문가여야 했다. 진보주의는 이를 제공해 주는 총체적이고 철학적이며, 비록 이론의 여지가 있지만, 과학적인 체제라고 할 수 있었다. 이런 방식으로 당시에 진보주의는 교육대학 교수가 직면한 만성적인 지식 문제에 대한 해답으로 여겨졌다.

물론 이렇게 한다고 해서 비평가를 만족시키거나 타학문 분야의 교수로부터 존경을 얻게 할 만큼 좋은 해답은 아니었다. 비평가와 다른 학과 교수들은 이들을 향해 내용없이 방법뿐인 존재들이라고 조롱했다. 또한, 칠판 지우는 법과 출석 확인하는 법을 강의한다고 조소하기도 했다. 교육대학 바깥의 대부분 사람에게 가르친다는 것은 그저 가르치려는 교과 내용에 대한 지식과 동일시되었다. 3장에서 언급했듯이, 이런 관점은 절반의 진실일 뿐이다. 물론, 당신은 교과를 가르치기 위해 그 내용을 알아야 한다. 하지만, 예를 들어, 당신이 읽는 법을 안다고 해서 당신이 일단의 어린이, 특히 다양한 능력과 상이한 사회적 배경 출신의 어린이들이 효과적이고 효율적인 방식으로 읽을 수 있도록 가르치는 방법을 안다고 할 수는 없다. 하지만 비록 당신이 가르치는 법은 결정적으로 중요한 형태의 전문성이다. 그런데 교사교육자들이 그러하듯 이러한 기술을 가르칠 수 있는 능력, 역시 중요한 형태의 전문성이라는 것을 인정한다고 하더라도, 이러한 과정적 지식이 모 학과 교수의 내용적 지식과 대등한 지식이라고 설득하는 것은 여전히 어렵다. 이 점에서 진보주의는 종종 그다지 도움이 되지 못했다. 진보주의가 태평하게 교과내용을 무시해도 된다고 한 것은, 교육과정 없는 교육, 교사 없는 학습방법의 교육체제라는 조롱을 받게 했을 뿐이었다.

이 틈새로 스탠포드 대학의 교사교육자였던 리 슐만(Lee Schulman)이 등장했다. 그는 1980년대에 교사와 교사교육자에 대한 만성적 교과내용 지식을 둘러싼 지속적인 문제 제기에 대해 '교수학적 내용 지식'이라는 독창적인 답을 제시하며 일련의 에세이를 발표했다.[82] 수업에 대한 지식 토대의 특징을 정립하는 과정에서, 그는 일곱 가지 지식을 항목화하여 나열했다. 1. 내용 지식, 2. 일반 교수학적 지식, 3, 교육과정 지식, 4. 교수학적 내용 지식, 5. 학습자와 학습자 특성에 대한 지식, 6. 교육적 맥락에 대한 지식, 그리고 7. 교육의 결과, 목적, 가치에 대한 지식이 그것이다.[83] 초기 저작에서 그는 이러한 지식의 유형 가운데 가장 중심적인 자리를 차지하는 교수학적 내용 지식을 "학생에게 가르칠 내용을 가장 효과적으로 이해시킬 수 있도록 특정한 방식으로 교과 내용을 가르치는 방법에 대한 특정 형태의 내용 지식"이라고 정의했다. 다시 말해, "다른 사람이 이해하기 쉽도록 교과를 표현하고 체계화하는 방법"이기도 했다.[84] 이 지점에서 그는 이런 형태의 지식의 중요성을 역설한다. "여러 범주 가운데, 교수학적 내용 지식은 가르치는 일의 독특한 지식 체계를 규명해 준다는 점에서 특별히 흥미롭다고 할 수 있다. 교수학적 내용 지식은 내용과 교수법의 혼합으로 이를 통해 특정 주제, 문제, 이슈 등이 다양한 학생의 흥미와 능력에 맞게 조직되고, 표현되며, 수업의 형태로 제공되는 방법을 조명해 준다. 교수학적 내용 지식은 내용 전문가와 이해와 교수법 전문가의 이해를 구별해 주는 범주인 것이다."85)

숄만은 분명하게 이 개념을 가르치는 일의 지식 기반 지형 정립 목적으로 개발하였다. 하지만 그는 이에 대해 교육학 교수가 주 독자인 저널과 저서의 형태로 출판하였는데, 이들은 이 개념 발명의 가장 큰 수혜자들이기도 했다. 교수학적 내용 지식은 교육학 교수에게 효과적인 수업에 필수적인 독특한 형태의 전문성(단순한 기능이 아니라 지식으로 정의된)을 제공해 주었다. 우리는 갖고 있으나 모 학문 교수에게는 없는 것 말이다. 그가 이 개념을 진보적 수업에 대한 대표적인 비판인 오직 교수법 과정만 있고 교육과정 내용은 없다는 지적에 깔끔하게 응답하는 형식으로 제시했다는 것에 주목할 필요가 있다. 그는 심지어 중세 대학이 실제로는 교사양성을 주된 기능으로 여긴 사범학교였고, 최고 학위(석사, 박사)는 마스터 교사로 지명되었으며, 그들이 치른 구술시험은 자기 교과를 효과적으로 가르칠 수 있는 능력을 시범 보이는 것이었다.86) 그는 진보주의 이념에 대한 헌신을 희생하지 않고도 이러한 노력을 기울일 수 있었다. 각주에서 그는 다음과 같은 주의를 주었다: "이 분석의 수사학은 교육이 지식의 전달, 즉 적극적인 교사로부터 수동적인 학생에게 정보 전달로 환원되어야 한다거나 지식이 과정이 아니라 결과라고 제안하려는 것은 아니다. 내가 생각하는 수업의 개념은 직접 교수에 국한되는 것이 아니다. 사실, 발견학습과 탐구수업에 대해 내가 갖고 있는 애정은 열정적일 뿐만 아니라 아주 오래된 것이다."87)

따라서 교육학 교수는 진보주의 신조를 고수하면서 동시에 자신만의 고유한 믿을만한 지식 형태를 획득할 수 있어야 했다. 만약 이렇게 새롭게 규명된 지식이 실체로서 존재하기만 한다면, 교육학 교수의 만성적 지식의 문제는 해결될 수 있을 것이다. 그런데 여기서 분명하지 않은 것은 그 지식이 실제로 존재하느냐 여부이다. 만일 "당신이 그가 제시한 교사의 지식 기반을 구성하는 일곱 가지 형태의 지식을 면밀히 검토해 본다면," 실제로는 교수학적 내용 지식이 마치 다른 여섯 가지 형태의 지식을 조합한 것에 지나지 않는다는 점을 알아차릴 수 있을 것이다. 만일 교수학적 내용 지식이 교과를 보다 이해하기 쉽게 표현하고 체계화하는 것이라면, 그것은 교사가 알아야 할 교과내용, 맥락, 교육과정, 학습자, 교육목표, 이 목표를 달성하기 위한 일반 교수법에 대한 내용 모두를 결합하는 것을 의미한다. 그렇다고 한다면, 교수학적 내용 지식은 교사만이 전유하는 독특한 형태의 지식이라기보다 다른 지식의 합이고, 이 지식은 다른 직업을 가진 그룹들(다른 모 학문 학과 교수, 심리학자, 교육과정개발자 등등)과 공유되는 것이다. 그 자체로 새롭게 발견된 지식의 형태라기보다, 수업을 효과적으로 진행하는 데 요구되는 여러 요소에 대한 단지 새로운 '명칭'에 지나지 않는다. 이런 의미에서, 우리는 슐만의 교수학적 내용 지식에 대한 설명을 교직과 교사교육을 둘러싼 지위 정치학 맥락 속에서 제기된 요령 좋은 수사학적 행위라고 해석할 수 있다. 아마 그는 이렇게 말할지 모른다. 교사와 교육학 교수만의 전유물인 독특한 전문성 형태가 한 가지 있다면 좋지 않을까? 만약 있다면, 이런 모습이지 않을까?

진보주의는 교육학 교수에게 그들이 잘 알지 못하는 내용이 아니라 잘 알고 있는 과정에 집중할 수 있는 정당성을 부여함으로써 교육학 교수의 중요한 요구를 채워 준다. 역으로, 교수학적 내용 지식은 그저 과정만 행복한 진보주의라는 비판에 대해 과정과 내용을 통합해 줄 수 있는 새로운 형태의 전문성을 제공함으로써 교육학 교수의 중요한 결핍을 채워 주었다.

그런데 슐만의 개념에 대한 이와 같은 수사학적 독해를 보완해 줄 수 있는 또 다른 흥미로운 해석이 가능하다. 제프리 마이럴(Jeffrey Mirel)[88]이 나에게 제안하듯, 아마도 교수학적 내용 지식은 단지 슐만이 교육학 교수에게만 마치 자신을 상당한 전문가라고 포장할 수사학적 위장을 제공한 것이 아니라, 반대로 슐만 자신이 교수법에 대한 진보주의적 포장을 이용해서 교육학 교수의 일에 교과 내용을 주입할 필요를 교묘하게 옹호하기 위한 것일 수도 있다는 해석이다. 교육대학에서 단도직입적으로 교과 내용을 중요시해야 한다고 주장하는 것은 두 가지 측면에서 역효과를 낼 수 있었다. 우선, 그것은 교육대학 교수로 하여금 다양한 교과 내용을 소유한 학문에 의존하게 함으로써 전문적 자율성을 내세우는 그들의 주장을 약화시킬 수 있었다. 교육과정의 내용이 단순히 학습 기능을 획득하기 위한 수단이 아니라 필수적이라고 주장함으로써 진보주의의 원칙을 위반하도록 요구할 수 있었기 때문이다. 하지만, 그의 제안을 교수학적 내용 지식으로 표현함으로써, 그는 그것을 교육학 교수의 독자적인 자산이자, 교수법 중심의 진보주의 신조의 자연스러운 확장으로 제시할 수 있었다. 마치 기존 교육대학 세계에 새로운 것을 하나도 추가하지 않은 것처럼 보이게 한 것이다. 왜냐면 그의 제안은 중세시대 이래 내내 강조된 교사양성의 중심적인 요소와 같은 것으로 제시되었기 때문이었다.

교육대학의 유용한 학습에 대한 집착

교육대학이 진보주의에 집착하는 한 가지 이유가 교육내용으로부터 소외라고 할 수 있다면, 또 다른 이유는 교육적 교환가치로부터의 소외라고 할 수 있다. 제도적으로 볼 때, 사범학교는 미국 고등교육의 후발 주자였다. 사립대학이 식민지 시대와 초기 건국 시대에 처음 등장하였고, 19세기 초반, 대표적인 주력 연구중심 주립대학이 출현했으며, 이어 19세기 중반 연방정부의 원조를 받아 학교 부지를 무상으로 불하받은 주립대학이 생겨났다. 20세기 중반 무렵 사범학교는 주립 단과대학과 종합대학으로 진화하였고, 고등교육기관 내 위계는 이미 확립되었기 때문에 신참이 들어갈 상위의 자리는 없었다. 게다가 오래된 대학에서 어떤 학문이 더 선호되는지에 관한 학벌의 규칙도 이미 정립되었다. 소비자가 구매하기를 원하고 대학이 판매한 것은 교육의 사용가치보다 오히려 교환가치였다. 학생은 돈을 많이 벌 수 있고, 안락한 삶을 향한 기회의 문을 열어줄 수 있는 학위를 얻고자 했다. 그들이 원하는 이런 것을 제공해 줄 수 있는 곳은 최고의 평판을 갖는 명문대학이었다. 시장 용어로 말한다면, 졸업장의 희소성이 양질의 학습보다 훨씬 더 중요하다고 할 수 있었다.

과거 사범학교는 이러한 강한 요구에 부응하기에 너무 수준이 낮았고 또한, 만성적 공급 부족으로 입학이 너무 쉬웠기 때문에, 이와 같은 높은 교환가치를 갖는 졸업장을 제공하는 것이 원천적으로 불가능했다. 기존 대학으로부터 형성된 사범대학도 상황이 그다지 낫지 않았는데, 다른 단과대학에 비해 교환가치가 낮았다. 이것은 부분적으로 낮은 지위와의 연계 때문이기도 했다. 즉, 준전문직을 양성하는 과거 사범학교와의, 그리고 불균형적으로 많은 여학생과 노동자 계급 출신 학생과의 연계가 그것이다. 부분적으로 그 까닭은 다른 학문 분야에서 생산되는 엄밀하고 순수한 지식과는 대조적인 교육연구자가 생산하는 연성의, 응용 위주의, 그러다 보니 교육대학의 위신과 사회적 영향력을 강화하기에는 별로 도움이 되지 않는 지식의 특성으로부터 기인했다.

결론적으로, 교육대학은 낮은 지위로 인해 높은 교환가치의 졸업장을 제공하지 못했다. 동시에, 특권을 누리는 다른 학문분야와는 달리 전문직 학교로서 교육대학은 교육의 교환가치가 아닌 사용가치를 수용하도록 강요당했다. 계획적으로든 혹은 마지못해서든, 교육대학은 역사적으로 예비교사와 현직교사가 유용한 지식과 기술을 잘 가르칠 수 있도록 하는 데 노력을 집중했다. 교육대학은 자기 학생의 학습의 질과 깊이에 대해 신경을 써야 할 뿐만 아니라, 예비교사와 현직교사가 자신의 교실에서 가르치는 교육의 질과 깊이에 대해서도 신경 써야 하는 처지에 놓여 왔다. 이러한 여건 하에서, 학생의 진정한 학습을 절하하고 저지하는 형식화되고 의례적인 학교교육에 교육대학은 적대적인 경향이 있었다. 내가 다른 곳에서 쓴 것처럼, 교육대학의 이런 경향은, 교육의 내재적 보상보다는 외재적 보상을 위해 오직 성적, 학점, 학위에 집중하는 교환가치에 경도된 교육 소비자주의에 대한 비난을 포함한다.[89] 이러한 적대감은 말과 문자만으로 교육과정을 전달하고는 학습이 저절로 수반될 것으로 가정하는 종류의 수업에 겨냥되기도 했다.

이와 같은 형식화된 교수-학습에 대한 대안은 학생이 자신의 흥미를 추구하기 위해 깊이 관여하고 교사는 학생의 내재적 학습 동기를 이끌어 내기 위해 노력하는 것이었다. 그리고 이러한 비전을 포착해 주는 교육 접근은 바로 진보주의이다. 이 이념은 교육학 교수에게 강요되었으면서 동시에 수용하기도 한 학습의 여건에 완벽하게 들어맞았다. 주어진 이 같은 상황과 관련하여, 그들은 내용이 아닌 과정으로서 학습을 중시하였고, 진보주의는 이를 위한 교수법을 제공했다. 지향하는 목표와 관련하여, 교육대학은 그들의 일을 보다 가치 있는 사명으로 격상할 필요를 느끼고 있었고, 진보주의는 추구할 가치가 있는 교육적 이상을 제공해 주었다.

사회적 약자에 대한 교육대학의 친화성

교육학 교수가 진보주의에 매혹을 느끼게 한 마지막 요인은 바로 사회적 약자에 대한 공유된 관심이었다. 진보주의는 교육에 대해 개혁적 입장을 취했다. 진보주의는 현상유지로서의 전통적 교육이 뒤집어질 필요가 있다고 보았고, 지금까지 이러한 개혁에 실패한 것을 고려한다면, 개혁주의적 관점은 결코 끝나지 않을 것 같다. 진보주의는 기존의 교육체제 하에서 교사의 명령에 순응하고, 구미가 당기지 않는 교육과정을 삼킬 것을 강요당하는 대상이 된 학생의 관점을 수용했다. 특히, 학생 가운데에서도 인종, 성별, 계급, 문화 등의 이유로 기성 학문적 게임에 동참하기를 꺼리거나 역량이 부족하여 결국, 현 체제 속에서 실패하는 학생의 편에 섰다. 이러한 진보주의 가치는 교육대학 교수의 가치와 잘 공명되는 것이었다. 그들은 아마도 학교의 대부분의 학생보다는 나은 사회적 배경과 특권을 가졌을 수도 있고, 학교에서 공부와 적응을 더 잘했을 수 있다. 하지만 교육학 교수로서, 그들은 현 교육체제에서 성공하지 못하는 학생에 대한 공감을 갖고, 희생자로서의 그들 자신의 역사 속 경험은 자연스럽게 억압받는 이들을 지지하게 만들었다. 진보주의는 그들 자신의 경험과 학생의 경험에 잘 부합하는 대안적 접근으로서의 비전을 제공했다.

역사는 교육대학과 진보주의를 서로에게 열중하게 했다. 서로의 장애로부터 비롯된 필요는 서로의 결합을 유지하게 했다. 사회적, 역사적 요인의 축적으로 인해 양자 간의 결합 강도가 더욱 세지면서 교육학 교수는 교육을 다른 방식으로 보는 것이 어려워졌다. 동시에, 진보주의와 교육대학 간 결합의 강화, 진보주의적 수사학의 교육 담론 지배, 그리고 전통적 교육 표방을 위한 진보주의의 유용성 등은 서로 결합하여 몇몇 비평가로 하여금 교육대학 진보주의가 미국 교육의 황폐화를 초래했다고 잘못된 판단을 내리도록 유도했다. 이러한 오류는 이중적인 측면이 있다. 교육학 교수의 실제에 대한 그리 대단치 않은 영향력을 제대로 조명하기보다는 그들의 말을 액면가 그대로 받아들이는 것이 한 가지이다. 또 한 가지는 교육학 교수가 그들의 낮은 지위로 인해 갖는 보잘 것 없는 권력을 고려하기보다, 상당한 권력이나 가진 것처럼 취급하는 것이다. 마지막 장에서는, 이러한 문제와 그 시사점에 대해 살펴볼 것이다.

교육대학의 딜레마, 어떻게 할 것인가

8

교육대학의 딜레마, 어떻게 할 것인가

교육대학은 모두에게 잦은 공격의 대상이 된다.[1] 교사, 학교장, 중앙행정관료, 교육청관료, 보수, 진보, 학자, 교수 혹은 학생 가릴 것 없이 모두가 교육대학을 비난한다. 독자도 이미 눈치챘겠지만 이 책도 마찬가지다. 나를 포함해 모두가 교육대학의 장점을 찾는 데 어려움을 겪는다. 특히 교육대학에 오랫동안 몸담고 있거나 교육대학 프로그램 운영이나 연구 관련된 일은 해온 사람에게는 더욱 힘들다. 그렇다고 교육대학에게 전혀 장점이 없지는 않다.

교육대학에 대한 잦은 비난은 비난거리를 찾는 것이 그다지 어렵지 않기 때문에 더욱 가중되는 경우도 있다. 교육대학은 제대로 된 저항도 한 번 못하는 처지다. 세간의 평판도 그렇지 높지 않은 터라 억울하게 비난받는 일이 있어도 제대로 된 항변도 못한다. 아무도 교육대학이 하려는 말을 제대로 기울여 듣지 않는다.

나는 이 책이 부족하나마 교육대학에 대한 사람의 이해를 높이는 데 기여하기를 바란다. 교육대학에 적을 두고 있는 사람으로서 나는 교육대학에 대한 비난에 주저하지 않았다. 교육대학에 근무하는 교수는 내 책이 공정하지 못하다고 평가할지 모르겠다. 어쩌면 그렇지 않아도 불안한 자신의 입지를 더욱 곤란하게 한다고 생각할 수도 있다. 그러나 나는 교육대학이 학문기관과 교사양성기관으로서의 두 가지 역할을 감당하는데 따르는 이중고나 경쟁력이 높은 타대학과는 달리 교육대학이 겪는 문제를 이야기하고 싶었다. 교육대학에 대한 사회적 압박과 고질적인 지위 문제가 상황을 얼마나 더 복잡하게 만들었는지도 보여주고 싶었다. 교육대학을 비난하는 사람은 오히려 내가 교육대학을 옹호하고 그간의 문제를 유야무야한다고 할 지도 모르겠다.

중간자적 입장은 양쪽 어디서도 환영받지 못할 때가 많다. 교육대학 내부자들은 교육대학을 옹호하고 교사교육의 미래지향적 비전이 미국 교육 발전의 핵심이라고 말할 것이다. 외부자들은 교육대학을 깎아내리면서 교육대학 안에서만 통용되는 믿음이야말로 모든 문제의 핵심이라고 말할 것이다. 양측 모두 상대방의 주장에 귀 기울이지 않기 때문에 내가 이 책에서 취한 중간자적 입장이 못마땅할 것이다. 나는 독자가 자기의 입장에 따라 이 책을 바라볼 것이라 생각한다. 이 책은 두 가지 입장 각각을 뒷받침하는 증거들을 실었다. 교육대학이 하는 일은 칭찬할 부분과 비난할 부분이 양립한다. 그렇기 때문에 이 양극단의 중간에 서 있다는 것은 설득력이 떨어져 보일 수도 있겠다.

그렇지만 내가 무조건적 중간자적 입장을 고수하지는 않는다. 나는 단지 두 가지 입장 모두 나름의 일리가 있다는 점을 보여주고 싶었다. 다시 말해 양측 모두의 의견에 설득력이 있다고 말하는 것이지, 그 둘 사이에 애매모호한 입장을 취하겠다는 뜻은 아니었다. 나는 교사와 교수로서의 경험을 모두 가진 역사사회학자로서 이 책을 서술했다. 교육대학은 한편으로는 중요하고 칭찬받을 만한 일을 하지만, 또 한편으로는 비생산적이고 비난받을 만한 일도 한다. 내 책은 이 두 가지 측면을 조정하거나 교육대학이 가진 문제의 해결책을 제시하지 않는다. 오히려 교육대학을 둘러싼 복잡한 상황을 드러내고 설명함으로써 왜 이 문제를 해결하는 것이 쉽지 않은지 보여주고자 했다.

교육대학이 다루는 '교육'은 효과적으로 다루기에 어려운 일이다. 우선, 덩치가 크다. 1999년 미국 총 학생 수는 유치원과 대학원을 포함해 6,700만 명이었다. 전체 인구의 1/4에 해당하는 수치다.[2] 둘째, 책임은 무겁지만 재량권은 적다. 사회에서 요구하는 것을 교육시스템이 담아내지 못하면 복잡다

단한 사회를 살아가야 하는 개인에게도, 훌륭한 인재가 있어야 제대로 기능할 수 있는 사회에게도 불행한 일이다. 대학의 모든 학과가 이런 역할을 어느 정도 분담하고 있지만, 교육대학의 경우 교육체제 유지의 책무성이 더 크다. 셋째, 교육이라는 과업 자체가 만만한 일이 아니다. 3-5장에서도 살펴보았지만, 교육대학 교수는 교사양성, 교육 연구, 교육 연구자 양성, 이 세 가지 모두를 감당해야 하기 때문에 감당해야 할 문제도 그만큼 많다. 교육대학은 전문인력 양성과 지식 생산이라는 두 가지 힘든 일을 동시에 수행해야 한다. 그것도 꽤 힘든 환경에서 말이다. 2장에서 살펴본 교육대학의 기원에서도 설명했지만, 교육대학은 오랫동안 시장으로부터의 압박과 낮은 지위 문제에 시달려 왔다.

요약하자면 교육대학은 어려운 환경에서 힘든 일을 해야 하는 처지이다. 개인적으로 이렇게 열악한 조건 속에서도 교육대학이 꿋꿋이 제 역할을 잘해왔다고 말할 수 있으면 좋겠다. 그러나 현실은 그렇지 못하다. 교육대학은 부족함이 많다. 많은 사정이 있겠지만 그렇다고 해도 부족함이 많은 것은 사실이다. 교육대학을 비난하는 사람의 생각과는 달리, 이러한 부족함은 교육대학이 노력을 게을리했거나 능력이 없기 때문이 아니다. 누구라도 교육대학이 처한 상황에 놓이면 생각보다 힘든 일이 많다는 것을 알게 될 것이다. 그럼에도 불구하고, 교육대학 교수가 자신을 둘러싼 비난을 걷어낼 만한 대단한 업적을 이룬 것은 없다.

거듭 말하지만, 교육대학은 부족함이 많다. 교사교육은 지적 감흥이나 학문적 깊이가 얕다. 교사의 학습지도 방식도 교육대학보다는 학교현장의 관행이나 문화에 영향을 더 많이 받는다. 교육학 연구도 일관성이나 신뢰성 면에서 높은 점수를 받지 못하고 있기 때문에 교육정책의 방향을 결정하는데 영향력을 발휘하지 못한다. 교육대학 교수는 대중에게 받을만한 존경을 받지 못하고 있는데, 이런 점이 때로는 교사양성이나 연구실적 혹은 학문후속세대 양성에도 좋지 못한 영향을 미친다. 교육대학 내에는 교수학적 진보주의에 대한 지나친 감성주의가 팽배하다. 이 때문에 교육대학에 대한 신뢰성은 더 크게 의심받고 무능력함은 더 크게 부각된다. 교육대학의 교육과정, 연구풍토 그리고 대학 내 만연한 관행 이 모든 것이 더해져 오랫동안 교육대학을 괴롭혀 온 학문적 후진성에 대한 세간의 인식을 더욱 견고히 한다.

교육대학은 미국교육에 영향을 미치기에 힘이 너무 약하다

교육대학의 수많은 실패를 이유로 이들 대학이야말로 오늘날 교육 문제의 핵심이라는 평가가 있다. 그러나 교육대학은 오늘날 미국의 모든 문제를 야기할 만한 영향력을 가지고 있지 않다. 행정적으로 교육대학은 분명 학교교육과 관련이 있고 수사적으로는 학교현장에서 발생하는 문제해결에 도움을 주고 있다. 그래서 교육대학은 학교현장에서 벌어지는 일련의 문제에 대한 책임을 피하기 어렵다. 그러나 악화일로에 있는 학교교육 문제의 원인을 좀 더 객관적인 시선으로 분석해보면 그 책임이 전적으로 교육대학에만 있는 것은 아니라는 것을 쉽게 알 수 있다.

교육대학을 비판하는 사람은 이들 대학이 지나치게 진보주의적인 생각들로 점철되어 있다고 말한다. 교육대학은 이렇게 위험한 생각들을 교사교육이나 교육학 연구 등을 통해 학교현장에 퍼트림으로써 학교교육에 부정적인 영향력을 미친다고 주장한다. 첫째 근거는 교육과정이 지식교육을 등한시하고 활동과 기술훈련 일변도로 점철된 점을 든다. 두 번째 근거로 교육과정이 지나치게 다변화되어 학생들이 접근하는 지식에 차이가 생기게 되었고, 그 결과 사회 불평등이 심화된 점에 주목한다. 교육대학의 폐해들을 좀 더 자세히 들여다 보기 위해 나는 두 가지 책을 참고했다. 허쉬(E.D. Hirsch)가 쓴 「우리가 필요한 학교는 왜 존재하지 않는가(The Schools We Need and Why We Don't Have Them)」와 다이앤 래비치(Diane Ravitch)가 쓴 「미국 공교육개혁, 그 빛과 그림자(Left Back: A Century of Failed School Reform)」다.[3]

◆ 학문적 내용 부실화

허쉬는 교육대학이 교육학 연구의 내용을 어떤 점에서 약화시켰는지에 대해 가장 효과적으로 설명하고 있다. 그는 교수학적 진보주의의 두 갈래인 형식주의와 자연주의의 문제를 파헤쳤다. 진보적 형식주의는 학습의 과정을 중시하는데, 허쉬는 학습이라는 것은 그 내용이 분명해야 하고 학교교육과정을 제대로 구성하려면 교과목이 있어야 한다고 주장했다. "학교에서 읽기와 사고법, 학습 기술을 융합적으로 가르칠 수 있다는 주장은 허구에 불과하다. 오히려 일반 지식을 폭넓게 제대로 가르치는 것이 지식 습득으로 이어진다. 이 역설은 꽤나 흥미롭다. 형식적인 지식을 강조하는 것이 오히려 형식적 지식 습득에 방해가 되지만, 지식전달 중심의 수업은 학생이 비판적 사고력이나 학습방법을 배우는 데 도움이 되니 말이다."4) 자연주의적 진보교육관에 대해서 허쉬는 애초에 학교에서 가르치고 배우는 행위들이 아이들에겐 딱히 자연스러울 것이 없는 일이라고 평가했다. 가령 아이들은 가족이나 친구들과 상호작용하면서 말하는 법을 배우지만, 학교에서 가르치는 읽기 방법은 이와는 다른 성격의 학습과정을 통해 이루어진다. 능숙한 읽기가 가능하려면 체계적인 교수학습이 필요하고 보기 때문이다. 허쉬가 보기에 발달주의가 주장하는 발달 단계에 맞게 학습 시기나 지식의 수준을 달리한 학습 방법이나 프로젝트기반 학습 방법은 오히려 학생이 다양한 교과의 기초를 충실히 다지도록 하는 데 방해가 된다.

내 생각에도 허쉬의 주장에 타당한 부분이 있다. 교수학적 진보주의는 내용보다는 과정을 중시하고, 학생의 흥미 위주로 교육과정을 편성하여 자발적 학습을 지나치게 강조하는데 따른 위험이 분명 존재한다. 학습하는 방법을 학습하는 것이 원하는 지식을 습득하는 능력을 키워주는 것은 맞지만 허쉬의 말대로 이것이 가능하려면 폭넓은 지식을 체계적으로 학습하는 것이 전제되어야 한다. 또한, 비형식적인 교육방법만으로는 아이들이 배워야 하는 모든 것을 제대로 배우게 할 수는 없다. 경우에 따라서는 아이들이 당장은 배우고 싶지 않아 하는 것도 꼭 배워둬야 할 것이 있다. 이럴 때 아이들이 반드시 배워야 할 것을 체계적인 교수를 적용해 가르치는 것이 효과적일 수 있다.

학교교육에 진보주의 비전을 천편일률적으로 적용하다보면, 허쉬를 비롯한 일부 학자가 경고한 부작용을 피할 수 없을지도 모른다. 다행히 교수학적 진보주의를 주장하는 교육대학 교수는 실제로 학교현장에서 진보주의 교육을 실현할 만한 학문적 신뢰성이나 전문적 영향력이 없다. 다시 말해, 진보주의 이념에 따라 학교교육을 운영했을 때 생길 수 있는 문제가 많은 것은 사실이지만, 다행히도 진보주의 교육 옹호자들은 실질적인 힘이 없다.

허쉬는 진보주의가 교육과정 내용 결정에 어떤 악영향을 미칠 수 있는지 설명한다. 미국고등교육에서 제대로 인정받지 못하는 교육대학이 무리하게 그럴만한 힘이 있다는 것을 보여주려 할 때 문제가 발생한다. 허쉬도 교육대학이 얼마나 힘이 없는지 잘 알고 있다. 그러나 허쉬는 그 약점이 역설적으로 교육대학의 무기가 될 수도 있음을 지적한다. 교육대학 교수 사이에는 낮은 자존감이 팽배해있지만, 이런 "비참한 처지는 이들 대학이 교사자격제도나 공교육제도에 막대한 힘을 행사하는 것으로 어느 정도 보상받는다. 분노가 힘을 얻을 때 영향력은 치명적이다. 교육학 학문공동체의 '엘리트주의' 열망은 합리적 원칙보다는 적대감에 기반해있다."[5] 또한, 허쉬는 교육대학이 교사자격증 제도와 교육학계의 이론적 흐름을 주도함으로써 교실 내 배움을 억눌러왔다고 주장한다. 이 두 가지 사안을 아래에서 좀 더 자세히 살펴보자.

교사자격증 제도에 대한 교육대학의 영향력

교육대학은 교사자격증 제도의 핵심 역할을 담당한다. 이렇게 얻은 힘을 이용해서 예비교사에게 탐구중심, 학습자 중심, 활동중심 수업 등과 같이 교수활동에 대한 진보주의를 주입함으로써 교육현장에서 지식전달이 아닌 학습하는 방법 위주의 교육이 실현되도록 입김을 넣는다. 그 과정도 여러 가지 장벽이 있다. 가령 예비교사 가운데 교육대학을 졸업하지 않고 교직으로 입문하는 사람이 있다. 이런 예비교사는 여러 가지 경로로 교사가 되는데 필요한 요건을 갖추지만 제대로 된 훈련이 부족한 상태로 기간제, 임시직 혹은 비상인력 등의 형태로 근무한다.[6]

가장 큰 장벽은 역설적이게도 교육대학이 실제로 현장 교사의 수업방법에 영향을 주지 못한다는 것이다. 리차드슨(Richardson)과 플래이시어(Placier)는 교사의 행동에 영향을 주는 요인에 관한 연구를 했는데, 교사양성 프로그램은 "예비교사가 단답형이나 선택형 교육학 시험을 통과할 정도의 지식만을 가르칠 뿐 교직과 교수학습에 대한 근본적인 배움은 제공하지 못하는 것으로 드러났다." "교육대학의 교육과정을 들여다보면 사람이 가지고 있는 교수학습에 대한 개개인의 막연한 믿음이나 생각을 제대로 바로잡아 주지 못하고 있다는 것을 금방 알 수 있다. 아쉽게도 학교현장에서 교사는 이런 개인적 믿음과 생각들을 기반으로 학생을 지도하곤 한다."[7] 수많은 연구가 "예비교사는 교육대학을 다니는 동안 좋은 수업에 대한 개인적 믿음이나 선입견을 바꿀 기회를 얻지 못한다"는 것을 밝혔다. "이런 설익은 교직관은 시간이 갈수록 더 견고하게 굳어지는 것으로 드러났다."[8]

3장에서 이와 관련한 몇 가지 이유를 살펴보았다. 예비교사는 저마다 16−17년간 학생으로 지내면서 저마다 교수학습에 대한 의견을 가지게 되는데 교육대학을 수년간 다니면서도 선입견을 비판적으로 재점검하는 기회를 가지지 못한다.[9] 설상가상으로 예비교사나 일반 대중 사이에 교사가 될 재목은 따로 있고, 가르치는 일은 어려운 일이 아니기 때문에 특별한 훈련이 필요하지 않다는 믿음이 만연해있다. 마지막으로, 예비교사나 신규교사는 생각보다 빠르게 학교현장의 문화에 물들고 교육대학에서 배웠던 이론보다는 현장에서 보고 듣는 것에 더 쉽게 설득당한다.

그 결과, 허쉬의 주장과는 달리 교사양성과 교원자격 제도의 중간 연결자로서 교육대학은 교육학을 그저 학문지식으로 다루는데 그칠 뿐 진보교육에서 강조하는 학습하는 방법에 대한 학습 문화를 학교현장에 뿌리 내리게 하지 못한다. 그렇다면 진보주의 교육 신념의 전당으로서 교육대학이 가지는 이념적 영향력은 어떠한가?

교육담론에 대한 교육대학의 영향력

20세기 초반 교육대학이 교수학적 진보주의를 옹호한 데는 교육계의 담론을 주도하고자 했던 욕망에서 비롯한 것이다. 이와 관련해서는 이견이 없다. 일례로 크레민(Cremin)은 진보주의 교육의 역사를 담은 책을 썼는데 그 책의 결론은 다음과 같다.

교육이나 경제 문제와 관련해서 존 케네쓰 겔브레이쓰(John Kenneth Galbraith)에게 "배울 점"이 있다. 그리고 2차 세계대전 이후로는 진보주의가 바로 이 배울 거리의 원천이 되었다. 교육정책 관련 논의는 "개인의 차이 인정," "인성 함양," "전인적 교육," "사회정서발달," "창의적 자기표현," "학습자의 필요와 욕구," "내적동기," "지속적 삶의 문제," "학교-가정 연계," "교과목이 아닌 학습자 중심 수업," "맞춤형 학교교육," "실천적 경험," "교사-학생 관계," 및 "교직원 역량강화" 등과 같은 주제들로 점철되었다. 내가 보기에 이런 주제들은 겉보기만에 옳을 뿐 실제로는 온갖 위선으로 가득 차 있다. 더 나아가 듀이가 예견했던 '진보주의' 교육이 '좋은' 교육으로 드디어 인정받은 때가 온 듯한 인상마저 남겼다.10)

교육계의 진보주의적 위선은 오늘까지도 이어지고 있다. 대표적인 사례가 교사교육에서 사용되는 문구로 신규교사 평가 및 지원 컨소시엄(INTASC)의 10가지 원칙들이다. 미국 교육은 확실히 교수학적 진보주의에서 영향을 받은 미사여구가 마구 통용된다. 그리고 교육대학은 이런 미사여구들을 계속 생산, 확산한다. 이 점에 있어, 교육대학 내의 주된 담론에 대한 진보주의 이념이 영향을 미쳤다는 허쉬의 주장은 일리가 있다. 그렇다고 해서 교육대학이 학계의 활발한 논의를 완전히 가로막았다고는 볼 수 없다. 혹시 그런 시도를 했다 하더라도, 성공하지 못했다. 교육대학이 주도해서 미국 교육계에 진보주의 이념을 퍼트렸다고 주장의 이모저모를 잘 따져보면 주장을 실질적으로 뒷받침할 만한 근거가 없다는 것을 금방 알 수 있다. 가령 크레민의 주장을 살펴보자. 그의 마지막 말은 마치 교수학적 진보주의가 학교현장에 자리잡은 것처럼 들린다. 그러나 책 전체 맥락을 따져보면 "좋은 교육이란 무엇인가"라는 담론의 중심부에 교수학적 진보주의가 깊숙이 자리잡고 있음을 알 수 있다. 마이클 카츠(Michael Katz)의 말을 빌리자면, 크레민의 책은 "진보주의 사상의 지적 역사"를 정리한 것일뿐 "이론과 실천을 연결하는" 노력의 산물은 아니었다.[11] 이 책은 진보주의 생각들이 어떻게 등장했고 그 생각들을 계승, 발전시킨 학자는 누구인지를 설명하는데 중점을 두고 있을 뿐이다. 그러나 이 시기에 학교현장에서 실제로 어떤 교수학습활동이 이루어지고 있는지에 대해서는 말하지 않는다.

다른 예로, 지니 챌(Jeanne S. Chall)의 「학문적 성취의 난관(The Academic Achievement Challenge)」이라는 책을 살펴보자. 저자는 진보주의가 학생의 학업성취에 얼마나 큰 악영향을 미쳤는지를 설명하는데 책 전체를 할애한다. "21세기 미국 공교육의 역사는 전통적인 교사중심 교수학습에서 좀 더 개방적인 학생중심 교수학습으로 점차 이동했다. 때때로 교사중심 교수학습으로 회귀하려는 시도가 있었지만 크게 성공하지 못했다."[12] 챌의 책은 진보주의 교육관과 전통주의 교육관이 주장하는 교수학습법과 교육과정이 어떻게 다른지 잘 보여준다. 그러나 진보주의 교육관이 학교현장에서 전통주의 교육관을 완전히 대체했다고는 말하지 않는다.

7장 "학생중심 교육: 이론에서 실제(Student-Centered Education: From Theory to Practice)"에서, 챌은 이와 관련한 설명을 남겼다. 저자는 굿래드와 큐반과 같은 학자의 연구를 인용하는 것으로 논의를 시작한다. "일부 학자는 진보주의 교육이 생각보다 학교현장에서 별다른 영향력이 없다고 주장한다."[13] "그러나 내가 보기에 진보주의 교육의 영향이 분명 존재한다. 비록 학교 프로그램 전체가 진보주의 교육에 영향을 받았다고는 할 수 없어도, 진보주의적 생각들과 믿음이 학교현장 여기저기에 녹아있다."[14] 내 생각에 안타깝게도 챌의 주장은 학교현장에 대한 진보주의 교육의 영향을 제대로 보여주지 못한다. "진보주의 교육이 어느 정도 영향을 미쳤다"라는 주장이 실제로 학교현장에 진보주의 교육이 "실제로 어떻게 구현되고 있는가"를 설명하지 못하기 때문이다. 더 나아가 챌의 주장처럼 교육학자가 진보주의 교육에 관한 논의를 할 때 자주 사용하는 "준비도", "자연발달", "전인적 학습자"와 같은 단어는 실제로 이런 형태의 교육 방식이나 이론이 학교현장에 어떤 모습으로 구현되는지 보여주기에는 역부족이다.

교수학적 진보주의가 학교현장에 상당한 영향을 미쳤다는 증거는 빈약하다. 7장에서 래리 큐반(Larry Cuban)과 아써 질버스밋(Arther Zilversmit)의 교육사연구를 소개하면서 학교교육에 대한 진보주의의 영향이 20세기 중반까지도 겨우 미미한 수준이었음을 지적했다.[15] 아래에서 20세기 이후 현재까지 진보주의가 학교교육에 어떤 영향을 미쳤는지 좀 더 자세히 알아보자.

존 굿래드는 UCLA 교육대학원 학장을 역임한 인물로 1980년 초 미전역의 38개 초·중고교 1,000개의 교실에서 관찰 연구를 진행했다. 그 결과는 1983년에 「학교라고 불리는 곳(A Place Called School)」이란 이름의 책으로 출판되었다. 이 책에 소개된 교수학습법은 진보주의보다는 전통적인 교육관에 기반을 둔 것이었다. 존 굿래드는 책의 결론을 아래의 요점들로 정리했다.

첫째, 학급조직의 가장 대표적인 형식은 교사가 중심이 되어 전체 학급을 이끄는 모습이다.

둘째, 학생은 모둠을 이루어 앉아 있지만, 실질적인 과제는 개개인이 독립적으로 한다.

셋째, 교사가 학습활동이나 학급 분위기를 주도한다.

넷째, 교수학습도 교사주도형이다.

다섯째, 학생의 성취에 대한 칭찬이나 교정 혹은 다음번에 더 잘하려면 어떤 방식으로 공부해야 하는지에 대한 교사의 조언이 부족하다.

여섯째, 주로 사용되는 교수학습법은 가짓수가 제한적인데 교사주도 설명, 질문에 대한 대답, 간단한 쪽지 시험 등이 대표적인 방법이다.

일곱째, 위의 나열된 모습들은 저학년보다는 고학년에서 더 자주 관찰된다.

여덟째, 연구에 참여한 상당수의 학생은 학교생활에 미흡하게나마 만족을 표했다. 아홉째, 초등학교 저학년에서도 학생은 그날의 학습 주제와 교사의 설명을 제대로 이해하지 못하는 경우가 많았다.[16]

굿래드처럼 교수학적 진보주의에 충실한 사람이라면 1980년 미국의 흔한 교실풍경, 특히 학습자 중심, 소위 진보주의 교육에 기반한 교실 수업을 보고 크게 실망을 할 것이다. 한 교실의 내부를 좀 더 자세히 들여다보자. 데이비드 코헨(David Cohen)은 캘리포니아 주의 한 중학교에서 아이들을 가르치는 오블리어(Oublier) 교사의 교실을 관찰했다. 오블리어는 수학교육의 새 교수법을 "적극적으로 차용해서" 학습을 운영한 교사였다.[17] 오블리어가 적용한 교수법은 진보주의 원리에 기반한 교육개혁 정책에 따른 것으로 전국수학교사위원회가 추천하고 주정부 교원청이 적극적으로 장려했다. 그 당시 교육개혁의 목표는 학습지와 "사실과 과정을 암기"하는 교수학습에서 벗어나 진보주의 교육원리에 기반한 자기주도적 학습 및 개인의 경험과 수업 내용 연계를 통한 수학적 사고 함양에 있었다.[18] 이러한 "교실 안 혁명"의 결과는 엇갈린 평가를 받았다. 코헨은 "오블리어 교사의 수업은 새로운 수학적 사고와 교재가 낡은 수학 지식과 교수법과 뒤섞여있다"라고 평가했다.[19] 오블리어는 교육개혁을 적극적으로 받아들였지만 "새로운 교수법을 받아들인다는 것과 그것을 실천으로 풀어내는 것은 전혀 다른 차원의 일"이었다.[20] 예를 들어, 오블리어는 4명의 학생을 한 모둠에 앉힌 다음 협동학습을 하게 했다. 그러나 오블리어는 "학생의 모둠활동의 과정에 일일이 개입했는데, 이는 전통적인 교사주도형 학습과 비슷했다.[21] 이런 이유로 코헨은 "오블리어 교사는 교육개혁에 동참한다고 하면서도 사실은 여전히 교사주도형 수업을 한 것이다. 뿐만 아니라, 오래된 수학 지식을 가르치며 경직된 학급경영 방식을 사용하는 등 전통적인 수업방식의 흔적은 그의 수업 곳곳에 묻어났다."[22] 이는 진보주의 교육관이 공허한 미사여구로서 통용되었을 뿐, 실제 학교현장은 전통적인 교수학습법이 팽배해 있었음을 잘 보여준다.

진보주의적 수사와 실제 수업의 간극에도 불구하고, 일부 보수적 학자는 진보주의적 교육관이 학교교육을 심각하게 저해했다며 끊임없는 비난을 가했다. 교육대학 교수가 교사에게 진보주의 기반 교수학습법을 소개함으로써 수업방식에 대한 교사의 선호도에는 영향을 미쳤을지 몰라도, 실제 교실 수업에는 전혀 영향을 주지 못했다는 것을 간과했기 때문이었다.

2002년 보수적 싱크탱크인 맨하탄 연구소(Manhattan Institute)에서 교사의 교육철학과 교수학습에 관한 선호도에 대해 연구보고서가 발표되었다.[23] 연구진은 403명의 4학년 담임교사와 806명의 8학년 담임교사를 설문하고 그 중 일부와 집단인터뷰를 진행했다. 4학년 담임교사의 55%와 8학년 담임교사의 57%가 학생주도형 학습을 선호했고, 나머지 4학년 담임교사 40%와 8학년 담임교사 37%는 교사주도형 학습을 선호하는 것으로 드러났다.[24] 각각의 학년에서, 74-76%의 교사는 "학습하는 방법을 배우는 것은 매우 중요하다"는 데 동의했다. 13-15%의 교사는 "구체적인 지식과 기술을 가르치는 것이 중요하다"고 보았다.[25] 단지 25%의 교사만이 "학생이 정답을 맞혔는지"에 중점을 두고 평가했고 나머지 교사는 "문제해결과정에서 얼마나 창의성을 보였는가" 혹은 "얼마나 성실히 노력했는가"에 중점을 두고 평가했다.[26] 약 절반에 해당하는 교사는 협동학습이나 소그룹 활동을 선호했으며. 나머지 4분의 1에 해당하는 교사는 전체학습을 대상으로 하는 강의식 교수법을 선호했다.[27]

당시 토마스 포드햄(Thomas B. Fordham) 재단의 회장직을 맡고 있던 체스터 핀(Chester E. Finn)은 연구결과를 교육대학 문제와 연결시키면서 "교사가 아무렇게나 수업한다고 근거없이 폄훼해서는 안 된다. 교사는 교육대학에서 배운대로 하는 것일 뿐이다. 교사가 교실에서 보여주는 태도나, 기대치, 우선순위 혹은 교수법은 교육대학 교수와 동료, 선후배교사에게 영향을 받은 탓이다."[28] 7장에서 소개한 연구도 같은 재단에서 후원을 받았는데, 이 연구도 교육대학 교수가 교사들에게 미치는 영향은 미비함을 보여준다.

핀이나 다른 연구자가 하고자 했던 말은 결국, 교사의 태도가 교실에서의 교수학습을 결정한다는 것이다. 공교롭게도 연구보고서의 제목이 「교사는 무엇을 가르치는가?(What Do Teachers Teach?)」였지만 사실 이 보고서는 교사가 무엇을 어떻게 가르치는지보다 그들이 무엇을 어떻게 믿고 있는가를 다루었다. 굿래드의 교실참관 보고서, 특히 오블리어 교사의 사례가 보여주듯, 특정 교수법에 대한 교사의 태도나 선호도가 반드시 그 교수법의 선택으로 이어지는 것은 아니었다. <워싱턴포스트(Washington Post)>의 교육담당 기자 제이 매튜스(Jay Mathews)는 이와 관련해 한 편의 기사를 썼다. 학교교육과정에 대한 심도있는 취재를 많이 했던 이 기자는 교육과정 표준화와 시험에 우호적이었는데,29) 그의 저서 「교실 안 고군분투(Class Struggle)」30)에서 고등학교의 반배정은 심화 교육과정 운영과 연계해서 진행해야 한다고 주장했다.

나는 존 듀이처럼 이상주의적 교육을 옹호하거나 핀처럼 표준형 교육과정을 옹호하는 수많은 연구를 읽었다. 핀의 말대로 이 연구물들은 교육대학 내의 담론에 영향을 받은 것으로 보인다. 존 듀이를 옹호하는 사람은 실제 학교현장에서 얼마나 그의 이론을 제대로 실천하고 있는지 모른다. 그럼에도 불구하고 많은 일선 교사가 구체적인 지식이나 기술 등 듀이가 주장한 것을 그대로 반복한다. 존 듀이의 학습이론이 학생의 학업에 얼마나 긍정적인 영향을 미쳤는가 논의하기 전에, 교실현장에서 이런 이론이 실천으로 이어지는 사례가 진정으로 존재하는지부터 따져 묻고 싶다. 지금껏 나는 그런 경우를 보지 못했다.31)

◆ 지식에 대한 차별적 접근

다이앤 래비치는 그의 책 「미국 공교육개혁, 그 빛과 그림자」에서 20세기를 걸쳐 교육대학에서의 진보주의는 미국학교현장의 교육과정의 학문적 내용에 악영향을 미쳤다는 주장을 내놓았다. 더불어 진보주의는 학생의 학업성취에도 나쁜 영향을 미쳤으며 학생이 저마다 배우는 내용이 달라지면서 공교육의 민주적 기능에 적지 않은 피해를 끼쳤다고 주장했다.

이 책은 미국 내에 학교표준화, 교육과정 및 교수방법에 관한 오랜 논의가 어떻게 발전해왔는지를 다룬다. 특히, 학교의 학문적 기능에 대한 끊임없는 비판을 깊이 있게 소개한다. 20세기 초반 학교교육의 팽창이 가속화되는 가운데, 모든 학생이 교과교육으로 대표되는 인문 교육과정을 배워야 한다는 의견과 대학진학에 관심이 있는 학생에게 제한되어야 한다는 두 갈래의 의견이 팽팽히 대립했다. 후자를 지지하는 사람 중에는 교육대학 교수가 많았는데 이들은 대개 새로운 진보주의 교육운동에 열성적이었다.

"… 교육과정의 이분화는 일부 학생은 인문계 교육과정을 또 다른 학생은 비인문계 교육과정을 배운다는 것을 의미했다. 이런 교육정책은 민주주의 교육 혹은 "개별 학생의 필요를 최대한 반영하는" 교육이라는 명분으로 학교 내 인종적, 사회적 차별을 부추겼다. 나는 이런 정책이 매우 비민주적이며 학생과 미국 전체에 매우 심각한 악영향을 미친다는 것을 이 책에서 보여주고 싶다."[32]

미국의 학교교육과정은 각양각색이다. 특히 중·고등학교에서 더 그렇다. 이견이 없다. 학생은 각기 다른 지식에 노출되고 이런 차이는 단위학교 내 차별화, 성취수준에 따른 교실 내 차별화 혹은 학교 간 차별화와 같은 세 가지 유형을 띤다. 중·고등학교의 경우 대개 선택형 교육과정을 실시한다. 같은 국어 과목이 학생의 성취수준에 따라 심화반, 대학입시준비반, 정규반 및 보충반 등으로 나뉘어 개설되는 경우가 그 예이다. 수학의 경우 난이도에 따라 과목을 나누어 성취 수준이 낮은 학생은 함수와 연산까지만 배우게 하고 성취 수준이 높은 학생은 미적분까지 모두 배우게 하기도 한다. 과학의 경우 일반과학에서 물리까지 선택과목이 더 세분화되어 있다. 심지어 교과목 전체를 다르게 배우는 경우도 있다. 보통 수준의 학생은 대개 인문계 수업을 받지만, 성적이 낮은 학생은 직업교육이나 특수교육 수업을 받는 경우가 그에 해당한다. 개별 학급 내에서도 차별화는 존재한다. 예를 들어, 초등학교의 경우 국어와 수학 수업에서 학습의 속도나 내용을 달리하여 수준별 수업을 한다. 학교의 수준에 따라, 같은 교과목이라 하더라도 내용의 깊이를 달리하거나 학생의 분반을 다르게 구성하는 경우도 있다.

허쉬가 그의 베스트셀러 「문화적 문해(Cultural Literacy)」33)에서 우려를 표했던 것과 마찬가지로, 래비치는 모든 학생이 민주시민으로서 가져야 할 기초지식을 차별없이 배우도록 하는 데 수준별 교육과정이 방해가 된다고 보았다. 기초지식은 인문교과, 즉 "국어, 문학, 과학, 수학, 역사, 미술, 외국어와 같은 교과목에서 주로 다루어지는데, 이런 지식은 시민으로서의 기본 소양과 심미적 감각은 물론 사회를 비판적으로 볼 수 있는 사고력을 길러준다."34) 교육대학의 문제는 직업교육이나 흥미중심 교육을 너무 강조한 나머지 이런 교양교과를 등한시하고 성적이 우수한 학생에게 제한해서 가르치려 한다는 것이다. 성적이 낮은 학생이 배우는 교육과정은 내용의 깊이가 낮고, 폭이 좁으며, 직업교육으로 편중되어 있어 사회에서 꼭 필요한 내용도 생략된 경우가 많다.

위와 같은 주장은 교육학 논문에서도 다루어지긴 하지만, 정치적 좌파로 분류되는 논문에서 주로 등장한다. 1960년대 사회재생산 이론은 학교교육이 학생을 가정환경에 따라 구분짓고 차별화된 교육과정을 가르쳐 진로의 방향을 일찍이 가름으로써 부모 세대의 부와 가난을 자식 세대에서도 고착화한다고 주장했다. 이런 구분이 표면적으로는 구분의 기준이 가정환경이 아니라 학업성적인 것처럼 보이기 때문에 사람은 그 결과를 의심없이 받아들인다. 새뮤얼 보울즈(Samuel Bowles)와 허버트 진티스(Herbert Gintis)의 사회재생산, 지니 옥스(Jeannie Oakes)의 학교 내 인문계 실업계의 구분, 진 애니언(Jean Anyon)의 학교 간 차등에 관한 연구는 이런 상황을 잘 보여준다.35) 다이앤 래비치는 「미국 공교육개혁, 그 빛과 그림자」에서 교육대학이 잘못된 진보주의 교육을 계속해서 전파하는 것도 사회불평등을 확대 재생산하는 데 기여한다고 진단했다. 이 주장에 대해서는 학자 사이에 의견이 엇갈린다. 래비치는 진보주의 교육운동에 교육 문제의 책임을 묻지만 내가 보기에 행정적 진보주의도 그 못지 않은 책임이 있다.

행정적 진보주의 영향

교육과정 차별화는 행정적 진보주의의 두 갈래 원칙인 발달주의와 사회적 효율성에 영향을 받았다. 발달주의는 개개인의 발단 단계에 맞게 차별화된 교육을 옹호한다. 표준화된 공통 교육과정은 학생이 특정 발단 단계에서 필요로 하는 교육내용을 제공하지 못한다는 점에서 매우 비생산적이다. 개개인의 필요를 너무 앞서거나 따라가지 못하는 교육과정 혹은 내용이 너무 어렵거나 쉬운 교육과정은 학생의 학습을 촉진하기는커녕 좌절감만 가져온다. 따라서 학생의 발달 수준을 체계적으로 분석하고 결과에 따라 최적화된 교육과정 편성이 필수다. 현실적으로 25-30명의 학생이 함께 공부하는 학급에서 개개인의 수준을 모두 반영한 개별화된 교육과정을 구현하기가 쉽지 않다. 때문에 대개 교사는 학생을 수준이 비슷한 몇 개의 집단이나 학급으로 모은다.

사회적 효율성의 원칙은 두 가지 차원에서 진보주의 교육과정에 반영된다. 첫째, 학교는 각계각층에서 필요로 하는 인재를 배출함으로써 전체 사회의 발전에 기여한다는 믿음이다. 직업마다 요구하는 지식과 기술이 다르기 때문에 학교는 그에 걸맞게 차별화된 교육과정을 가르쳐야 한다. 표준화된 교과지식 중심 교육과정은 사회에서 필요로 하는 다양한 지식을 가르치거나 제대로 된 직업지식을 가르치는 데 한계가 있기 때문에 배척받는다. 둘째, 학교가 제대로 된 학교 기능을 수행하려면 이에 필요한 행정 구조를 갖추는 것이 필요하다는 믿음이다. 학교는 다양한 학생을 받아, 나이에 따라 각 학년과 학급에 배정하고, 학급 내에서는 학습 수준과 계열에 따라 다시 모둠으로 나눈다. 이 과정에는 학생의 능력을 가늠할 시험, 등급화된 교육과정과 교사가 요구된다. 학년에 따른 구분보다는 교육과정 차별화가 더 중요한 학교 행정 현안이기 때문에 승급제도는 필수다.

교수학적 진보주의는 학생의 발달 단계를 존중한다는 점에서 행정적 진보주의와 비슷하지만 교육과정 차별화보다는 기존의 정형화된 교육과정의 완전한 해체를 요구한다는 점에서 차이가 있다. 교수학적 진보주의는 학생의 흥미와 자발성에 관심이 있고 형식화된 교육과정은 이 두 가지를 촉진하는데 오히려 방해가 된다고 본다. 또한, 지식을 암기하고 이해하는 것보다 학습하는 방법을 학습하는 것이 중요하다고 보기 때문에, 교과 지식이 아니라 학생의 성장 과정에 더 큰 관심을 기울였다. 교수학적 진보주의에서는 사회적 효율성과 행정적 진보주의는 다른 것으로 해석했고, 교육의 기능은 넓은 의미에서의 사회적 기여, 즉 사람이 세상을 살아가는데 필요로 하는 지식과 기술을 제공하는 것이라 보았다. 이런 해석은 전통적인 교과주의와도 어느 정도 일맥상통했다. 그러나 교수학적 진보주의는 교육과정 계열화는 반대했다. 계열화가 사회적 평등과 정의 실현에 역행할 뿐만 아니라 학생의 흥미도와 참여를 저해하고 학습의 과정보다 지식 습득을 더 중시한다고 보았기 때문이었다.

행정적 진보주의는 학생의 발달 과정과 교육의 사회적 기여를 앞세워 교육과정 차별화를 촉진시키고 교과 지식의 난이도를 크게 낮추는 데 기여했다. 학생 수준과 인력 시장 수요에 적합한 방식으로 누구나 어디서나 사용할 수 있는 보통 수준의 지식을 중심으로 교육과정을 운영하면 대학진학에 필요한 수업은 상대적으로 비중이 줄어들 수밖에 없다. 학교교육과정의 난이도와 수준을 낮추는데 이보다 효과적인 방법이 있을까. 결국, 행정적 진보주의의 영향으로 기존의 교육과정에서 수준을 다소 낮춘 변형된 형태의 사회, 일반과학 및 실과교과가 등장했다. 「카디날 원칙(Cardinal principles)」 보고서는 행정적 진보주의의 관점에서 교육과정 관련 논의를 다루었는데 이 보고서에 교육 기본 7대 원칙이 실렸다. 대부분 교과주의 학습을 전면적으로 배제한 원칙이었다.36) 직업교육을 중심에 배치하고 교과교육을 주변부로 돌리는 방식이었다.37) 교육대학이 교과주의를 약화시키고 교육과정 차별화를 부추겼다는 주장을 반박하는 사례가 되겠다. 종합해보면 진짜 비난의 대상은 행정적 진보주의인지도 모른다.

교과주의 교육이 약화되고 교육과정 차별화가 심화된 것을 비난하는 사람은 교육대학에 그 책임을 전가할 것이 아니라, 진짜 원인이 무엇인지를 더 깊이 있게 들여다 보아야 한다. 학교행정가와 행정학 교수로 이루어진 행정적 진보주의자들이야말로 학교교육과정을 바꿀 만한 힘을 가지고 있고 직업교육이나 수준별 교수학습을 옹호할 만한 동기가 큰 집단이다. 물론 행정적 진보주의자들의 힘만으로도 부족했을 것이다. 하향식 개혁은 미국학교와 같이 느슨한 조직에서는 잘 작동하지 않는다. 위로부터의 개혁은 아래로부터의 요구에 부합할 때에 효과를 발휘한다. 이와 관련해서 아래로부터의 교육 요구의 핵심인 소비자주의에 대해서 좀 더 자세히 알아보자.

소비자주의의 영향

2장에서 사범학교의 변천을 다루면서 이 흐름에 영향을 미쳤던 사회적 효율성과 사회적 계층이동론을 소개했다. 이 두 가지 교육의 목표는 초등학교는 물론 중·고등학교에도 해당한다.[38] 사회적 효율성을 목표로 두면 학교는 사회에 산업인력을 공급하기 위해서 사람에게 일터에서 필요로 하는 지식과 기술을 가르치는 역할을 한다. 이 기본 원리가 행정적 진보주의의 주요 골자를 이루고 행정적 진보주의를 주창하는 사람이 앞장서 이끌었던 표준화 운동에도 영향을 미쳤다. 사회 계층이동을 목표로 두면 학교는 학생에게 계층이동 경쟁에서 우위를 점하는데 필요한 자격증을 제공하는 역할을 한다. 이 두 가지 관점의 공통점과 차이점을 분석하면 20세기 미국 학교에서 교과주의의 쇠락과 교육과정 차별화를 이해하는 데 도움이 된다.

어느 경우든 이상적인 학교교육과정은 차별과 차등이 있을 때 가능하다. 효율성 관점에서 보면 사람은 시장과 사회에서 필요로 하는 지식과 기술을 배우고 싶어한다. 그래서 교육과정의 구성과 내용은 노동시장의 구성과 보상체계를 적절히 반영하는 것이 필요하다. 계층이동의 관점에서 보면 사람은 학교교육을 통해 남들과는 차별되는 학력이나 자격을 갖추길 원한다. 이 두 가지 관점이 선호하는 학생 구분과 선발의 기준이 다르기는 하지만, 그 기준이 무엇이든 모든 학생이 일률적으로 같은 교육과정을 배우도록 하는 것은 비생산적이다. 그 결과 20세기를 시작으로 오늘까지 계속되어온 교육과정 차별화는 교육행정적 필요와 사회적 필요 모두에 응답한 결과라고 보는 것이 옳다. 교육 수요자인 학생과 학부모는 공통교육과정보다 사회적 계층이동이나 계급적 이익을 유지하는데 유리한 교육과정을 요구해왔다. 그래서 래비치가 비민주적이라고 지적했던 부의 불평등을 학교에서의 차등적 교육과정을 통해 유지하려 했던 것이다.

소비자주의는 결과적으로 행정적 진보주의자들이 내세웠던 교육과정 차별화를 더욱 부추기고 교과중심 교육과정을 약화시키는데 큰 역할을 했다. 사회적 효율성 관점에서 교육은 공공재이고 공교육에 대한 투자는 사회 전체의 생산성 향상과 경제발전을 통해 보상받는다고 본다. 그러나 사회적 계층이동의 관점에서 교육은 사유재이고 교육을 통한 이익은 개인이 독점한다고 본다. 그래서 개개인이 교육을 통해 사회적으로 유리한 지위를 차지하려 경쟁하는 것일 뿐 사회공익은 관심사가 아니다. 각자가 각자의 이익을 추구하도록 놔두는 것이 옳다는 입장이다. 사회적 계층이동의 관점에서 학습은 교육의 부차적인 결과물일 뿐 가장 중요한 것은 학력과 자격을 얻는 것이다. 학교를 가는 이유는 시험을 치고, 학점을 쌓아 졸업장을 취득한 후 사회 진출을 하는 데 있다. 그 과정에서 무엇인가를 배운다는 것은 그저 덤이다. 그러나 교육 수요자에게 진짜 중요한 것은 교육에 들이는 시간과 노력, 돈은 최소화하면서 교육이 주는 이익은 최대한 많이 챙기는 것이다. 이런 성향은 학교에서 교육과정에서 교과교육을 줄이고 고등학교나 대학의 졸업 요건이나 학습시간을 최소화하는 것으로 나타난다. 개별 학생 차원에서는 공부는 덜 하면서 성적은 더 잘 받기를 요구하기도 한다.[39]

앞서도 말했지만[40] 교육 수요자주의는 사회적 효율성이나 교육을 통한 민주, 사회평등, 실천 등을 밀어내고 20세기 미국 교육의 변화를 주도했다. 소비자와 시장의 요구, 정치와 이익집단의 요구 등이 더해지면서 교육 수요자주의가 교육에 미친 영향은 상당했다. 교육과정을 차별화함으로써 불평등을 가속화하고, 교육내용을 간소화함으로써 학습량을 줄였다. 더 나아가 사회에서 요구하는 인력 수준을 훨씬 넘어서는 학력 경쟁을 초래함으로써 교육비를 필요 이상으로 높였다. 따라서 미국 교육의 문제를 제대로 이해하려면 교육대학과 교수학적 진보주의가 아니라 교육 수요자주의를 파고들어야 하는 것이다.

진보주의 수사학은 부차적인 문제였다

교육대학을 비판하는 사람의 생각과는 달리 교육대학이 미국 교육에 미친 악영향은 크지 않다. 교과교육이 협소화되고 교육과정이 차별화와 직업교육화 되는데 교육대학이 영향을 미쳤다는 증거는 불충분하다. 그렇다고 하더라고 교육대학이 책임에서 완벽히 자유로울 수는 없다. 결국, 교육대학의 교수학적 진보주의는 학교교육에 대한 헤게모니의 한 축을 차지했고 오늘날 학교를 둘러싼 여러 가지 문제 가운데 두 가지 문제에 특히 일조한 면이 있다. 아래에서 이 두 가지 문제가 무엇인지 살펴보자.

첫 번째 문제는 교과목의 내용에 관한 것이다. 교수학적 진보주의 수사는 학교교육에서 전통주의 교과 학습을 지양해야 한다고 계속 주장해왔다. 교수학적 진보주의는 주지교과가 학생의 학습에 방해가 된다고 주장한다. 성인들의 눈높이에 맞게 짜여진 주지교과는 학생의 흥미와 자발성을 억누르며 권위자로서의 교사의 역할을 강조하고 학생에게는 수동성을 강요한다고 보았다. 뿐만 아니라 주지교과는 학생의 실생활과도 동떨어지고 학습에 대한 동기도 북돋워주지 못한다고 보았다.

그러나 교수학적 진보주의는 특정 지식 중심의 수업도 반대했다. 윌리엄 헐드 킬패트릭(William Heard Kilpatrick)은 1920－30년대 교수학적 진보주의의 성장을 이끌었던 사람 중 한 명으로 "교과내용은 학습의 수단이 목표가 아니"[41]라고 주장했다. 클리바드(Kilebard)는 킬패트릭의 입장을 "죽은 지식을 지양하고 지식을 습득하기보다는 목표가 분명한 학습활동 위주의 교육과정을 옹호하는 것"[42]으로 요약했다. 내용보다는 과정을 강조한 진보주의 활동중심 교육과정은 행정적 진보주의와 교육 수요자들에 의해 이미 위축된 주지교과의 입지를 더욱 좁게 만들었다. 교육대학은 그들이 지향하는 교수학습법을 학교현장에 직접 실행할 수 있는 힘을 가지고 있지 못했지만, 진보주의 수사를 퍼트림으로써 교과주의에 대한 부정적 인식을 불러일으키고 직업교육에 대한 관심을 촉진하는 데 일조했다.

교육과정 차별화를 둘러싼 상황은 조금 더 복잡하다. 교수학적 진보주의는 민주주의와 평등에 관해 상당히 우호적인데 이런 입장은 행정적 진보주의나 교육소비자주의에서 내세우는 학교 차별화와는 대립 구조를 이루었다. 민주적 교육은 듀이나 카운츠(Counts)의 핵심 주장이기도 했지만, 킬패트릭에게도 상당한 영향을 미쳤다. 예를 들어, 킬패트릭은 그의 유명한 연구 「프로젝트 학습(The Project Method)」에서 "민주주의 사회의 핵심은 목적이 있는 활동이다. 그러므로 학교교육과정도 이를 반영해야 함"을 강조하면서, 목표중심학습이 아니고서는 학생은 "남들의 주장을 무비판적으로 받아들이는 법만 배우게 될 것"[43]이라고 주장했다.

그러나 교육대학의 교수학적 진보주의 옹호자는 학교 차별화에는 반대하면서도 20세기 초반에 등장한 교육과정 차별화에는 크게 반대하지 않았다. 그 이유 중 하나는 이념적인 것이었다. 교육대학의 교수학적 진보주의 옹호자들은 교육과정은 부차적인 것일 뿐, 학습과정이 중요하다고 보았기 때문에 교육과정의 형식 자체에 관심을 기울이지는 않았다. 학생의 흥미와 경험을 중심으로 한 탐구학습에 교과서는 학습의 도구로서 기능할 뿐이었다. 어떤 교과서도 이용될 수 있었다. 행정적 진보주의자들이 주장한 차별화된 교과서도 여러 학습 도구 중 하나에 불과했다. 교육과정을 둘러싼 문제는 20세기 후반에 이르러 교수학적 진보주의와는 반대되는 교육 표준화 운동과 특정 교과 중심 선발시험의 문제가 불거졌을 때에야 비로소 수면으로 떠올랐다. 두 번째 이유는 보다 구조적인 것이었다. 1940년대까지도 교육대학 교수는 교원과 교육행정가 양성에 한정된 역할일 뿐 차별화된 교육제도 그 자체에 영향을 미친 것은 아니었다. 행정적 진보주의자들이 교육제도를 만들면 교수학적 진보주의자들은 교사가 이런 제도 하에서 잘 일할 수 있도록 가르쳤다. 이런 구조는 교육대학이 일을 하는 방식에도 영향을 미쳤다.

교육대학 교수가 주도한 것이 아니다

교육대학은 끊임없이 진보주의 수사법을 구사해왔지만, 실제 행동은 그렇지 않았다. 교육대학이 내놓은 연구물이나 교사양성은 교수학적 진보주의를 모방했지만, 그 내부를 자세히 들여다보면 사회적 효율성 색채가 짙게 배어 있었다. 우선, '연구 관행'을 살펴보자. 엘런 콘드리프 레이지만은 미국 교육의 역사와 관련한 책을 쓴 인물로 교육대학을 다룬 연구는 "많은 문제를 내재하고 있다"라고 평가했다.

교육 연구의 역사를 들여다보면 1890년까지는 뚜렷한 형태를 갖추지 못했다가 1920년이 되어서야 비로소 일정한 형태를 갖추고 전문성과 진보주의적인 색채를 띠게 되었다. 어떤 의미에서는 학문적 호기심에 기반한 연구라기보다 도구적 성격의 연구에 가까웠다. 실용학문에 대한 높은 관심은 학교행정가나 교사의 관심에 부합하지 않는 내용은 연구 대상에 배제되었다. 그러면서 점차 실용지식이 교육 연구의 정체성을 형성해 갔다. 동시에 교육 연구의 근간이 되었던 심리학 관련 연구도 행동주의 심리 연구나 개인을 다루는 연구중심으로 점차 폭이 좁아져 갔다.[44]

이러한 변화의 결과로 교사효능과 관련된 연구가 20세기 이후 중요한 교육학 연구 주제로 떠올랐다. 앨런 톰(Alan Tom)이나 리 슐만의 연구가 대표적이다.[45] 특히 교사의 특정 교수행위가 학생의 학업성취도에 어떤 영향을 미치는가에 대한 연구가 많이 등장했다. 이런 연구는 도구적인 행동 연구에 관심을 기울인다는 점에서 인문적 탐색과 흥미에 기반을 둔 진보주의 교육 연구와는 차이를 보였다. 그러나 그런 연구는 행정적 진보주의의 주요 관심사였던 사회적 효율성이 높은 교육 구조 설계와는 결을 같이 했다. 또한, 연구 초점이 학생중심 교육에서 교사의 교수행위로 옮겨가면서, 교사중심 수업이 뿌리 깊게 박혀있던 학교현장의 실제 모습을 더 잘 반영할 수 있게 되었다.

20세기 말에는 학계에서 처방보다는 해석을 중시하는 연구 방식이 선호되고 교수학적 진보주의에 대한 연구가 인기를 끌면서 도구적 행동에 대한 관심은 점점 줄어들었다.[46] 그러나 도구적인 행동 연구가 학계에서 완전히 모습을 감춘 것은 아니다. 이와 관련해서 로버트 플로덴(Robert Floden)은 "교사효과에 대한 연구는 여전히 중요하고 높이 평가받고 있음"을 강조한다.[47] "많은 교육정책가와 연구재단은 여전히 학생의 성취도에 영향을 미치는 요인에 관심이 많기 때문이다. 교육은 복잡한 현상으로 특정 요인을 딱 꼬집어 분석하기가 쉽지 않다. 그러나 학생의 학업성취에 영향을 미치는 요인에 대한 관심이 커지면 커질수록 그에 걸맞는 연구방법론이 등장할 가능성이 높다."[48] 2001년 낙오학생 방지법(No Child Left Behind Act)(PL 107-10)이 발효된 이후 각 교육청마다 학습 효율을 높이는 교수법에 대한 연구가 전면적으로 요구되기 시작했다.[49] 그리고 이러한 변화는 교육학계 내에 「교육 연구에 대한 과학적 접근」에 대한 관심으로 이어졌다.[50]

말뿐인 헌신보다 실질적인 교육제도 변화의 영향이 교육 연구의 방향성을 결정하는데 더 큰 영향을 미침을 보여주는 사례이다. 교육대학 교수는 여전히 교수학적 진보주의를 선호한다. 그러나 교육정책가, 행정가 혹은 연구재단은 요구나 보상 등 "성취도에 영향을 미치는 요인" 특히 학생의 시험성적을 높이는 교수법과 교육과정에 관심을 보인다.[51] 20세기 전반에 걸쳐 진보주의 교육학자도 이런 연구를 했다.

'교사양성의 실제'에서도 비슷한 양상을 볼 수 있다. 20세기 초 교육대학의 행정구조는 행정적 진보주의의 영향을 많이 받았다. 마이클 카츠는 교육대학 교수가 창의적인 교육 연구를 하고 학교현장에 건설적인 비난을 해야 한다고 주장했다.[52] 이것은 교사양성에 관한 일을 교육대학에 일임하고 종합대학 내 교육학과는 교육 연구에 전념해야 한다는 의미였다. 결국, 교육대학 교수는 교사양성을 대학의 핵심 기능에 포함시킴으로써 교사양성 전담 교수에 대한 수요도 확보하고 연구에 대한 기회도 만드는 길을 택했다. 이렇게 교육대학은 공교육에 영향력이 있는 제법 큰 규모의 기관으로 발돋움하는 발판을 마련했다. 그러나 이런 변화는 기존의 교육체제 내에서 이루어졌기 때문에, 교육대학은 여전히 진보주의 교육에 대한 수사적인 입지를 유지한 채로 교육현장의 요구에 따라 예비교사교육에도 힘을 기울였다.

결국, 학교교육을 향한 수사적 이상향이 구조적 현실의 벽을 넘지 못했다. 교육대학 교수는 학생중심, 탐구학습을 실천할 교사를 양성하고 싶어한다. 그러나 현실이 그들에게 요구하는 것은 교사중심, 수준별 교육과정을 잘 가르칠 수 있는 교사를 양성하는 일이다.

메리 케네디(Mary Kennedy)가 제안한 전문가 양성 프로그램에 관한 두 가지 접근법[53]은 교육대학을 둘러싼 이상적 수사와 현실적 요구 사이의 긴장감을 이해하는 데 도움이 된다. 메리 케네디는 여러 형태의 전문가 양성 프로그램을 연구했다. 일부 프로그램은 직업 지식을 중심으로 운영되었고 나머지 프로그램은 보다 일반적인 지식을 가르치면서 학생의 실질적 문제해결 능력 향상에 초점을 두었다. 첫 번째 방식은 일터에서 처할 수 있는 최대한 모든 경우의 수를 헤아려 학생을 준비시키는 것이고, 두 번째 방식은 학생에게 독립적 사고능력을 배양하여 상황을 분석하고 전략을 세울 수 있도록 준비시키는 방식이다.[54] 약학대학이나 공과대학은 첫 번째 방식을 주로 차용하고, 법학대학이나 건축대학은 두 번째 방식을 차용한다.

이 두 가지 전문가 양성 방법은 교사교육과 관련한 전통적 교수법과 진보주의 교수법 논쟁에 새로운 해법을 시사한다. 진보주의는 지식인으로서의 교사가 아니라, 쇤(Schön)의 말을 빌리자면 '성찰하는 실천가'로서의 교사를 요구한다.[55] 듀이도 "교육에서의 이론과 실천의 관계(The Relation of Theory to Practice in Education)"[56]에서 비슷한 주장을 폈고, 다른 진보주의 교육학자도 그와 같은 주장을 한 적이 있다.[57] 교육대학 교수는 교사양성에 대한 진보주의 접근을 강조해왔지만, 정작 그들의 행동은 정반대의 길을 향하고 있었다. 교사교육 강좌는 '교육원리'와 같은 일반 교육학 내용과 '교수학습법'

에 관한 내용으로 구성되었다.58) 그리고 교육대학 교수가 내놓은 도구적 성격의 교육학 연구가 그 내용을 채워 넣었다. "효과적인 교수 행위에 대한 연구가 예비교사교육에 교재로 활용된다(Brophy & Good, 1986; Gage, 1977, 1995; B. O. Smith, 1980; Watts, 1982). 교사교육은 이렇게 점차 표준화, 규범화되어 갔다(Evertson, Hawley, & Zlotnick, 1984; Gage, 1985; Gideonse, 1986)."59)

교육대학 교수는 모순으로 가득 차 있다. 이들에게 교수학적 진보주의는 수사일 뿐, 연구자로서나 교사양성가로 기능을 해야 할 때는 도구적 지식을 거침없이 이용한다. 뿐만 아니라, 탐구학습을 옹호하면서도 정작 자신의 수업에서는 학생의 시험성적을 높이는 데 도움이 되는 교수법을 소개한다. 그러니 교육대학 교수가 일관성이 없다는 비난은 정당하다. 그러나 그들이 진보주의 학습을 학교현장에 강요하고 있다는 비난은 완전히 틀렸다. 교육대학 교수는 그럴만한 역량이 없다.

교육대학은 손쉬운 비난 대상이지만, 정작 잘못은 다른 곳에 있다.

미국 교육의 문제를 이야기할 때 교육대학은 언제나 손쉬운 비난의 대상이다. 교육대학이 가지는 교사양성기관과 교육 연구의 장으로서 이중적 정체성 탓도 있고, 교육대학이 가진 낮은 사회적 위치 탓도 있다. 그러나 교육대학에 가해지는 비난이 늘 옳은 것은 아니다. 교육대학 교수는 듀이를 입에 달고 살지만 쏜다이크 방식으로 가르친다. 교수학적 진보주의를 학교현장에 도입한다면 학생의 성적이 내려가는 상황에 처하게 될지도 모른다. 나는 개인적으로 지식 습득보다는 학습 과정, 교사주도 설명보다 학생의 자발적 탐구를 강조하는 진보주의 교육 방식이 학생의 학업성취 방해가 될 수 있다는 의견에 일부 동의한다. 물론 이런 주장에도 재고의 여지는 있다. 교육대학을 비난하는 사람은 교육대학의 힘을 과대평가하고 있다. 이들은 교육대학의 행동보다 말에 더 주의를 기울이고, 교사의 실제 수업 모습보다 특정 교수법에 대한 선호에 더 집중함으로써 학교의 실상을 제대로 보지 못하고 있다.

말보다 행동을 두고 평가하면 학교현장에서 전통적 교수학습법이 대세라는 것을 금방 알 수 있다.[60] 오늘날 학교는 교사중심 수업이 주류를 이루고 교사의 최대 관심사는 학급경영이며, 교과 지식 암기가 여전히 중요하고, 시험은 학습량을 평가하며, 그 결과로 학생의 진급이 결정된다. 요약하자면, 미국학교교육은 전통적 교수법이 득세해있고 진보주의는 설 자리가 없다.

교육대학에 대한 비난이 진보주의 교육에만 국한된 것은 아니다. 허쉬와 래비치 같이 인문 교육과 전통적 주지교과를 중요하게 생각하는 학자[61] 조차도 교육대학이 교과교육을 등한시하고 교육과정 차등화를 통해 민주주의 교육을 저해했다고 비난한다. 실제로 이들의 주장을 뒷받침할 만한 증거들이 있을 수 있다. 그러나 다시 한번 강조하건데, 교육대학에게는 이런 문제를 일으킬 만한 깜냥이 없다. 행정적 진보주의나 교육 소비자주의라면 몰라도.

교육대학은 미국교육에 도움이 되지 못한다.

교육대학이 미국 교육에 어떤 해코지를 할 만한 힘이 없다는 것은 희소식이다. 그러나 같은 이유로 어떤 도움도 안된다 것은 안타까운 일이다. 연구중심 교육대학의 핵심 기능은 교사양성, 지식생산 그리고 교육 연구자 양성이다. 이런 일들이 얼마나 어려운 일인지를 생각해보면, 교육대학이 주어진 역할을 제대로 소화하지 못하고 있는 것이 이해가 되기도 한다. 교육대학이 본연의 임무를 성공적으로 해낸다면 학교현장과 미국 사회에 더할 나위 없는 축복이다. 지금부터는 교육대학이 기여할 수 있는 부분을 이야기해보고자 한다. 동시에 교육대학의 낮은 사회적 위치와 진보주의 서사가 만연한 대학 내의 문화가 어떤 점에서 방해가 될 수 있는지도 함께 다루어 보겠다. 교육대학이 기여할 수 있는 첫 번째 영역은 학교 개혁을 둘러싼 표준화, 바우처제도, 교사교육관련 논쟁의 쟁점을 정확하게 짚어주는 역할을 하는 것이다. 둘째는 대학에서 생산된 지식의 활용 방안을 좀 더 확실하게 짚어주는데 기여하는 것이다. 셋째는 현장에서 교육이론과 실천 사이의 간극을 좁혀주는데 기여하는 것이다.

◆ 교육제도를 둘러싼 논쟁에 기여

교육대학의 기능이나 역할을 고려할 때 현행 미국의 교육제도를 둘러싼 논쟁에 대한 답을 이들 대학에서 찾는 것이 자연스러워 보일지 모른다. 그러나 이것은 교육대학이 가진 모든 한계를 제대로 인식하지 않은 탓이기도 하다. 보다 자세한 논의는 21세기 미국 교육에 가장 중요한 현황들을 하나씩 짚어가며 해보자.

학교교육 표준화

21세기 가장 오래되고 영향력이 큰 학교 개혁 방안은 교육 표준화이다. 학교교육 표준화의 핵심은 학생의 성취도에 대한 책임을 단위 학교로 이양하는 것이다. 관련해서 학년별, 지역별 교과지도 지침서가 등장하기도 하고, 초등학교 단위별로 표준화된 학업성취도 평가가 생겨나기도 했다. 주단위 교육청에서는 행정구역별로 학교와 학생을 평가하고, 국가단위에서는 주단위 학교 및 학생 평가 결과를 비교했다. 그리고 그 결과는 다른 국가와의 성취도 비교에 활용되었다. 그 과정에서 각 교과 교육전문가가 갹출되었다.

학교교육 표준화에 관여된 기관은 그 수를 헤아리기가 힘들다. 성취도평가와 관련한 기관의 예로는 국가교육발전평가회(National Assessment of Educational Progress, NAEP), 미국교육평가원(Educational Testing Service, ETS), 미국대학시험(American College Test, ACT), 국제수학과학평가(Third International Mathematics and Science Study, TIMSS) 등이 있다. 교사교육과 관련된 기관으로는 전미교육협회(National Education Association, NEA), 미국교사연맹(American Federation of Teachers, AFT), 교사전문성기준국가위원회(National Board for Professional Teaching Standards, NBPTS), 교사교육인증국가위원회(National Council for Accreditation of Teacher Education, NCATE), 교사교육자격협의회(Teacher Education Accreditation Council, TEAC), 교직과미래교육국가위원회(National Commission on

Teaching and America's Future), 학교교육과 교직 재건을 위한 공영센터 (National Center for Restructuring Education, Schools and Teaching, NCREST) 등이 있다. 주정부 간 교류협력을 담당했던 기관으로는 국가기관위원회(National Governors Association, NGA), 교육장위원회(Council of Chief State School Officers, CCSSO), 신규교사 평가 및 지원 컨소시엄(INTASC) 등이 있다. 거듭 말하건데 이 책에서 소개된 기관은 학교교육 표준화에 참여했던 전체 기관 가운데 일부일 뿐이다.

미국을 제외한 많은 나라에서는 교육대학이 나름의 전문성과 교육 기여도를 인정해 이들 대학을 교육개혁에 참여시킨다. 그러나 미국에서는 교육대학에 대한 신뢰가 낮기 때문에 그들의 역할도 제한적이다. 첫째, 교육 표준화를 찬성하는 사람은 교육대학은 문제를 일으키는 곳이지, 문제를 해결하는 곳이 아니라고 주장한다. 대학에 소속되지 않은 교육기구들이 미국 교육개혁을 주도하게 된 데에는 교육대학이 전문성을 갖추지 못한 탓이라 보는 것이다.62) 둘째, 교육대학에서 생산되는 교육 연구는 신뢰도와 타당도가 낮기 때문에 교육 문제 해결에 도움이 안 된다고 평가받는다. 교육대학이 교육 표준화와 관련해 어떤 주장을 내놓을지 이미 짐작된다고 느끼는 사람도 많다. 교수학적 진보주의가 정답이라고 주장할 것이 뻔하다는 생각인 것이다. 아마도 교육대학 교수는 교육 표준화가 학생의 학업 흥미도를 저해하고 진정한 의미의 학습보다 형식적인 학습만 난무하게 한다고 주장할 공산이 크다. 학습에 대한 내적보상보다 외적보상이 더 늘어날 것이라 지적하면서 이미 오래전 효과가 없다고 결론난 교수학적 진보주의를 다시금 들고나올 것이 분명하다.

교육 표준화 운동에 교육대학이 기여할 바가 있을 수 있다. 그러나 유감스럽게도 제외되었다. 진보주의 교육은 교육 표준화가 학교현장에 미칠 부작용을 조리있게 지적한다. 예를 들어, 교육 표준화는 내적 동기보다는 외적 동기에 따라 학습결과를 평가하고, 상보다는 벌을 더 강조한 보상체계를 선호한다. 따라서 단기적으로 학생의 시험 성적을 올리더라도 장기적으로 학습 흥미도를 심각하게 저해할 가능성이 있다. 사람은 진보주의 교육자 킬패트릭을 비웃지만, "프로젝트 학습"에서 그가 제기했던 교육 표준화에 대한 의문은 우리에게 분명 생각할 거리를 던진다. 그는 "학기가 끝난 후에 얼마나 많은 학생이 '드디어 끝났다!'라고 말할지, 얼마나 많은 사람이 학교는 다녔어도 책은 멀리하고 학습을 싫어하게 될지 짐작이 가는가?"[63] 묻는다. 고민이 필요한 질문이다. 게다가, 교육 표준화가 도입되면 능력이 부족한 교사가 교사용 지도서에 따라 기계적으로 가르치고 시험을 염두에 둔 맞춤식 수업을 해도 제어할 방법이 부족하다. 능력 있고 의욕이 넘치는 교사의 사기는 오히려 저하될 가능성도 있다. 능력있는 교사가 교직을 떠나게 될지도 모를 일이다.

교육대학 교수가 교육 표준화를 비판한다면 그들의 주장은 아마도 위의 비판들과 비슷할 것이다. 그러나 물론 아무도 이들의 주장에 귀 기울이지 않는다. 교육대학 교수에 대한 신뢰는 이미 바닥이다. 사람은 교육대학 교수가 교육과정 설계에 대해 이야기해도 마치 교과교육을 비난하려는 의도가 있는 것으로 곡해할 것이다. 교육대학 교수가 비난하는 것은 선발형 시험으로 학생의 성취를 평가하는 것이지, 학생 평가 자체를 반대하는 것이 아니다. 교육대학 교수는 학생의 학습을 제한하는 수준까지 교사의 권한을 축소해서는 안 된다고 주장하는 것이지, 불필요한 교사의 권한을 축소하는 것 자체를 반대하는 것은 아니다.

학교 선택제

21세기 들어 새로 등장한 교육 사안에 학교 선택제와 차터스쿨, 바우처제도를 빼놓을 수 없다. 학교 선택제는 학교교육의 형태와 교수법에 대한 중앙집권화를 학교와 학부모에게 일부 권한을 양도한다는 취지에서 등장했다. 학교 선택제를 둘러싼 논의는 생각보다 복잡하다. 정치적으로 학교 선택제는 교육에 대한 정부의 권한을 축소하고 개인의 선택권과 자유를 보장하는 제도이다. 이념적으로는 민주주의 원리에 기반한 학교교육제도를 시장 원리에 맞게 수정하는 제도이다. 행정적으로는 비효율적인 관료제 학교경영에 단위학교 자율경영을 권장하는 제도이다. 수요자 입장에서는 정치적·행정적 원리로 운영되던 학교를 학부모와 학생의 요구에 맞게 바꾸는 제도이다. 사회정의 실현 차원에서 보면 대도시 저소득층 학생에게 좀 더 나은 학교 선택권을 보장하는 제도이다. 교수학습의 측면에서 보면, 진보주의 – 전통적 교과주의 대립 혹은 인종 차별과 다문화 교육 등의 담론을 넘어서 학생과 생활 환경에 좀 더 부합하는 교육을 권장하는 제도이다.

교육대학은 이러한 논의와 관련해 전문성이 있다. 예비교사를 양성하고 교육 연구를 생산하는 기관으로서 교육대학은 학교가 어떻게 관리 운영되고 학생과 교사의 학습활동이 어떻게 일어나는지 잘 알고 있다. 이런 전문성을 기반으로, 교육대학 교수는 학교 선택제와 관련해 초기부터 적극적으로 의견을 내왔다. 그러나 교육학 연구에 대한 타당도와 신뢰도에 대한 의심이 다시 한번 이들의 발목을 잡았다. 뿐만 아니라, 교육대학 교수의 낮은 사회적 지위도 교육전문가로서의 그들의 주장에 흠집을 내었다.

가장 큰 문제는 역시 교육대학의 연원에 대한 사람의 인식이었다. 대부분 교육대학 교수는 스스로를 진보주의 교육개혁가라 생각한다. 교육대학 교수는 오늘날 미국의 교육 문제는 잘못된 교육개혁 방향성 탓으로 보고, 일이 이렇게 된 데에는 자신에게도 책임이 있음을 인정한다.[64] 2차 세계대전 이전, 교육대학은 공장식 공교육을 통해 사람들에게 직업교육을 시키는데 앞장섰다. 종합대학으로 승격된 후에도 이와 같은 역할은 지속되었다. 그러나 교육대학이 교육개혁의 주체로서 인정 받는 데는 실패했다. 교수학적 진보주의는 기존의 보수적인 학교 구조와 학습방법 위에 보태어 졌을 뿐 이들을 완전히 대체하지는 못했다. 학교 선택제는 이런 기형적인 교수학습 형태를 개선하는 대안으로 떠올랐다. 학교 선택제에 대해 교육대학 교수가 반대 일변도의 태도를 견지하는 것은 학교 선택제를 둘러싼 활발한 논의에 오히려 방해가 될 뿐이다.

교사교육

교사교육 개혁에 관련해서도 교육대학은 같은 문제에 직면한다. 어떻게 우수한 인재를 교직으로 유인하고 현직교사의 질을 계속 향상시킬 것인가에 대한 다양한 논의가 있지만, 교원 양성과 선발 과정의 획기적 개선이 가장 핵심이라는 것이 중론이다. 구체적인 실천 과제로 교사자격증 다변화, 자격증 취득 요건 완화, 교사자격증에 대한 교육대학의 통제권을 단위 학교로 일부 이양, '미국을 위한 교육(Teach for America)'과 같은 독립된 교원자격 발급 기관 신설, 교사자격증 취득 경로 다양화, 교원의 자격증 발급에 대한 교육청의 독점적 권한 폐지 및 단위 학교 선발권 인정들이 거론되었다. 또 한편으로는 교사교육인증국가위원회(NCATE), 신규교사 평가 및 지원 컨소시엄(INTASC), 교직과미래교육국가위원회(NCTAF)와 같은 기간을 중심으로 기존의 교원 양성 선발제도를 더욱 보강하자는 의견도 있었다. 구체적인 실천 과제로는 무엇이 효과적인 교수학습인가를 명확히 정의하고, 교사양성과 선발 과정에 이를 적극적으로 반영함으로써 예비교원들이 실습 과정 중에 충실히 습득할 수 있도록 하는 방안 등이 제안되었다.

교육대학은 핵심적 교사양성 기구이지만 교원 양성과 선발에 관한 이들의 주장을 대하는 사람의 태도는 저마다 다르다. 누군가는 전문가가 내놓은 의견이라 말하고 누군가는 의심의 눈초리로 바라본다. 교원 양성과 선발에 대해 교육대학보다 더 잘 아는 기관은 드물다. 교육대학만큼 이 사안에 관련해 직접적인 이해관계가 있는 기관도 드물다. 그렇기 때문에, 현재의 교사양성 제도에 대한 대안은 대부분 교육대학 밖에서 제기된 것이다. 반대로 기존의 교원 양성 제도를 강화하자는 주장은 교육대학을 중심으로 제기된다. 그리고 대안적 교사양성 제도를 주장하는 사람은 교원 양성에 대한 교육대학의 이해 상충을 근거로 교육대학이 내놓은 의견은 이미 편파적이라고 주장한다.

◆ 교환가치가 아닌 사용가치 창출하기

교육대학은 학교현장에 대한 교육 연구의 사용가치를 높임으로써 교육발전에 기여할 수 있다. 교육대학은 교사교육 전문기관으로 그들이 오랫동안 쌓아온 교수학습 노하우를 전수하는 데 전념해 왔다. 그러나 교육 수요자가 소비하고 교육대학이 교육시장에서 팔아왔던 것은 대학에서 예비교사가 배운 내용이 아니라, 이들이 대학학위를 통해 얻을 수 있는 실질적인 이득이었다. 이런 관점에서 교육대학이 창출하는 진정한 가치는 유용한 교육지식이 아니라 교육학 학위 그 자체였던 셈이다.[65] 이러한 주장을 뒷받침할 만한 증거는 차고 넘친다. 학교와 대학은 학생이 수업을 통해 습득한 지식이 아니라 이들이 이수한 학점을 바탕으로 학위를 수여한다. 졸업장을 수여하는 필수 조건으로 학생이 실제로 습득한 지식을 평가 대상으로 하자는 의견은 오랫동안 반대에 부딪혔다. 시장에서 고용주들이 직원을 선발할 때 그들이 실제로 무엇을 알고 있는가 보다는, 이들이 어떤 학위를 가지고 있는가를 가지고 판단한다. 학위가 능력을 담보해준다고 기대하기 때문이다. 학생이 10학년 도형 시간에 무엇을 배웠는지 관심을 가지는 고용주가 몇이나 있겠는가? 혹은 식민 역사 수업에서 B학점을 받은 것이 중견 간부로서 가져야 할 자질을 얼마나 반영한다는 말인가? 그리고 노동시장의 현실을 잘 알고 있는 학생은 수업을 통해 어떤 지식을 습득하는 것보다는 취업에 필요한 요건을 갖추는 일에 더 관심이 있다.

그 결과 대학은 자연스럽게 교수학습보다는 논문 출판에 더 높은 인센티브를 부여한다. 학생을 잘 가르치는 일은 잘 드러나지도 않고 측정하기도 어렵지만 얼마나 많은 논문을 출판했느냐는 평가도 쉽고 대학의 명성에도 도움이 되기 때문이다.

사실 학위 마케팅은 교육대학의 지위 향상에 도움이 되지 않는다. 직업 선호도가 높아 학위의 소지 여부가 중요한 타학과와는 달리, 교육대학은 실질적인 문제를 해결하는데 필요한 지식을 가르치는데 더 중점을 두기 때문이다. 교육대학이 가지는 사회적 지위가 낮기 때문에 대학에 제공하는 졸업장 자체가 사회적으로 높은 교환가치를 가지기는 어렵다. 이런 점에서 교육대학이 직업시장에서 교육학 학위가 가치는 교환가치를 높이기란 실현 가능성이 낮다. 오히려 그 반대라면 모를까. 교육학 학위에 대한 교육대학의 통제권은 매년 신입생을 유치하는 데는 분명 도움이 된다. 그러나 교육대학이 높은 수준의 학문적 질을 담보하고 사회적으로 높은 명망을 받는 대학으로 거듭나는데는 아무런 도움이 되지 못한다. 종합하자면 교육대학은 대학 지위 경쟁에 강자가 아니다. 교육대학은 지위 경쟁에 도움이 될만한 우수한 인재를 유인하고 엄격한 학문적 지식을 축적할 만한 능력이 없다. 기껏해야 기존의 프로그램을 유지하는 정도의 경쟁력을 가진다. 그리고 졸업생도 대학본부도 교육대학이 딱 그 정도 수준에서 기능하기를 바란다.

만약 교육대학이 대학 지위 경쟁으로 완전히 자유롭다면 어떨까? 교육대학에 요구되는 사회적인 기능에 집중할 수 있다면 어떻게 될까? 교육대학이 외부에서 어떻게 보여지는가 보다 실질적으로 어떤 일을 하는가에 사람이 더 많은 관심을 가진다면? 교육대학을 대학의 지위 경쟁에서 완전히 면제해준다면? 그렇다면 교육대학은 과연 타대학에 모범이 될 만한 대학으로 거듭날 수 있을까? 교육대학이 가진 모든 약점을 고려할 때 그렇지 못할 가능성이 높다. 그러나 교육대학의 연원을 찬찬히 따져보면 오늘날 이들 대학이 직면한 문제의 근본 원인이 어디에 있는지를 이해하는데 도움이 된다. 교육대학이 고등교육기관 간 지위 경쟁이나 시장에서의 교환가치를 창출해내는 것으로부터 완전히 자유롭게 되었을 때 이들이 어떤 기능을 하게 될지를 짐작하는데 도움이 되기 때문이다. 그 이유를 아래에서 자세히 살펴보자.

대학의 지위 경쟁과 학력주의는 미국 사회에 오랫동안 있어 왔고 앞으로도 쉽게 사라지지 않을 것이다. 대학이 그들의 명성에 기반하여 학위를 팔고 이렇게 다시 얻어진 명성을 바탕으로 실용지식보다 추상적인 이론으로 점철된 연구를 내놓는 이 구조는 오래도록 지속될 것이다. 현재의 정치 경제적 지형이라면 누구라도 대학학위와 실제 능력 혹은 전문가 배양과 공익에는 상관관계가 없고, 대학은 학생의 내적 학습 동기를 높이고 실용성이 높은 지식을 가르치는 데 힘써야 하며, 교수는 학교현장에 적용 가능한 연구를 해야 하고, 대학은 공적이든 사적이든 투자를 받을 만한 가치를 스스로 만들어내야 한다고 쉽게 주장하지 못한다.

시장을 염두에 둔 연구는 자신감 경쟁을 포함한다. 경쟁력을 평가하는데는 사람의 인식도 한 몫을 하기 때문이다. 명망있는 대학의 졸업생이 다른 사람보다 더 많이 알고 더 능력 있다는 믿음. 훌륭한 논문이 좋은 교수진을 만들어낸다는 믿음. 이런 믿음 중에 어느 하나라도 금이 가면 전체 대학 시스템을 지탱하고 있는 기반이 무너지게 되는 것이다. 만에 하나 이런 일이 일어나게 되면 대학이 기댈 곳은 명성보다는 실력이다.

이런 시대가 이미 도래해 있는지도 모른다. 현재의 대학 시스템을 둘러싼 많은 문제가 불거져 나오고 있다. 일부 보수주의자들은 급진적 진보주의 교수와 다문화 교육과정에 우려를 표한다. 그러나 내가 지적하고자 하는 문제는 좀 더 구조적이다. 일부는 오랜 국가 재정난과 관련있고 일부는 학교 책무성에 대한 정치적 요구 증가와 관련이 있다. 마지막으로 날이 갈수록 심화되는 고등교육 경쟁 문제도 있다.

미국 정치계는 오랫동안 세금 감축과 공공재정 삭감을 요구해왔다. 그 결과 대학의 명성만을 기준으로 높은 재정을 투입하기가 어려워졌다. 실질적 투자 수익이 무엇인지를 증명하라는 요구가 증가한 것이다. 정부는 대학에게 그들이 학생에게나, 정계 혹은 세금 납세자에 어떤 측정 가능한 이익을 가져다주는지를 증명하라는 압박을 계속 가하고 있다. 뿐만 아니라 대학에 대한 정부 보조금을 빌미로 대학 간에 학생 유치와 연구비 경쟁을 부추기고 있다.

흥미롭게도 이런 환경은 교육대학에게 유리하게 작용한다. 타학과와는 달리 교육학과는 학비는 저렴하면서 취업과 직무 수행에 실제 도움이 되는 지식을 가르쳐왔다. 예비교사에게는 교사가 되는데 필요한 지식과 자격증을 주었고, 학교현장에서 실제로 벌어지는 문제에 대한 대안을 연구에서 다루었다. 뿐만 아니라 교사에게는 교수법과 관련한 처방을 하고 교육정책을 소개함으로써 현장에서 제대로 교사의 역할을 수행할 수 있도록 도왔다. 요약하자면, 교육대학의 학생지도, 연구 및 다른 여러 가지 활동이 학생과 지역사회가 필요로 하는 내용을 다루고 있다.

교육대학이 변화하는 고등교육 지형에서 좋은 본보기가 된다고 결론 짓기에 앞서 그 반대 가능성은 없는지도 생각해보자. 교육내용보다 교육형식이 더 중요하다 주장할 사람은 없다. 마찬가지로 사용가치가 없는 교육을 옹호할 사람도 없다. 지금껏 우리는 교육기관을 평가할 때 졸업생이 학교에 다니는 동안 실제로 얼마나 유용한 지식을 배웠느냐보다 그들이 사회에 진출하여 얼마나 많은 기회를 얻을 수 있는가에 더 많은 가산점을 부여했다. 사회와 교육 수요자가 진정으로 필요로 하는 지식을 가르치는 것이 보상이 되기보다 감점의 요인으로 작용하는 것이다. 이론과 실제 사이에서 줄타기를 하는 학과들은 늘 이런 문제에 직면해 있다.

◆ 이론과 실제 사이 줄타기

교육대학 교수는 이론과 실제를 연결하려 애쓴다. 타대학에서는 흔치 않은 일이다. 이론과 실제를 모두 다루기가 쉽지 않고 그런 노력에 따르는 득보다 실이 크기 때문이다. 전통적으로 대학이 내세우는 전문성은 이론 연구가다. 대학교수의 지적 기여도는 어떤 사안을 일반화하고, 설명하고, 이론을 만들어 내는 것으로 평가받는다. 반대로 학교현장은 이론이 아닌 실제를 다루는 곳이다. 특정한 시기, 특정한 학생의 요구를 충족시켜야 하는 책무가 있는 교사는 교실에서 효과있는 교수법을 배워 쓰는데 노력을 기울인다. 또한, 대학은 교수가 각자의 전문성을 쌓는 사회적 공간이다. 대학에서 만들어 낸 교육학 이론은 학교현장에서 사용되는데 이론이 뒷받침 된 교수법은 전문성을 담보한 것으로 간주되기 때문이다. 결국, 대학은 이론과 지식의 일반성에 더 많은 관심을 가지고 학교현장은 실제와 구체성에 더 많은 관심을 가진다.

교육대학은 이론과 실제 둘 사이를 연결하는 데 공을 들인다. 교육대학이 이 기능을 제대로 수행할 때, 대학과 학교현장 사이에 활발한 상호작용과 서로에 대한 이해가 촉진된다. 그러려면 교육의 이론과 실제 모두에 정통해야 하고 이 둘을 유기적으로 연계시킬 수 있도록 끊임없이 노력해야 한다. 이론에 바탕을 둔 교수학습을 실천할 수 있는 "반성적 실천가"[66]로서의 교사와 교육자는 이렇게 양성되는 것이다. 교육대학 교수에게는 실제를 통해 이론을 만들고 그렇게 만들어진 이론은 실제에 다시 적용해볼 것이 요구된다.

매우 이상적이다. 아마도 교육대학이 이런 이상을 실현할 수 있으리라 기대하는 사람은 많지 않을 것이다. 이론과 실제 어느 한 쪽을 택하게 되는 경우가 많기 때문이다. 1980-90년대 활약했던 홈즈 그룹의 사례를 살펴보자. 당대 명망 높은 교육대학의 총장들이 모여 만든 홈즈 그룹은 겉으로는 이론과 실제의 연계를 칭송하면서도 실제로는 이 둘 어느 것도 이해하지 못하고 있었다. 그들의 첫 번째 보고서 「내일의 학교」는 교육대학이 대학의 과학적 지식생산 전통을 충실히 따르고 일선 학교에 이를 소개해야 함을 역설했다.[67] 그러나 세 번째이면서 마지막 보고서(「내일의 교육대학」)에는 교육대학이 학문연구에만 매몰될 것이 아니라 학교현장을 충실히 이해하고 지원해야 함을 강조했다.[68] 즉, 홈즈 그룹이 지성 최고주의에서 반지성 포퓰리즘으로 돌아서는데 10년이 채 걸리지 않은 것이다. 홈즈 그룹의 갈지자 행보는 교육대학의 무능을 단적으로 보여준다. 이론과 실제 사이에 균형을 유지하는 것이 얼마나 어려운 일인지도 보여준다.

교육대학은 대학에 속해 있지만, 학교현장에도 깊이 관여되어 있기 때문에 이론과 실제 사이를 오가는 것이 불가피하다. 안타깝게도 그럴수록 양측 모두에게서 비난을 샀다. 타대학 교수는 교육대학이 충분히 학구적이지 않다 비난했고, 현장 교사는 그들이 현실을 너무 모른다고 비난했다. 대학의 입장에서 보자면, 교육학과는 직업 훈련을 우선으로 하는 곳이지 학문연구를 우선으로 하는 곳이 아니었다. 그러나 학생은 교육대학의 교육과정이 너무 추상적이고 이론에만 치우쳐 있다고 불평했다. 이론 수업을 줄이고 현장 실습을 늘일 것도 요구했다. 누군가는 교육 연구가 지나치게 응용 중심적이고 학문적 엄격함이 떨어진다고 평가했고 또 누군가는 너무 이론적이라 학교현장에 적용하기가 힘들다고 평가했다.

양측 모두 일리가 있다. 미국 교육학회(American Educational Research Association, AERA)를 가보면 많은 교육 연구가 학문적 가치에도 부족하고 현장 응용 가치도 떨어진다는 것을 쉽게 확인할 수 있다. 그럼에도 불구하고 교육 연구가 이론과 실제를 연계해야 한다는 주장은 여전히 설득력이 있다.

학문적 엄격함과 사회적 기여에 대한 균형잡힌 노력은 교육학뿐만 아니라 타 학과에서도 격려되어야 한다.

◆ 교육대학 문제 재검점
교육대학을 둘러싼 문제를 어떻게 할 것인가? 지난 경험을 되돌아보고 배울 수 있는 교훈은 무엇인가?

부족함 시인하기

교육대학은 분명 많이 부족하다. 그러나 이런 부족함은 교육대학이 그들에게 주어진 시대적 과제를 충실히 이해한 데 따른 결과이기도 하다. 교육대학은 저렴한 비용으로 최대한 많은 교사를 배출해야만 했다. 졸업생은 학교 현장으로 보내는 동시에 그 자리에 새로운 예비교원들을 유치해야 했다. 현장 교사의 요구에 맞게 교육과정을 구성해야 했다. 그러나 이 모든 노력의 결과는 학계, 교육현장 심지어는 사회적인 비난의 화살로 돌아왔다.

교육대학의 변천사가 그리 순탄치 않았다. 시대가 요구했던 것을 충실히 해 온 결과 교육대학은 교사양성 핵심기관으로서 또 대학의 한 구성원으로서 당당히 자리잡을 수 있었다. 그 과정에서 상당한 비용을 치렀다. 교육대학은 학문적 깊이가 부족하고 실효성은 낮은 교사교육을 제공했다. 교육대학이 내놓은 연구도 마찬가지였다.

지위 문제

교육대학은 등장부터 대학서열의 밑바닥에 위치했다. 사범학교가 교육대학의 전신이었고 노동계급 출신 여학생이 교육대학의 초대 입학생이었다는 사실은 시간이 지나도 지워지지 않는 멍에였다. 교육대학을 향한 비난 가운데 상당 부분이 대학의 연원과 상관이 있었다.

물론 이런 비난도 완전히 근거가 없는 것은 아니다. 대학의 지위가 높고 낮음에 대한 예측은 자기예언 효과를 가진다. 대학서열에서 우위를 점한 대학은 우수한 학생지도와 연구를 하기에도 유리한 조건을 가진다. 높은 지위가 원치 않는 외부의 간섭과 비난으로부터 대학을 보호해 줌으로써 그들이 원하는 일을 할 수 있는 시간과 공간을 보장해주기 때문이다. 분명 교육대학에는 없는 보호막이다. 교육대학의 낮은 사회적 지위는 대학이 갖은 비난과 무분별한 외부 간섭에 무방비로 노출되게 한다. 제대로 성장할 기회가 없는 것이다.

해야 할 일을 했을 뿐이라는 것이 변명이 될 수 없다

어떤 면에서 교육대학은 해야 할 일을 해왔다. 이들은 많은 사람이 고민하는 공교육의 문제를 해결하는 데 앞장서 왔다. 다시 말해 복잡하지만 중요한 사회문제를 해결하는 데 기여한 것이다. 불행히도 대학의 가치를 평가할 때 이런 기여는 온전히 인정받지 못했다. 교육대학은 교사양성에 대한 독점적 통제권을 가지고 있지 않았다. 그럼에도 불구하고 예비교사가 가르치는 일을 훌륭히 해낼 수 있도록 최선을 다했다.

타대학이 교육대학에서 배울 수 있는 점이 많다. 중요한 것은 그들이 어떤 태도로 교육대학을 바라보느냐이다. 현재와 같은 정치·경제 지형에서 대학이 어떻게 하면 학생의 요구에 부합하는 교육과 사회적으로도 유용한 지식 생산이라는 두 마리 토끼를 모두 잡을 수 있을 것인가에 대한 질문에 교육대학은 하나의 좋은 사례를 제공한다. 누군가는 교육대학을 타산지석으로 삼아야 한다고 주장할지도 모르겠다. 결국, 교육대학은 이론과 실제를 제대로 연계하는 데 실패했고, 그 노력조차도 제대로 된 보상을 받지 못했으니 말이다. 교육대학이 처한 상황을 보고 타대학은 오히려 지위 경쟁은 피할 수 없는 것으로 받아들이고, 이 경쟁에서 살아남을 수 있는 학문적 지위와 학위 마케팅을 계속 이어나갈지도 모른다. 이들에게 교육대학은 피해야 할 나쁜 사례인 것이다.

[미주]

[1장]

1) Bebow, 2003
2) Bebow, 2003
3) Rose and Gallup, 2001
4) Koerner, 1963, pp. 17-18
5) Koerner, 1963, p. xii.
6) Koerner, 1963, p. xii.
7) Warren, 1985, p. 5.
8) Lanier & Little, 1986.
9) Lanier & Little, 1986. p. 530
10) Lanier & Little, 1986, p. 531.
11) Lanier & Little, 1986, p. 535, quoting Ducharme & Agne, 1982, p. 33.
12) Lanier & Little, 1986, p. 540.
13) Lanier & Little, 1986, p. 549.
14) 홈즈(Holmes) 연합회는 자신들을 "모든 학생을 위한 교수학습 개선을 위한 학교 혁신과 최상의 전문성 개발을 목표로 하는 대학, 학교, 지역사회, 그리고 전문적 단체들의 네트워크"로 규정하였다(Holmes Partnership, 2003).
15) 최근 「학력주의 사회(The Credential Society)」의 저자인 랜달 콜린스는 이러한 논의와 관련, 가장 발군의 사회학자라고 여겨진다. 이 연장선에 있는 학자로 「교육과 일: 최고의 훈련 강도(Education and Jobs: the Great Training Robbery)」의 저자인 아이바 버그(Ivar Berg), 노동력과 취업 신호에 대한 연구를 수행해 온 레스터 써로우(Lester Thurow)와 경제학자들, 「학생에게 덜 팔기(Selling students short)」를 집필한 세드락(Michael W. Sedlak) 그리고 「통제의 정도(Degrees of control)」이라는 책을 저술한 데이빗 브라운(David Brown) 등을 들 수 있다. 졸저 두 권(「미국 고등학교의 형성: 자격증 시장과 필라델피아 센트럴 고교, 1838-1939(The Making of an American High School: The Credentials Market and the Central High School of Philadelphia, 1838—1939)」, 「학습없이 학교에서 성공하는 법: 미국교육과 자격증 따기 경주(How to Succeed in School without Really Learning: The Credentials Race in American Education)」도 이 주제에 주목하였다.
16) 최근 이 같은 교육대학에게 요구된 아주 독특한 역할에 주목한 논의들을 지지해 주는 비

록 소수이고 절충적이기는 하나 학문적으로 탄탄한 연구들이 출현하고 있다. 예를 들어, 댄 로티(Dan Lortie)의 「교직과 교사(Schoolteacher)」, 윌러드 월러(Willard Waller)의 「교직의 사회학(The Sociology of Teaching)」, 필립 큐직(Philip Cusick)의 「교육체제(The Educational System)」, 데이빗 코헨(David Cohen)의 "수업 실제(Teaching Practice)", 그리고 실천으로서 교수의 독특한 특성에 주목한 존 듀이(John Dewey)의 "교육에서의 이론과 실제의 관계(The Relation of Theory to Practice in Education)" 등을 들 수 있다. 아를리 호크쉴드(Arlie Hochschild)의 「관리된 마음(The Managed Heart)」은 감정노동의 특징에 주목했다. 토니 베처(Tony Becher)는 「학문종족과 영토」(Academic Tribes and Territories)」이라는 저술을 통해 상이한 학문 영역에서의 상이한 지식 생산을 둘러싼 인식론적, 구조적 특징들을 조명하였다.

17) Abbott (1988), Larson (1977), 그리고 Witz (1992)의 연구 참조

18) Trow (1988)와 Jencks & Riesman (1968)의 연구 참조

[2장]

1) 이 장은 Nobuo K. Shimihara and Ivan Z. Holowinsky, eds., 「산업국가의 교사교육(Teacher Education in Industrialized Nations)」(New York: Garland, 1995)의 pp. 41-85에 수록된 "미국 교사교육의 낮은 지위: 시장의 영향과 개혁에 대한 함의(The Lowly Status of Teacher Education in the U .S.: The Impact of Markets and the Implications for Reform)"을 수정보완한 것으로 허락을 받고 게재한다. 나는 처음 교사교육의 연속성과 변화라는 학술대회의 강연(University of Western Ontario, 1991)과 Kappan(1994)의 논문에서 시장과 교사교육의 관계에 대한 아이디어를 탐색했다. 이 장의 초판은 1994년 열린 Rutgers 국제교육 세미나에서 발표되었다. 나는 이 세미나에서 도움이 되는 의견을 준 윌리엄 파이어스톤(William Firestone)에 감사한 마음을 전한다. 나는 교사교육의 초기 역사에 대한 집중적인 공동작업 제기된 쟁점들에 대한 통찰력을 제공해 준 것에 대해 앤드류 기틀린(Andrew Gitlin)에게 감사한 마음을 전한다. 1994년 뉴올리언스에서 열린 미국교육학회(AERA) 연례회의에서 그 논문을 발표했다.

2) Books: Borrowman, 1953; Clifford & Guthrie, 1988; Herbst, 1989a; Goodlad, Soder, & Sirotnik, 1990a; Levin, 1994. Articles: Borrowman, 1971; Urban, 1990; Warren, 1985; Johnson, 1987; Clifford, 1986; Herbst, 1980 and 1989b.

Chapters in books: Clifford & Guthrie, 1988; Johnson, 1989; Herbst, 1989b; Ginsburg, 1988; Liston & Zeichner, 1991; Tom, 1984; Goodlad, 1990.

3) Weber, 1968; Collins, 1979; Marx, 1867—94/1967.

4) 나는 톰 팝케위츠(Tom Popkewitz)가 내가 사용하는 용어와 현대 비판이론에서의 용법 간의 차이를 명확히 해준 것에 대해 감사한 마음을 전한다.

5) Labaree, 1988.

6) Trow, 1988, and, for example, Collins, 1979, and Brown, 1995.

7) Warren, 1985, p. T, Sedlak & Schlossman, 1986, table 11.

8) Quoted in Sedlak, 1989, p. 261.

9) Sedlak, 1989, p. 262.

10) 일부 사람들은 1823년 버몬트주 콩코드에 사범학교를 설립한 사무엘 홀(Samuel Hall)에 이 영광을 돌린다.(Borrowman, 1971).

11) Borrowman, 1965, p. 65.

12) Borrowman, 1971, p. 71.

13) Elsbree, 1939, p. 152.

14) Borrowman, 1971, p. 70.

15) Sedlak, 1989, p. 266; the quotation is from Cook, 1927, p. 3.

16) Sedlak, 1989, p. 266.

17) Herbst, 1989a.

18) 이 중 어떤 것도 사범학교가 어떤 이들에게도 적절한 전문가 교육을 제공하지 못했다는 것을 의미한다고 받아들여서는 안 된다. 내가 다른 글(Labaree, 1997a, 7장)에서 제안했듯이, 19세기에 소수의 여성과 남성만이 이후 직업을 잘 수행하도록 사범학교에서 교육받았다.

19) 사회적 효율성과 사회적 계층 이동에 대한 상세한 설명은 Labaree (1997a)을 참고하라.

20) Hartz, 1955, p. 62.

21) Trow, 1988, p. 17.

22) Trow, 1988, p. 17.

23) Brown(1995)이 보여주듯이, 이러한 상황은 19세기 후반 미국에서 고등교육 기관들이 직면하게 되었다.

24) Collins, 1979, p. 119.

25) Herbst, 1989b, p. 219.

26) Herbst, 1989a, p. 129.

27) Altenbaugh & Underwood, 1990, p. 164.

28) Herbst, 1980, p. 227; quoted in Altenbaugh & Underwood, 1990, p. 143.

29) Herbst, 1989a, p. 6.

30) Herbst, 1989a, p. 135.

31) 그러나, 이러한 압력에서 불구하고 사범학교는 교육분야에서 직업을 얻으려는 소수의 학생들(대부분 여성들)의 취업 전망에 상당한 도움을 주었다. 사범학교 졸업생들은 애정과 감사함으로 사범학교 경험을 반추하였다(Labaree, 1997a, 7장 참고)

32) Johnson, 1989, p. 243; quoted in Altenbaugh & Underwood, 1990, p. 149.

33) Altenbaugh & Underwood, 1990, p. 149.

34) Altenbaugh & Underwood, 1990, p. 150.

35) 시장이 펜실베니아에서 사범학교가 발전하는데 수행한 역할에 대한 대단히 흥미로운 사례 연구로, Eisenmann (1990) 연구를 참고하라.

36) 사범학교 발전으로 이득을 보고 대학기반 교육대학이 수행한 역할로부터 계속 이득을 본 많은 선거들에 대해 논의하기 위해 Labaree (1997a)의 9장을 참고하라.

37) Borrowman, 1971, pp. 71—72.

38) 상품화가 미국교육에 미친 원인과 영향과 교육기관에 대한 사회적 계층 이동의 영향에 대한 면밀한 검토는 Labaree (1988); Collins (1979); Goldman & Tickamyer (1984); and Green (1980)를 참고하라.

39) Lanier & Little, 1986; Goodlad, 1990.

40) Herbst, 1989a.

41) Herbst, 1989a, p. 4.

42) Powell, 1980. 나는 6장과 7장에서 기존 대학내 교육대학의 발전을 논의한다.

43) Goodlad, 1990.

44) 종합대학 기반 사범대학 내에서 "학문과 직업" 사이의 긴장에 대한 통찰력 있는 분석은 Clifford & Guthrie(1988)의 3장을 참고하라.

45) Lanier & Little, 1986, p. 530.

46) National Center for Education Statistics, 1992, table 4; Clifford & Guthrie, 1988, p. 21.

[3장]

1) 이 장은 홍콩에서 1999년 1월 13—14일동안 열렸던 학술대회[The PACT (Professional Actions and Cultures of Teaching) Conference]와 이어서 열린 동년 1월 15-17일 Chinese University of Hong Kong 대학에서 "The New Professionalism in Teaching: Teacher Education and Teacher Development in a Changing World"라는 주제로 열린 국제학술대회[The International Conference)에서 발표한 원고가 토대가 되었다. 무엇보다 이 원고에 대해 많은 논의거리를 더해 준 1998년 가을학기 박사과정 세

미나 참여 학생들에게 감사의 마음을 전한다. 그 결과로 짧은 논문이 〈The Journal of Te
acher Education〉(Labaree, 2000a)에서 발간되었고, 허락을 받아 다시 이 책에 싣게
되었다.

2) Cohen, 1988, p. 55.
3) Cohen, 1988, p. 57.
4) Fenstermacher, 1990.
5) Dewey, 1933, p. 35; quoted in Jackson, 1986, p. 81.
6) Waller, 1932/1965, pp. 195—96.
7) Cusick, 1992, p. 46.
8) Waller, 1932/1965, p. 196.
9) Sedlak et al., 1986.
10) Powell, Farrar, & Cohen, 1985
11) Labaree, 1997a
12) Waller, 1932/1965, p. 383.
13) 특히 1998년 가을학기 박사과정 세미나에서, 교외에서 치러지는 시험 때문에 영향을 받
   는 교육시스템에서 발생하는 교사-학생 간의 관계에서 볼 수 있는 부분에 대해 상당한
   차이점을 다시 상기하게 해준 브라이언 밴스(Brian Vance)와 수업참여 학생들에게 감
   사의 마음을 전한다.
14) Parsons, 1951.
15) Fenstermacher, 1990, p. 137.
16) Dewey, 1904/1964, p. 319.
17) Freedman, 1990, pp. 29—30.
18) 이 부분에 대해 특별히 두 명(Jo Lesser & Dana Sammons)의 박사과정학생들에게 감
   사의 마음을 전한다. 이들은 교사와 학생의 정서적 관계가 교실에서의 학습을 촉진할 수
   도, 오히려 저해할 수도 있다는 점을 잘 지적해주었다.
19) Hochschild, 1983, p. 147.
20) Hochschild, 1983, p. 35.
21) Waller, 1932/1965, p. 375.
22) Waller, 1932/1965, pp. 383—84.
23) Cohen, 1989.
24) Britzman, 1986, p. 449.
25) Lortie 1975, p. 74
26) Britzman, 1986, p. 451.
27) Britzman, 1986, p. 451
28) U.S. Dept. of Education, 1986.
29) U.S. Dept. of Education, 1986, p. v; emphasis in original.

30) U.S. Dept. of Education, 1986, p. 34.
31) U.S. Dept. of Education, 1986, p. 19.
32) U.S. Dept. of Education, 1986, p. 50.
33) Lortie, 1975; Jackson, 1986; Floden & Clark, 1988; Cohen, 1988.
34) Labaree, 1997a, chap. 1.
35) Lortie, 1975, pp. 61—62.
36) Lortie, 1975, p. 62.
37) Fenstermacher, 1990, p. 136.
38) Fenstermacher, 1990, p. 136

[4장]

1) 이 장은 노르웨이 오슬로에서 1997년 5월 열린 연례학술대회[The PACT (Professional
   Actions and Cultures of Teaching) Conference]와 이어서 같은 기간 같은 장소에
   서 열린 학술대회 [The Sixth National Conference in Educational Research)에서
   발표한 원고를 바탕으로 재작성되었다. 이 두 학술대회에서 흥미로우면서도 큰 도움이
   된 논의를 해준 다음분들게 감사의 마음을 전한다. Andrew Gitlin, Ivor Goodson,
   Andy Hargreaves, Kirste Klette, Nobuo Shimihara, and Arild Tjeldvoll. 또한
   1998년 Educational Researcher지 투고과정에서 큰 도움을 준 세 심사자에게 감사를
   드린다. 특히 Robert Donmoyer의 초기 심의 내용은 이글을 발전시키는데 상당히 큰
   도움이 되었다. ER의 허락을 받아 다시 이 장에 싣게 되었다.
2) Becher, 1989.
3) Kuhn, 1970.
4) Labaree, 1997a; 1997b.
5) Shulman, 1986.
6) Toulmin, 1972; Donmoyer, 1985
7) Merton, 1968.
8) Toulmin, 1972; Donmoyer, 1985.
9) Gage, 1989; National Research Council, 2002.
10) Howe & Eisenhart, 1990.
11) Erickson, 1986.
12) Peshkin, 1993.
13) Berliner, 2002.
14) Berliner, 2002, p. 18.

15) 교환가치와 사용가치의 차이를 보다 분명하게 검토하려면 Collins(1979)와 Berg (1971)을 참고하기 바란다. 내 저작물(1997a & 1997b)에서도 이에 대한 장황한 설명을 볼 수 있을 것이다.

16) Becher, 1989.

17) Rhoades, 1990.

18) Rhoades, 1990, p. 197.

19) Rhoades, 1990, p. 203.

20) Trow, 1988.

21) Brown, 1995.

22) Cohen & Garet, 1975; Lindblom & Cohen, 1979.

23) For example, see American Educational Research Association (2002), Gage (1963), Travers (1973), Wittrock (1986), Houston (1990), Sikula (1996), Richardson (2001).

24) Gage, 1996, p. 5.

25) Labaree, 1997a, chap. 6. 홈즈 그룹은 이점에 대해 제대로 인지하지 않은 채, 두 번째 연구보고서에서 교육연구에서 자연과학모델을 지지하던 바를 철회하였다(Holmes Group, 1990). 심지어 세 번째 연구보고서에서는 관련된 모든 내용을 아예 빼버렸다 (Holmes Group, 1995). 이 세 연구보고서가 보여주는 논쟁 및 사용한 용어들의 성격 간 차이를 보려면 Labaree(1995)를 참고하기 바란다.

26) Judge, 1982.

27) Clifford & Guthrie, 1988.

28) Labaree, 1997b.

29) For example, see Howe (1985).

[5장]

1) 이 장의 초판은 2000년 11월 미시간주립대학의 사범대학 교수세미나에서 발표되었다. 그 다음은 2002년 6월 뉴욕에서 개최된 사회과학연구협회의 교육연구에 대한 NAE-SSRC 공동위원회 회의에서 발표되었다. 그 다음은 2003년 4월 개최된 미국교육 학회(AERA) 연례회의와 2003년 11월 교육연구위원회(국립연구협회)에서 발표되었다. 나는 미시간주립대학 박사과정 학생들에게 감사인사를 전한다. 그들은 내가 이 책을 쓸 수 있고 혹은 강의를 할 수 있었던 것보다 교육 연구자들을 양성하는 것에 대해 더 많은

것을 가르쳐주었다. 나는 역시 〈Educational Researcher〉 학술지에서 익명의 심사자로부터 받은 굉장히 건설적이고 비판적인 의견들에 감사한 마음을 전한다. 그 논문은 〈Educational Researcher〉 (Labaree, 2003)에 수록되었다. 허락받고 게재함.

2) Glazer, 1974.

3) Paul & Marfo, 2001.

4) Young, 2001; Metz, 2001; Page, 2001; Pallas, 2001.

5) Wilson, Floden, & Ferrini-Mundy, 2002; Florio-Ruane, 2002; Fenstermacher, 2002; Popkewitz, 2002.

6) National Research Council, 2002, p. 92.

7) National Research Council, 2002, pp. 92—93. 87-96

8) NCES, 1998, calculated from table 213.

9) NCES, 1998, table 299.

10) Neumann, Pallas, & Peterson, 1999.

11) Cronbach and Suppes, 1969, p. 215.

12) Neumann, Pallas, & Peterson, 1999.

13) Neumann, Pallas, & Peterson, 1999.

14) GRE Board, 1999, table I.

15) GRE Board, 1999, footnote, table 4.

16) The U.S. News (2001) website의 표에서 계산됨.

17) 명문 교육대학 졸업생 수는 〈U.S News〉(2002) 웹사이트에 제시된 표(1999년 데이터)가 출처이다. 전체 교육 박사학위자들의 수는 고등교육 연대기(1990)가 출처이다(1998년 데이터)

18) Neumann, Pallas, & Peterson, 1999, p. 259.

19) Neumann, Pallas, & Peterson, 1999, p. 251.

20) 교육분야 박사과정 프로그램 내의 문화적 갈등에 대한 한 가지 분명한 대응은 거의 두 가지 문화를 추구하는 프로그램을 개발하는 것이 될 것이다. 그 프로그램에서 교사 관점은 존중되고 강화되고, 연구 관점은 선호된 대체물이기 보다는 오히려 교육을 이해하기 위한 추가적인 방식으로서 제공된다. 이것은 Neumann, Pallas, 그리고 Peterson(1990)가 제안한 것이다.

21) Tom, 1984.

22) Cohen, 1988; Fenstermacher, 1990; Tom, 1984.

23) Booth, Colomb, & Williams, 1995, sec. 4.1.2.

24) 예를 들어보자. 내 강의에서 나는 Timothy Lensmire의 「When Children Write」(1994)라는 책을 사용했다. 그 책은 저자가 미시간주립대학교 박사과정 학생일 때 쓴 학위논문에서 나온 것이다. 그 책에서, 그는 글쓰기 워크샵을 5학년 교실에 도입하려는

그의 노력에 대해 말한다. 그것은 학생들이 그들 스스로 선택한 문제들에 대해 글을 쓰고 그들의 친구들에게 쓴 글을 발표하도록 자극하면서, 촉진자로서 교사들이 역할을 수행하도록 고무하는 글쓰기 교수활동의 형태이다. Lensmire는 동급생들이 굴욕을 당하는 이야기를 구성함으로써 몇몇 학생들이 글쓰기를 다른 학생들보다 우월적인 그들의 지위를 주장하는데 활용하는 경우, 이러한 방법이 그에게 얼마나 역효과를 주었는지를 재조명한다. 이 책은 그 경험이 교수활동의 본질에 대해 보여주는 것을 탐구한다. 특히 교사가 진보주의 원리를 추구하면서 학생중심 교육에 대해 헌신하는 것과 도덕적 원리를 추구하면서 교실에서 권력을 행사하려는 피할 수 없는 요구 사이에서 균형을 어떻게 유지할 수 있는지를 탐구한다. 하지만, 대학원 수업에서 이 책을 읽은 교사와 전직 교사들이 보이는 이 책에 대한 주목할 만한 흔한 반응은 저자가 나쁜 가르침에 오염되었다는 것이다. 교사는 이와 같은 일이 일어나도록 허용하지 말아야 한다고, 그들은 다음과 같이 말한다. 교사는 수용할 수 있는 시간의 한계를 규정해야 하고 그러면 아무것도 일어나지 않을 것이다. 게다가, 그들은 이와 같은 교육적 실패에 대해 글을 쓴 이유가 무엇인가?라고 질문한다. 우선, 교사는 글쓰기 워크숍을 제대로 알고 그리고 그것에 대해 썼어야 했다. 그것은 읽을만한 가치가 있는 책이 되었을 것이다.

25) Cochran-Smith & Lytle, 1990; 1999.
26) Mills, 2002; Stringer & Guba, 1999.
27) Anderson, 2002. 96—112
28) Metz & Page, 2002.
29) Metz & Page, 2002, p. 26.
30) Hochschild, 1983.
31) Peshkin, 1993, p. 24.
32) Peshkin, 1993, p. 24.
33) Britzman, 1986; Lortie, 1975.
34) Neumann, Pallas, & Peterson, 1999.
35) Turner, 1960, p. 83.
36) Turner, 1960, p. 85.
37) 나는 다른 책에서 구체적으로 이들 쟁점들에 대해 논의해왔다. Labaree (1997a, 2000b)을 참고하라.
38) Koerner, 1963.
39) Kramer, 1991.
40) Koerner, 1963, p. 18.
41) Goodlad, 1990, pp. 267—68.
42) 그런 기술이 부재할지라도, 교육대학은 등록금 수입을 위해 그들의 경쟁자들의 학문적

표준을 저하시키는 데 창의적이었다. 예를 들어, 적어도 미시간에 있는 기관(Grand Valley State University의 사범대학)은 학구들이 거절하기 어려운 제안을 했다. 학구는 학구직원들이 설계하고 가르치는 교사를 위한 전문성 개발 강좌와 이들 강좌에 대한 석사학위 학점을 제공하고 등록에 따라 학구와 등록금의 일정 비율을 공유하면서 등록금을 확보한다. (School of Education, n.d., ca. 1998).

[6장]

1) 이 장의 퇴고에 도움을 준 톰버드(Tom Bird)와 제프 미럴(Jeff Mirel), 린 펜들러(Lynn Fendler), 바바라 베티(Barbara Beatty)에게 감사함을 전한다.
2) NCES, 2002, calculated from table 235.
3) NCES, 2002, table 236.
4) Lanier & Little, 1986.
5) Ducharme & Agne, 1989.
6) Ducharme & Agne, 1989, p. 67.
7) Guba & Clark, 1978, tables 1 and 2.
8) Goodlad, 1990.
9) Fairweather, 2002, tables 1 and 2.
10) Fairweather, 1996, tables 2.5 and 2.6.
11) Lasley, 1986, inside cover.
12) Quoted in Ducharme, 1993, p. 4.
13) Sizer & Powell, 1969, p. 61.
14) Koerner, 1963, pp. 17-18.
15) Counelis, 1969.
16) Bagley, 1975.
17) AACTE, 1987, 1988.
18) Wisniewski & Ducharme, 1989.
19) Ducharme, 1993.
20) Shen, 1999.
21) Howey & Zimpher, 1990.
22) Ducharme, 1993, p. 13.
23) Ducharme, 1993, p. 52.
24) Ducharme, 1993, p. 57.
25) Ducharme, 1993, p. 58.
26) Ducharme, 1993, p. 64.

27) Ducharme, 1993, p. 105.

28) Ducharme, 1993, p. 106.

29) Ducharme, 1993, p. 106.

30) Ducharme, 1993, p. vii.

31) Ducharme, 1993, p. 13.

32) Ducharme, 1993, p. 17.

33) Ducharme, 1993, p. 112.

34) Ducharme, 1993, p. viii.

35) Ducharme, 1993, p. viii.

36) Ducharme, 1993, p. ix.

37) E.g., C. Sykes, 1988.

38) Chronicle of Higher Education, 2002, p. 31.

39) NCES, 2002, table 236.

40) Fairweather, 1994, calculated from table 5.

41) NCES, 2002, table 262.

42) Guba & Clark, 1978, table 2.

43) Lanier & Little, 1986, p. 530.

44) Judge, 1982; Goodlad, 1990; Clifford & Guthrie, 1988.

45) Holmes Group, 1986.

46) Clifford & Guthrie, 1988.

47) 홈즈 그룹은 1995년에 또 다른 한권의 보고서를 발표했는데, 안타깝게도 이 보고서는 사람이 그들의 입장이 이해하는데 도움보다는 어려움을 초래했다. 그들은 「내일의 교사」에서 소개된 대학기반 교육개혁을 비판하면서 학교와 교사가 중심이 된 교육개혁을 옹호했다. 이들의 주장은 「교육대학」에서 논의된 의견들과 흡사했다. 홈즈 그룹의 갑작스런 입장 선회에 대해선 (Labaree, 1995b)을 참고하길 권한다. 바뀐 입장에도 불구하고 홈즈 그룹의 첫 보고서는 교사교육을 둘러싼 문제를 해결하는데 대학을 활용하는 방안에 대해서 여전히 영향력있고 중요한 보고서로 남아있다.

48) 최근 들어 가장 눈에 띠는 교사교육개혁안은 존 굿래드가 1990년에 쓴 「미국의 교사」와 그 뒤이어 나온 두 권의 별책이다(Goodlad, Soder, & Sirotnik, 1990a, 1990b) 「내일의 교사」와 「교육대학」에 첨예하게 대립했던 사안에 대해 굿래드는 중간자적 입장을 취했다. 그 결과 그가 쓴 책은 앞선 두 권의 책과 비교해 사안을 이해하는 데 큰 도움이 되지 못한다.

49) Holmes Group, 1986, p. 6.

50) Holmes Group, 1986, pp. 25-26.

51) Holmes Group, 1986, p. ix.

52) Holmes Group, 1986, p. 20.

53) Holmes Group, 1986, pp. 62—63.

54) Holmes Group, 1986, p. 52.

55) 위치(Witz)가 1992년에 쓴 글은 준전문직을 추구하는 사람이 아래로부터의 경쟁에 임하면서 사용한 다양한 방어기제를 소개한다.

56) 관련 논의를 더 자세히 이해하고 싶은 독자는 라바리(Labaree)의 글 「배우지 않고 학교에서 성공하는 법」 6장을 참고하기를 권한다.

57) Clifford & Guthrie, 1988, p. 3.

58) Clifford & Guthrie, 1988, p. 3.

59) Clifford & Guthrie, 1988, p. 325.

60) 관련 논의를 더 자세히 이해하고 싶은 독자는 라바리의 「배우지 않고 학교에서 성공하는 법」 6장을 참고하기를 권한다.

61) Clifford & Guthrie, 1988, pp. 349-50.

[7장]

1) 나는 이 장의 초안에 대해 통찰력 있는 논평을 해 준 동료 Tom Bird, Jeff Mirel, Lynn Fendler, Barbara Beatty, E. D. Hirsch와 Diane Ravitch에게 깊은 감사의 뜻을 전한다. 나는 이 장과 8장의 요약본을 2003년 5월 워싱턴 D.C. 소재 브루킹스 연구소에서 발표했다. 이 원고는 2004년 브루킹스 교육정책 저널에 실렸고, 승인하에 재출판되었다. 이보다 더 짧은 요약본 형태의 논문은 2003년 8월 상파울로에서 열린 국제 교육사 연구대회에서 발표되기도 하였다. 나는 두 학술대회에 참여했던 참가자들과 그들의 유용한 논평에 감사를 표한다.

2) Dewey, 1902/1990.

3) Dewey, 1902/1990.

4) Silberman, 1970.

5) Jackson, 1986.

6) Stevenson & Stigler, 1992.

7) Sfard, 1998

8) Dewey, 1902/1990, pp. 185—87.

9) Dewey, 1902/1990, pp. 202—5.

10) Dewey, 1902/1990, p. 205. 다이앤 래비치는 이러한 차원의 듀이의 수사학을 절묘하게 포착하였다: "시간 차원에서 볼 때, 듀이가 그가 종종 언급했던 유명한 '이것 또는 저것'으로 대표되는 이원론에 갇혀 있었다는 것을 인식하는 것은 놀라운 것이다. 그는 교

육에서의 상반된 경향성(학교 vs. 사회, 아동 vs. 교육과정, 흥미 vs. 노력, 경험 vs. 교육)을 묘사하며 이러한 이원론의 화해를 모색했다고 주장하였다. 그러나, 그는 한 번도 이 경쟁하는 요소들을 대등하게 취급하지 않았다. 이런 측면에서 그의 추종자들이 학교보다는 사회를, 교육과정보다는 아동을, 노력보다는 흥미를, 교과보다는 경험을 선택했다는 것은 전혀 놀라운 일이 아니라고 할 수 있다(Ravitch, 2000, p. 309).

11) Chall, 2000.
12) Chall, 2000, p. 29.
13) Chall, 2000, pp. 187—92. 33-149
14) Cremin, 1961, p. 328.
15) INTASC, 1992, preface.
16) INTASC, 1992.
17) Public Agenda, 1997b.
18) Bradley, 1997.
19) Public Agenda, 1994, 1997a.
20) Bradley, 1997.
21) Public Agenda, 1994, p. 43.
22) Hirsch, 1996, p. 69', 강조는 원문 그대로임.
23) Hirsch, 1996.
24) Hirsch, 1988.
25) Ravitch, 2002, p. 15.
26) Gardner, 2002, p. 24.
27) Hirsch, 1996, p. 218.
28) Dewey, 1902/1990, p. 187.
29) Hirsch, 1996, p. 74.
30) Hirsch, 1996, p. 75.
31) Cohen, 1989.
32) Reese, 2001, p. 411.
33) Reese, 2001, p. 19.
34) Hirsch, 1996.
35) Ravitch, 2000.
36) Hofstadter, 1962.
37) Ducharme, 1993, p. 106.
38) Sizer & Powell, 1969, p. 73.
39) Stone, 1999, p. 209.
40) Stone, 1999, p. 203.
41) Newsam, 1999.

42) Cremin, 1961, p. x.

43) Kliebard, 1986, p. xi.

44) Tyack, 1974.

45) Church & Sedlak, 1976.

46) Kliebard, 1986.

47) Rury, 2002. 참조

48) Lagemann, 1989, p. 185.

49) 미국 진보주의 교육의 대표적인 두 가지 흐름에 대한 이 요약은 이 주제에 대한 역사적 문헌들로부터 추출하였다. 대표적인 문헌은 Kliebard(1986)의 저술이지만, Tyack (1974), Cremin(1961)와 Rury(2002)의 문헌들도 참조하였다.

50) Kliebard, 1986.

51) Kliebard, 1986, p. 108.

52) Kliebard, 1986, p. 109.

53) 재구조화 위원회(Commission on Reorganization), 1918, pp. 10—11.

54) 재구조화 위원회(Commission on Reorganization), 1918, p. 22.

55) E.G., Hofstadter, 1962, p. 336.

56) Kliebard, 1986, p. 114; Ravitch, 2000, p. 128.

57) Bureau ofthe Census, 1975, table H 412.

58) Board of Public Education (Philadelphia), 1908—1945.

59) Krug, 1964, 1972.

60) Angus & Mirel, 1999.

61) Dewey, 1902/1990, p. 205.

62) Cremin, 1961; Church & Sedlak, 1976; Ravitch, 2000; Rury, 2002.

63) Cuban, 1993.

64) Zilversmit, 1993.

65) Cuban, 1993, table 2.1.

66) Cuban, 1993, p. 75.

67) Cuban, 1993, figures 2.1 and 2.2.

68) Zilversmit, 1993, p. 34.

69) Zilversmit, 1993, p. 168.

70) Lagemann, 1989.

71) Katz, 1966, p. 326.

72) Powell, 1976.

73) Katz, 1966.

74) Katz, 1966, p. 328.

75) Katz, 1966, p. 332.

76) Katz, 1966, p. 334.

77) Elmore & McLaughlin, 1988.

78) Cremin, 1961, p. 175.

79) Cremin, 1961, p. 200.

80) 컬럼비아대에서 듀이의 첫 번째 우선순위는 뭐니뭐니해도 철학과였지만, 그는 Teachers College의 동료들과의 연결도 유지하였다.

81) Tyack & Cuban, 1995.

82) Shulman 1986b, 1987; Wilson, Richert, & Shulman, 1987.

83) Shulman, 1987, p. 8.

84) Shulman, 1986b, p. 9.

85) Shulman, 1986b, p. 8.

86) Shulman, 1986b.

87) Shulman, 1986b, p. 7.

88) 전화 대화, (2002. 12. 14.)

89) Labaree, 1997a

[8장]

1) 이 장의 퇴고에 도움을 준 다음의 분들께 감사드린다: Tom Bird, Lynn Fendler, Barbara Beatty, E. D. Hirsch와 Diane Ravitch. 이 장의 초고는 웨싱턴 소재 부르킹스 연구소에서 개최한 2003년 교육정책학회에서 발표되었다. 발표 원고는 2004년 브리킹스 보고서 교육청책 관련 편에 실렸고(Labaree, 2004) 연구소의 동의하게 이 책에 다시 소개되었다. 학회에서 좋은 조언을 춘 참가자에게도 감사함을 전한다.

2) NCES, 2002, 표 37, 63, 191 참고.

3) Hirsch, 1996; Ravitch, 2000.

4) Hirsch, 1996, p. 219.

5) Hirsch, 1996, pp. 115-16.

6) 한 연구에 따르면, 교사의 4분의 1에 해당하는 수가 교사자격증을 가지고 있지 않다 (NCTAE 1996, p. 15)

7) Richardson & Placier, 2002, p. 915.

8) Richardson & Placier, 2002, p. 915.

9) Lortie, 1975.

10) Cremin, 1961, p. 328; 원본에는 강조되어 있음.

11) Katz, 1975, p. 117.

12) Chall, 2000, p. 35.

13) Goodlad, 1983; Cuban, 1993.

14) Chall, 2000, p. 114.

15) Cuban, 1993; Zilversmit, 1993.

16) Goodlad, 1983, pp. 123-24.

17) Cohen, 1990, p. 312.

18) Cohen, 1990, p. 311.

19) Cohen, 1990, p. 313.

20) Cohen, 1990, p. 314.

21) Cohen, 1990, p. 320.

22) Cohen, 1990, p. 324.

23) Barnes, 2002.

24) Barnes, 2002, p. 4.

25) Barnes, 2002, p. 5.

26) Barnes, 2002, p. 6.

27) Barnes, 2002, p. 7.

28) Barnes, 2002, p. v.

29) Mathews, 2002a.

30) Mathews, 1998.

31) Mathews, 2002b.

32) Ravitch, 2000, pp. 14-15.

33) Hirsch, 1988.

34) Ravitch, 2000, p. 15.

35) Bowles & Gintis, 1976; Oakes, 1985; Anyon, 1981.

36) Commission on Reorganization, 1918, pp. 10-1.

37) Commission on Reorganization, 1918, p. 22.

38) 이 두 가지 목표의 기원과 결과 및 미국 교육 내 민주적 비평등 문제에 대해 더 자세히
알고 싶은 독자는 라바리의 책 「배우지 않고 학교에서 성공하는 법」 1장을 참고하길 권
한다.

39) Sedlak et al., 1986; Powell, Farrar, & Cohen, 1985.

40) Labaree, 1997a.

41) Kliebard, 1986, p. 167에서 재인용.

42) Kliebard, 1986, p. 166.

43) Kilpatrick, 1918, p. 3.

44) Lagemann, 2000, p. 236.

45) Tom, 1984; Shulman, 1986.

46) Hamilton and McWilliam, 2001.

47) Floden, 2001, p. 13.

48) Floden, 2001, pp. 13-14.

49) What Works Clearinghouse, http://w-w-c.org.

50) National Research Council, 2002.

51) 1986년 교육부가 소개한 교수학습법에(U.S. Dept. of Ed, 1986) 관한 연구를 종합 분석한 책의 제목이다. 2002년 교육부가 증거기반 교육학 연구를 촉진할 목적으로 개설한 "the What Works Clearinghouse" 홈페이지의 (http://w-w-c.org) 이름으로도 사용되었다.

52) Katz, 1966.

53) Kennedy, 1990.

54) Kennedy, 1990, p. 813.

55) Schén, 1983.

56) Dewey, 1904/1964.

57) 케네디 (Kennedy)가 인용한 글의 예로는 (Schwab, 1978)와 (Liston 8& Zeichner, 1987)가 있다.

58) Kennedy, 1990, p. 815; emphasis in original.

59) Kennedy, 1990, p. 815.

60) 본 장의 초고에서 이 부분을 지적해 준 톰 버드에게 감사를 표한다.

61) Ravitch, 2000, p. 464.

62) E.g., Finn, 2002; Hirsch, 1996; Ravitch, 2000; Sowell, 1993.

63) Kilpatrick, 1918, p. 5.

64) Katz, 1966.

65) Collins, 1979; Labaree, 19974.

66) Schön, 1983.

67) Holmes Group, 1986.

68) Holmes Group, 1995.

찾아보기

저자 소개

데이비드 라바리(David Labaree)

스탠퍼드대학교(Stanford University) 명예교수로 교육사, 교육사회학, 교육정책, 고등교육, 교사교육 분야에서 연구를 이어왔다. 펜실베니아대학교(University of Pennsylvania)에서 박사학위를 받은 후 미시간주립대학교(Michigan State University)에서 18년간 교수로 일했었다.

라바리 연구에서는, 교육기관들, 예를 들어, 고등학교, 커뮤니티칼리지, 교육대학 혹은 특정 고등교육기관이 제도적 특징이 어떻게 변화, 진화해 왔는지를 역사적으로 분석하고 있다. 이때 변화를 가져오는 주요 행위자들이 교육과 교육적 변화에 어떤 역할을 하는지 천착하는 역사사회학적 연구를 전개해왔다. 좀 더 큰 사회구조 속에서 교육의 목적과 기능의 맥락에서 각각의 행위자들이 어떻게 영향을 주고 또 영향받는지에 관심을 기울여 온 것이다. 이런 학술적 관심과 연구를 바탕으로, A Perfect Mess: The Unlikely Ascendancy of American Higher Education (Chicago, 2017), Someone Has to Fail: The Zero Sum Game of Public Schooling (Harvard, 2010), How to Succeed in School Without Really Learning: The Credentials Race in American Schooling (Yale, 1997), The Making of an American High School: The Credentials Market and the Central High School of Philadelphia, 1838-1939 (Yale, 1988) 등의 저서와 논문들이 있다.

역자 소개

유 성 상

가르치는 교사의 한 사람으로, 서울대학교에서 교육사회학과 글로벌교육협력전공에서 교육, 연구하고 있다. 파울로 프레이리의 비판교육학에 대한 관심에서 시작하여, 비교 · 국제교육분야의 연구주제에 관심을 가지게 되었고, 개발도상국와의 교육개발협력을 진행해 오면서 무엇보다 양질의 교육을 위한 훈련받은 교사가 중요하다는 생각에 이르게 되었다. 그러나 교사와 교직이 단순히 공장에서 찍어내는 공산품이 아닌 한, 누가 교사이고, 어떻게 교사가 되며, 왜 교사를 길러내는 시스템이 이렇게 되었고, 어떤 역사적 궤적을 통해 교사가 교사답게 인식되어 왔는지 이해하고 설명하는 작업 없이, 현재 교사 교육에 대한 문제인식과 내일을 위한 혁신적 방안을 마련하는 것이 어렵다고 생각한다. 앞으로도 교사에 대한 이해를 풍부하게 하고 세상 여러 곳의 교사에 대한 모습을 통해 좀 더 나은 교사상을 만들고 제안하는데 관심을 기울이겠다고 생각한다.

김 민 조

이화여대(초등교육과)를 졸업하고 서울대학교 대학원에서 석사와 박사학위(교육행정)를 취득하였다. 한국교육개발원에서 부연구위원으로 근무하였으며, 현재 청주교육대학교 초등교육학과(교육학 심화과정)으로 재직하고 있다. 예비교사와 교사들과의 만나고 서로 간에 전쟁을 치루고 고군분투하는 과정에서 가지게 된 예비교사와 교직사회에 대해 '알고' 싶은 개인적 욕구가 학문적 욕구로까지 이어지는 행운을 누리고 있다. 교사교육자와 교육 연구자라는 이중적 지위 속에서 딜레마를 겪으면서, 사회에서 학교교육과 교사의 존재 가치, 교원의 전문성, 교직문화 등 교직에 대한 사회학적 접근과 이해로 연구관심을 모아가고 있다.

정 바 울

서울교대(학사)를 졸업하고, 서울대 대학원과 미국 Boston College에서 교육행정으로 석사, 박사학위를 취득하였다. 서울강덕초, 서울토성초 교사를 거쳐, 한국교육개발원에서 연구위원으로 근무하였으며, 미국 뉴멕시코주립대 연구교수를 역임하였다. 현재 서울교대 초등교육과 교수로 재직하고 있다. 주요 연구분야는 학교변화와 학교혁신, 교원의 전문성, 그리고 교직문화이다. 주요 논문과 저서로는 "교사의 자기계발 논리 형성과 교직문화의 변화(2012)", "변화 촉진자 또는 보수적 동인?: 경력전환교사의 특성에 대한 탐색적 연구(2019)"와 "대학평가의 정치학(2018)", "잠자는 거인을 깨워라: 학교혁신을 위한 교사리더십(2019)" 등이 있다.

이 정 민

대구교육대학을 졸업하고 대구와 중국 상하이에서 6년간 초등교사로 근무하였다. 서울대학교에서 국제개발교육으로 석사를 마쳤다. 플로리다주립대학에서 국제개발교육으로 박사학위를, 교육측정과 통계로 석사학위를 땄다. 현재 미국 국제 구조 위원회(Internal Rescue Committee, IRC) 소속 교육연구원으로 일하고 있다. 초등교사 경력을 바탕으로 아프리카지역 나이지리아, 잠비아, 말라위, 모잠비크, 케냐 및 중동지역 레바논, 아프가니스탄 등에서 유치초등 교육 질 제고를 위한 교육과정 및 교사 역량 강화를 주제로 연구하고 있다.

교사교육의 딜레마

초판발행	2020년 6월 30일
중판발행	2021년 12월 20일
지은이	David F. Labaree
옮긴이	유성상·김민조·정바울·이정민
펴낸이	노 현
편 집	배근하
기획/마케팅	이선경
표지디자인	박현정
제 작	고철민·조영환
펴낸곳	㈜ 피와이메이트
	서울특별시 금천구 가산디지털2로 53 한라시그마밸리 210호(가산동)
	등록 2014. 2. 12. 제2018-000080호
전 화	02)733-6771
f a x	02)736-4818
e-mail	pys@pybook.co.kr
homepage	www.pybook.co.kr
ISBN	979-11-6519-019-4 93370

* 파본은 구입하신 곳에서 교환해 드립니다. 본서의 무단복제행위를 금합니다.
* 역자와 협의하여 인지첩부를 생략합니다.

정 가   18,000원

박영스토리는 박영사와 함께하는 브랜드입니다.